Pestalozzi-Studien

Herausgegeben von

Artur Buchenau Eduard Spranger
Hans Stettbacher

Band 2

Berlin und Leipzig 1932

Verlag von Walter de Gruyter & Co.

vormals G. J. Göschen'sche Verlagshandlung — J. Guttentag, Verlagsbuchhandlung — Georg Reimer — Karl J. Trübner — Veit & Comp.

Archiv-Nr. 34 15 32

Druck von Walter de Gruyter & Co., Berlin W 10

Vorwort

Die Ungunst der Zeit hat das Erscheinen des zweiten Bandes dieser Studien erschwert. An Stoff gebricht es nicht; schon liegen Arbeiten bereit, die einen dritten Band zu füllen vermögen. Das Fortschreiten der kritischen Gesamtausgabe der Werke Pestalozzis läßt eine Fülle von Problemen sichtbar werden, die der besonderen Behandlung rufen; der große Kreis jener, die durch Pestalozzis Ideen beeinflußt wurden, hebt sich namentlich bei der Bearbeitung des Briefwechsels immer deutlicher ab, so daß es eine nächste Aufgabe der »Studien« sein wird, diesen Kreis deutlich zu umreißen und damit der Pestalozziforschung neuen Anreiz zu geben. Die Aufgabe wird schon in diesem Bande in Angriff genommen, indem Auswirkungen der »Methode« in Ungarn, Frankreich und den Vereinigten Staaten zur Darstellung kommen; ein nächster Band kann die systematische Behandlung der ganzen Frage bringen. Hoffen wir, daß die Aufnahme, die der vorliegende Band findet, zur Fortsetzung ermutige.

Artur Buchenau   Eduard Spranger
Hans Stettbacher

Inhalt

Die Prinzipien der Pädagogik Pestalozzis.

Von

Prof. Dr. **G. Kerschensteiner.**

Was Pestalozzi mit der ganzen Glut seines Herzens und der Kraft seines Geistes suchte, und was er noch einmal am Ende seines langen Lebenstages im „Schwanengesang" darzustellen sich bemühte, das war das eine große Prinzip „der Naturgemäßheit des Erziehungsganges". Nichts anderes sucht auch die Pädagogik der Gegenwart. Natorp hat bereits 1908 in seinem Pestalozzibüchlein (B. G. Teubner, Leipzig, Bd. 250, Aus Natur und Geisteswelt) dieses Prinzip in fünf Teilprinzipien zerlegt, die er als die Prinzipien der Spontaneität, des Gleichgewichts der Kräfte, der Gemeinschaft, der Methode, der Anschauung bezeichnete.

Das Prinzip der „Anschauung" wie das der „Methode" berührt die tiefsten Einsichten der Pädagogik Pestalozzis. Sie sind in ihrem letzten Wesen nicht didaktische Prinzipien, als welche sie das ganze 19. Jahrhundert hindurch aufgefaßt wurden. Sie sind vielmehr die erkenntnistheoretischen Kernpunkte „der unwandelbaren Urform der Geistesentwicklung", die Pestalozzi suchte. Das landläufige Prinzip der Anschauung als der Forderung „des Vor-die-Sinne-Stellen" der Dinge zwecks Gewinnung konkreter Vorstellungen ist längst vor Pestalozzi aufgestellt worden, und der Dreischritt der Methode von den durch die Sinne gewonnenen Vorstellungen durch lückenloses Fortschreiten zu immer höheren Begriffen und Anschauungen aufzusteigen, war auch bei den Philanthropen wohlbekannt. Pestalozzi grub viel tiefer. Er fand „Anschauung" als einen, der Natur des Menschen immanenten synthetischen geistigen Akt, dem die „Methode" nachzugehen habe, damit der Mensch aus der Vielheit und

Verworrenheit der „Anschauungen" (nun im rein geistigen Sinne gebraucht) zur Einheit reiner Anschauung des Kosmos, d. i. zur Anschauung einer göttlichen Weltordnung sich erheben könne.

Die Pädagogik der Gegenwart hat, soweit sie auf dem Boden des kritischen Idealismus Kants steht, in dieser Hinsicht ihren festen Boden gewonnen. Worum sie aber heute noch kämpft, das ist neben der praktischen Gestaltung der drei ersten Prinzipien der Aktivität oder der Spontaneität, der Totalität oder des Gleichgewichts der Kräfte, der Sozialität oder der Gemeinschaft, weiterhin das der Individualität, der Aktualität und der Humanität im Rahmen der Berufsbildung. Auch diese drei letzteren sind lediglich Momente der Naturgemäßheit des Bildungsverfahrens, und ihre Bedeutung ist, mit Ausnahme des Prinzips der Aktualität, das Pestalozzi nicht gesehen, wohl aber Schleiermacher mit aller Schärfe betont hat, in der Pädagogik Pestalozzis klar erkannt und ausgesprochen. Dies wollen wir noch in aller Kürze betrachten. Es führt uns mitten hinein in das pädagogische Ringen der Gegenwart.

Das Aktivitäts- (oder Spontaneitäts-)Prinzip ist das ganze 19. Jahrhundert als das Pestalozzische Prinzip der Selbsttätigkeit anerkannt worden. Es wurde aber ganz äußerlich aufgefaßt. Pestalozzi erkannte, daß in der „Natur" des Menschen selbst die Bildungskräfte liegen, die sich nach den dieser Natur immanenten sittlichen, geistigen, physischen Gesetzen entfalten. Gerade als sittliches Wesen, erklärt er, „ist der Mensch das Werk seiner selbst", nicht das Werk der Gesellschaft. Pestalozzi glaubt an den sittlichen Kern des menschlichen Geistes und faßt alle sittliche Entwicklung als Selbstentfaltung auf, für welche die Erziehung nur eine „Hilfe zur Selbsthilfe" ist.

„Alles, was du bist, alles, was du willst, alles was du sollst, geht von dir selber aus", sagt er in „Wie Gertrud ihre Kinder lehrt", „sollte nicht auch meine Erkenntnis von mir selbst ausgehen?" Nicht mit Unrecht hat Natorp in diesen Sätzen den Grundsatz der sittlichen Autonomie und seine Übertragung auf die Verstandesbildung gesehen. Die Verstandes-, Gemüts- und Kunstkräfte „entfalten sich nach eigenen, ihnen selbständig innewohnenden Gesetzen". Sie sind das „Selbsttätige", und nur indem die Erziehung dieser „Selbsttätigkeit" die Wege ebnet, sie leitet, indem sie ihr mit der entsprechenden Methode an die Hand geht, erreicht sie ihr Ziel.

So wird Pestalozzi nicht müde zu betonen, daß die Erziehung nur dem „Ringen der Natur nach ihrer eigenen Entwicklung Handbietung leisten kann". Dabei muß alles Wissen von der Umwelt selbst erarbeitet, alle Sittlichkeit im eigenen Handeln erlebt, die Güte und Vollendung jedes Werkes im eigenen Tun erfahren werden. Das war ein grundsätzliches Abweichen von der Einstellung der Aufklärungszeit des 18. Jahrhunderts, die sich genau wie die Gegenwart nicht genug tun konnte, möglichst viel Buch-Wissen an den Zögling heranzutragen. Pestalozzi kämpft gegen das Vielerlei; er lehnt daher den Orbis pictus des Comenius ebenso ab, wie das Elementarwerk des Basedow; er ist ein Gegner des Enzyklopädismus, der sich heute wieder ebenso breit machen will in unseren Schulen wie zur Zeit der Aufklärung. Er will Fülle der Anschauung, gewiß; aber er will sie um der Steigerung der „Anschauungskraft" oder der „Selbstkraft" willen, wir würden sagen: um der Stärkung der sinngeleiteten Beobachtungsgabe und Denkkraft willen.

Die moderne Bewegung der rechten Schulreform ist nichts anderes als der Kampf um die endliche Verwirklichung des Pestalozzischen Prinzips der Spontaneität oder Aktivität. Die Idee der Arbeitsschule in Deutschland, der École active in Frankreich, des Dalton Plans und der Projektmethode in den angelsächsischen Staaten, meine Versuche in München, Deweys Versuche in Chicago, sie alle sind oder waren Ausfluß dieser Bewegung.

Wir stehen immer noch am Anfang der Verwirklichung, aber an einem Anfange, der vielversprechend ist, wenn wir nur lernen, das Wesen der Spontaneität des menschlichen Geistes wahrhaft zu erfassen.

Die kleinen pädagogischen Schreiberseelen, die heute vom Zusammenbruch des Arbeitsschulgedankens reden, kommen mir vor wie kleine Grashupfer, die sich für Nachtigallen halten, weil sie durch Reiben ihrer lahmen Flügel an den dürren Hinterbeinen zirpen können.

Das zweite Prinzip von Pestalozzis Pädagogik, um dessen

Verwirklichung wir in der Gegenwart ringen, bezeichne ich als das der Sozialität oder der Gemeinschaft (wie es Natorp nennt). Ich muß Theobald Ziegler zustimmen, der in seiner Geschichte der Pädagogik schreibt (S. 288): Die wahre Größe Pestalozzis liegt nicht

a) in dem, was Pestalozzi als Lehrer und Erzieher oder als Leiter seiner Anstalten persönlich geleistet hat, auch nicht

b) in seiner „Methode", die er lange Zeit als das Wichtigste angesehen hat, wobei er einmal so weit geht zu sagen, daß man die Kinder nicht in den Wald und auf die Wiese gehenlassen dürfe, um Bäume und Kräuter kennenzulernen, weil sie hier nicht in der Reihenfolge stehen, welche die geschickteste ist, das Wesen einer jeden Gattung anschaulich zu machen. Sie liegt vielmehr (neben der Forderung, in der Erziehung der naturgemäßen Entwicklung des Geistes zu folgen)

c) in dem sozialen Geist seiner Pädagogik, in der Erkenntnis des engen Zusammenhanges der sozialen Frage mit der Frage der wahren Menschenbildung, in der Idee, die Menschheit durch Bildung vom Verderben zu retten, ihr zu helfen durch Erziehung zur Selbsthilfe.

Auch Natorp, der Sozialpädagoge Deutschlands, weist in verschiedenen seiner Schriften auf das Prinzip der Gemeinschaft bei Pestalozzi hin. Als einen direkten Ausdruck dieses Prinzips findet er am Schlusse von „Lienhard und Gertrud" die Stelle: Das Erziehen des Menschen, sei nichts anderes als „das Ausfeilen des einzelnen Gliedes an der großen Kette, durch welche die ganze Menschheit unter sich verbunden ein Ganzes ausmacht. Die Fehler in der Erziehung und Führung des Menschen bestehen meistens darin, daß man einzelne Glieder wie von der Kette abnehme und an ihnen künsteln wolle, wie wenn sie allein wären und nicht alle als Ringe an die große Kette gehörten", während vielmehr alles darauf ankomme, daß jedes einzelne Glied „ungeschwächt an seine nächsten Nebenglieder wohl angeschlossen zu dem täglichen Schwung der ganzen Kette und zu allen Biegungen derselben stark und gelenkig genug gearbeitet sei".

Pestalozzi weiß und spricht es in den „Nachforschungen" deutlich genug aus, daß der einzelne nur zur Bildung seiner sittlichen Gestalt komme, wenn er zugleich mitarbeite an der Versittlichung der Gemeinschaft. „So viel sah ich bald: die

Umstände machen den Menschen; aber ich sah ebenso bald, der Mensch macht die Umstände." Anders ausgedrückt: Erst paßt die Gemeinschaft ihren Nachwuchs ihrer Kultur an, aber sobald der Nachwuchs zu seiner sittlichen Autonomie gekommen ist, wirkt er zurück auf die weitere Gestaltung des sittlichen Zustandes der Gemeinschaft. So ist sich Pestalozzi völlig klar, daß mit der Erziehung zur sittlichen Autonomie zugleich die Rückwirkung auf die Versittlichung der Gemeinschaft gesetzt ist, daß Individual- und Sozialpädagogik nur zwei Seiten sind der einen unteilbaren Pädagogik. In der Schrift: „An die Unschuld, den Ernst und den Edelmut meines Zeitalters und meines Vaterlandes vom Jahre 1814" kleidet Pestalozzi seinen unerschütterlichen Glauben an diese Wechselwirkung in die Worte: „Jede einzelne Handlung der Weisheit und Tugend wirkt auf die Gemeinkraft der Weisheit und Tugend. Sei es der höchste und größte oder der ärmste Mann im Lande, der sie tut, sie verschwindet als einzelne Handlung. Mit anderen Worten (wie ich einmal dem gleichen Gedanken Ausdruck gegeben habe): Es schlägt ein jeder seine Wellenwirbel im unaufhörlichen Strom der Menschenseelen, die über die Erde wandeln. Keine, auch nicht die schwächste Bewegung erlischt, ohne sich irgendwo fortgepflanzt zu haben. . . . Wir sind Wirkung der Vergangenheit und Ursprung der Zukunft, und diese Bewegung fließt unabsehbar und unaufhörlich dahin.

Wenn Pestalozzi sich mit Fragen der Gesetzgebung und der Gesellschaftsordnung befaßt, beseelt ihn der gleiche Gedanke der sozialen Erziehung wie in den rein pädagogischen Schriften. Nicht nur in den Nachforschungen und in der Schrift „an die Unschuld" tritt er für die rechte, d. i. „erziehlich gerichtete" Gestaltung der Gemeinschaft, ein. In „Gesetzgebung und Kindermord" klagt er die Gesellschaft an, daß sie selbst am Kindermord mitschuldig ist. Ja, sie sei nicht bloß mitschuldig, sondern die Hauptschuldige am Verbrechen. Delekat, der in seiner Pestalozzischrift auf diese Anklage Pestalozzis hinweist, zitiert dazu das Lied des Harfners in Goethes Wilhelm Meister:

„Ihr führt in's Leben uns hinein,
Ihr laßt den Armen schuldig werden.
Dann überlaßt ihr ihn der Pein,
Denn alle Schuld rächt sich auf Erden."

So verlangt denn Pestalozzi ganz andere, und zwar sozialpädagogische Maßnahmen statt der Hinrichtung der Kindsmörderin: Bessere Schulerziehung, Fürsorgeerziehung, Festigung der sozialen Stellung der Dienstmädchen; vor allem Schaffung einer Art staatlichen Seelsorgeinstitutes, ein „Sittengericht" an jedem Ort aus „Gewissensbeiräten".

Im öffentlichen Schulwesen des europäischen Kontinents hat das Prinzip der Sozialität noch so gut wie keine Verwirklichung gefunden. Nur in den privaten Landerziehungsheimen breitet es sich aus, nicht zuletzt nach dem Vorbilde der Arbeits- und Erziehungsgemeinschaften der alten Stiftungsschulen Englands, Schottlands und der Vereinigten Staaten. Es wird noch großer Anstrengungen bedürfen, unsere rein individualistisch und intellektualistisch gerichteten Schulen im Geiste des Pestalozzischen Sozialprinzips umzuwandeln.

Ich komme zum Prinzip der Totalität. Pestalozzi kennt die drei seelischen Grundkräfte; er nennt sie die geistige, die sittliche, die physische Grundkraft oder auch die Geisteskraft, Gemütskraft, Kunstkraft oder noch einfacher: Kopf, Herz, Hand. Aber er ist sich klar darüber, daß sie nur drei verschiedene Richtungen sind, die einer einzigen im Menschen liegenden „allgemeinen Grundkraft" entstrahlen. „Denn", wie es in der Lenzburger Verteidigungsrede von 1809 über die Idee der Elementarbildung heißt (Ausgabe von Fr. Mann, § 26) „der Gang der sittlichen Übung setzt auch die Geistes- und Körperkräfte des Kindes, der Gang der geistigen Entfaltung auch die des Herzens und seiner sinnlichen Organe und die der körperlichen Gymnastik die geistige und sittliche Natur derselben in Bewegung und Tätigkeit, gleich dem Instrument, dessen eine rein gestimmte Saite zugleich andere harmonisch gestimmte Saiten anklingen läßt." Wer freilich diesem Satz zustimmen will, muß zugleich den Glauben Pestalozzis und seiner Zeit an das „Analogische der Anschauung" teilen, jener allgemeinen Urkraft des Geistes, die von selbst nach der innern und zwar göttlichen Ordnung des Bewußtseins drängt. Dieser Glaube tritt noch in der letzten Bearbeitung von „Lienhard und Gertrud" in die Erscheinung, wo es heißt: „Die ewigen selbständigen Gesetze der Entfaltung jeder einzelnen dieser Urkräfte vereinigen sich durch ein hohes, heiliges, inneres Band zum Zusammentreffen zu einem gemeinsamen Ziel und wirken vermöge ihrer Natur in keiner einzelnen ihrer Abteilungen hemmend und störend gegen den Entfaltungsgang der anderen Grundkräfte." Wir teilen heute diesen mystischen Glauben nicht mehr; aber wir nehmen vollständigen Anteil an seiner Forderung der harmonischen Ausbildung von Kopf, Herz und Hand oder an der Forderung der Totalität des Bildungsverfahrens. Wir verwerfen die einseitige Intellektualbildung. Wir protestieren, wie er in seiner Neujahrsrede von 1809 gegen die Ausbildung der Menschennatur durch einseitige Kopfbildung (durch Verkopfung, wie sich Paul Oestreich ausdrückt), wir wissen heute, daß Bildung nur da entsteht, wo das Bildungsverfahren stets und überall auf die Gestaltung des ganzen geistigen Seins gerichtet ist. Wir unterschreiben mit ganzem Herzen, was Pestalozzi am Ende seiner Tage im „Schwanengesang" mit aller Klarheit ausspricht (vgl. Ausgabe von Fr. Mann, 4. Aufl. 1894, § 3 u. 4): „Es ist eine sich in allen Verhältnissen bewährende Wahrheit, nur das, was den Menschen in der Gemeinkraft der Menschennatur, d. h. als Herz, Geist und Hand ergreift, nur das ist für ihn wirklich, wahrhaft und naturgemäß bildend; alles was ihn nicht also, alles was ihn nicht in der Gemeinkraft seines Wesens ergreift, ergreift ihn nicht naturgemäß und ist für ihn im ganzen Umfang des Wortes nicht menschlich bildend. Was ihn nur einseitig, d. h. in einer seiner Kräfte, sei diese jetzt Herzens-, sei sie Geistes- oder Kunstkraft, ergreift, untergräbt und stört das Gleichgewicht unserer Kräfte und führt zu Unnatur in den Mitteln unserer Bildung, deren Folge allgemeine Mißbildung und Verkünstelung unseres Geschlechtes ist. Jede einseitige Entfaltung einer unserer Kräfte ist keine wahre, keine naturgemäße; sie ist nur Scheinbildung, sie ist das tönende Erz und die klingende Schelle der Menschenbildung und nicht die Menschenbildung selber."

Man kann keine kraftvolleren Worte gegen den Unfug unserer Zeit finden, die in Volks- wie in höheren Schulen sich im wesentlichen beschränkt auf die Pflege der Geisteskraft, nur kümmerliche Einrichtungen für die Pflege der Gemütskraft und gar keine für die Pflege der Kunstkraft besitzen. Hier bleibt noch alles zu tun, das Pestalozzische Prinzip der Totalität zur Verwirklichung zu bringen. Und diese Verwirklichung bringt nur die „École active", die Schule, die der Aktivität gerecht wird. Ich habe in meiner „Theorie der Bildung" versucht, den einzig möglichen Weg zu kennzeichnen, auf dem nach unseren heutigen Anschauungen von der „geistigen Natur“ des Menschen das Prinzip der Totalität erfüllt werden kann. Es ist zugleich der Weg des Prinzips der Aktivität, der Individualität und der Aktualität.

Zu den bisher besprochenen Prinzipien des Bildungsverfahrens bei Pestalozzi füge ich nun noch zwei weitere, die gleichfalls im pädagogischen Sturm und Drang der Gegenwart eine große Rolle spielen. Ich nenne sie das Prinzip der Menschenbildung (Humanitätsbildung) im Rahmen der Berufsbildung, und das Prinzip der Individualität, das neben dem der Totalität und der Universalität auch im Bildungsbegriff Wilhelms von Humboldt gefordert ist.

In der Anerkennung des ersten Prinzips müssen wir bei Pestalozzi zwei Perioden unterscheiden: die Periode vor der Stanser Zeit und die Periode von Burgdorf und Iferten bis zur Rückkehr auf den Neuhof. Im Schwanengesang, den er auf dem Neuhof schreibt, kehrt er wieder zur alten Anschauung zurück.

Heubaum hat in seiner trefflichen Pestalozzibiographie ganz richtig gesehen: Vor der Stanser Zeit denkt Pestalozzi ausschließlich an Standes- und Berufserziehung. Denn seine Hauptfrage ist bis dahin die Armenerziehung, d. h. die Erziehung der Besitzlosen. Der begüterte Bauernstand braucht eigentlich keine Schule. Seine Schule sind die Äcker, Wiesen, Ställe, Scheunen und deren Besorgung, die der Vater zusammen mit der ganzen Familie vornimmt. „Bücherschulen machen den Bauernkindern nur die Köpfe leer.“ In Lienhard und Gertrud ist ausschließlich der beruflichen Arbeit in ihrem Werte für die Menschenbildung das Wort geredet. Das Kapitel 67 und 68 in Buch III des Romanes, die sich mit den Schuleinrichtungen von Bonnal befassen, sind außerordentlich lehrreich für die Erkenntnis der damaligen Anschauung Pestalozzis. Hier legt er dem trefflichen Lehrer Glülphi direkt die Worte in den Mund: „Es müsse bei der Erziehung der Menschen (nicht bloß der Armen, wie ich hinzufüge) die ernste und strenge Berufsbildung allem Wortunterricht notwendig vorhergehen.“ Freilich macht Pestalozzi in der Abendstunde (Aph. 47) die dem Roman zeitlich vorausgeht, die Unterscheidung: „Allgemeine Emporbildung der inneren Kräfte der Menschennatur zu reiner

Menschenweisheit ist allgemeiner Zweck der Bildung auch des niedrigsten Menschen. Übung, Anwendung und Gebrauch seiner Kräfte und seiner Weisheit ist Berufs- und Standesbildung. Diese muß immer dem allgemeinen Zweck der Menschenbildung untergeordnet sein." Aber damit ist keineswegs gesagt, daß die Allgemeinbildung der Berufsbildung vorausgehen muß. Damit ist nur ausgedrückt, daß alle Berufsbildung dafür sorgen muß, daß der „Mensch" nicht im „Arbeiter" untergehe. Nur eine Stelle kenne ich, die den Vortritt der Allgemeinbildung vor jeder Berufsbildung ausspricht. „Es ist das Wesen des Geistes und der Grundsatz der wahren Menschenbildungsweise," heißt es im „Bericht an die Eltern über den gegenwärtigen Zustand und die Einrichtungen der Pestalozzischen Anstalt (in Iferten) aus dem Jahre 1807, „die Arbeiten und Fächer der Industrie selbst in Mittel der Menschenbildung zu verwandeln. Dies ist aber nur dadurch möglich, daß entwickelte Geistes- und Herzenskraft, kurz eine wahrhaft geistige und gemeinnützige, d. h. religiöse Anschauungs- und Behandlungsweise der Dinge jeder Arbeit, jedem Fache der Industrie vorausgehe. Dies ist aber in keinem Falle anders als durch reine Geistes-, Herzens- und Kraftbildung selbst möglich.

Aber dieser Ausspruch steht vereinzelt, gegenüber seiner vielfachen Betonung der rechten Berufsbildung als des geeignetsten und sichersten Weges zur Menschenbildung, die ihm freilich das letzte und höchste war. Immer stellt er der Bücherschule die Schule der Arbeit und Erfahrung entgegen. Für Pestalozzi, sagt auch Heubaum, waren nicht Berufsbildung und Menschenbildung Gegensätze, sondern Berufsbildung und Wortbildung. In der Burgdorf- und Ifertenzeit tritt freilich der Gedanke vollständig zurück. Die „Methode" beherrscht hier alles. Pestalozzi will den für alle gültigen Weg suchen, den die Bewußtseinsgesetzlichkeiten dem Bildungsgange anweisen. Aber diesen formalen allgemein gültigen Weg der Methode kann auch die Berufsbildung einschlagen. Im Schwanengesang kehrt Pestalozzi zu seiner alten Anschauung zurück, wie er denn auch in der kurz vorausgehenden neuen Auflage von Lienhard und Gertrud die Stellen unverändert beibehält, die der Berufserziehung als Grundlage der Menschenerziehung das Wort reden.

Jedenfalls dürfen sich diejenigen, die mit mir anerkennen, daß der beste Weg zum idealen Menschen über den beruflich brauchbaren Menschen geht, sofern nur die berufliche Bildung sich auf eine innere Berufenheit des Zöglings stützen kann, in Pestalozzi einen ihrer besten Eideshelfer sehen. Die Lösung des Problems ist in der Pädagogik der Gegenwart noch lange nicht ausgetragen. Diejenigen aber, die eine scharfe Trennung machen wollen zwischen allgemeinen Schulen, als Bildungsanstalten, die allein zur Menschenbildung führen, und beruflichen Schulen als Anstalten, die höchstens tüchtige Arbeiter ausbilden, haben nicht bloß Pestalozzi, sondern auch Goethe zum stärksten Gegner, der in dieser Frage ganz gleich dachte mit Pestalozzi.

Es bleibt noch das Prinzip der Individualität. Wenn das einheitliche Grundprinzip der Bildung Naturgemäßheit ist, so muß das Bildungsverfahren nicht bloß den Weg der „Methode" einschlagen, d. h. den Weg der dem Geiste immanenten Bewußtseinsgesetzlichkeiten, die in allen Menschen die gleichen sind, sondern auch Rücksicht nehmen auf die einzig- und eigenartigen Individualitäten, in deren Material diese Bewußtseinsgesetzlichkeiten in die Erscheinung treten. Dieser Anschauung hat auch Pestalozzi den stärksten Nachdruck gegeben und nirgends vollendeter als in der nun schon des öfteren angezogenen Lenzburger Verteidigungsrede „der Methode" vom Jahre 1809. Nachdem er in den Paragraphen 13 und 14 (Pestalozzi-Ausgabe von Fr. Mann, 4. Aufl. 1893) seine allgemeine Methode als wesentlich positiv gekennzeichnet hat, indem sie „nicht (im Gegensatz zu Rousseau) auf negative Hinderung des Bösen, sondern auf positive Belebung des Guten" ausgehe, d. h. auf Stärkung des Göttlichen in der menschlichen Natur, fährt er in § 15 fort, sie noch weiterhin gerade deshalb als positiv zu bezeichnen, weil sie „zweitens individuell vom Kinde selbst ausgeht, das sie vor sich hat".

Ja, es gibt überall kein Positives in der Erziehung und dem Unterricht, als eben das Kind als Individuum und die individuell in ihm vorhandene Kraft. Überall sogar, wo Methode ist, in Kunst, in Wissenschaft, im Leben ist sie durch sich selbst notwendig individualisiert und individualisierend.

In der großen Anmerkung zu § 17 aber fährt er dann fort: „Es ist der ärgste Wahn, als ob dieser Begriff (nämlich der

Individualität) dem reinen ursprünglichen Begriff einer allgemeinen absoluten Methode, mit anderen Worten einem durch die ganze Natur (nämlich Menschennatur) waltenden Entwicklungsgesetz widerspreche, oder diesen auch nur im geringsten berühre. Denn es liegt eben im Wesen dieser letzteren, daß sie sich in jedem einzelnen Entwicklungs- und Bildungsmittel selbst individualisiere, wie die „Natur" selbst in jedem ihrer Produkte und die „Menschheit" in jedem Menschen individualisiert, und doch jene sich in jedem Produkt der Idee nach als die ganze Natur und diese in jedem Menschen als die ganze Menschheit offenbart, und eben weil die Methode hierin mit der Natur und der Menschheit übereinstimmt, ist sie selbst ein göttliches Werk, d. h. sie tritt in die Fußstapfen Gottes. Das Gesetz, nach dem die Gottheit in allem Dasein wirkt, das Bestand haben und sich immer wieder aus sich selbst erneuern soll, ist in ihr offenbar." Hieraus ist deutlich ersichtlich, daß die Heilighaltung der allgemeinen „Methode" und die Hochhaltung und Anerkennung der „Individualität" im Bildungsverfahren kein Widerspruch für Pestalozzi sind. In allen Individualitäten sind, wie ich mich auszudrücken pflege, die Bewußtseinsgesetzlichkeiten die nämlichen. Ihnen muß die „Methode" gerecht werden, und insofern ist sie ein allgemeines Verfahren. Aber sie muß ihnen gerecht werden nach Maßgabe der Individualität, in der das typisch Menschlich-Göttliche in die Erscheinung tritt.

Mit der Achtung vor der Individualität verbindet sich bei Pestalozzi auch die Achtung vor der Individuallage jeder Individualität. Schon in den Aphorismen 11 bis 14 der „Abendstunde" sagt Pestalozzi: „Du kannst auf dieser Laufbahn nicht alle Wahrheit brauchen. Der Kreis des Wissens, durch den der Mensch in seiner Lage gesegnet wird, ist enge, und dieser Kreis fängt nahe um ihn her, um sein Wesen, um seine nächsten Verhältnisse an, dehnt sich von da aus und muß bei jeder Ausdehnung sich nach diesem Mittelpunkt aller Segenskraft der Wahrheit richten. Reiner Wahrheitssinn bildet sich in engen Kreisen, und reine Menschenweisheit ruht auf dem festen Grunde seiner nächsten Verhältnisse und der ausgebildeten Behandlungsfähigkeit seiner nächsten Angelegenheiten.

Wenige Jahre darauf finden wir im Schweizerblatt (Fr. Mann,

4. Aufl. 1893, Bd. 3, I, 2): „So ungleich die Lagen der Menschen sind, so ungleich ihre Bedürfnisse, ihre Sitten und ihre Anhänglichkeiten sind, so ungleich sind auch für einen jeden Menschen die Mittel und Wege, ihn zu denjenigen Gesinnungen und Fertigkeiten zu bilden, durch deren Ausbildung er wahrscheinlich in seiner Lage ein beruhigter und glücklicher Mensch werden wird. Demnach sind die allgemeinen Erziehungsregeln, die auf alle Klima, auf alle Regierungsformen, auf alle Berufsarten passend, samt und sonders genau so viel als gleichartige Sonntagspredigten, die so oft und viel ganze Gemeinden erbauen und hingegen so selten einem einzelnen Menschen auf den rechten Weg helfen."

In den Schulorganisationsproblemen der Gegenwart taucht das Prinzip der Individuallage als das Prinzip der Lebensnähe der Schule auf. Insbesondere werden die Lehrpläne unserer Volks- bzw. Elementarschulen viel zu sehr nach dem gleichen Schema fabriziert, als ob nicht das Bauernkind eine völlig andere Individuallage hätte, als das Industriekind oder das Großstadtkind. Wenn die Umwelt die geistige Struktur unserer Kinder in hohem Grade mitbestimmt, wenn alle Bildung nur in einem Wechselspiel zwischen Denken und Tun, Tun und Denken sich vollzieht, und dieses Wechselspiel gerade der geistigen Struktur entspricht, ist dann ein Bildungsverfahren naturgemäß und damit fruchtbar, das sich um diese Umwelt nicht kümmert, sondern Stadt und Dorf, Industrieplätzen und Landwirtschaftsstätten die gleiche Elementarschule aufnötigt, höchstens differenziert durch ein verschiedenes Ausmaß des Lehrstoffes? Freilich, solange unsere Elementarschulen das bleiben, was sie seit hundertfünfzig Jahren sind, nämlich Buchschulen, läßt sich der Schein der Achtung vor der Individuallage durch die Differenzierung des vorgeschriebenen Wortwissens bewahren. Sobald aber einmal auch in der Elementarschule Ernst gemacht wird mit dem Aktivitätsprinzip, wird das Problem der Lebensnähe gerade in denen lebendig werden müssen, die als leidenschaftliche Lehrer der Naturgemäßheit des Unterrichts Rechnung tragen und nicht einfach ihr vorgeschriebenes Pensum aborgeln wollen.

Wir sind am Ende unserer Betrachtungen angelangt. Vielleicht wird der Leser nunmehr mit mir im gleichen Sinne die am Beginne derselben aufgeworfene Frage beantworten: Was macht den Menschen Pestalozzi groß über alle Zeiten und Räume hinweg? Es ist nicht bloß die schenkende Liebe und die unversiegbare Güte, mit der er alle Pädagogen, die wir kennen, weit überstrahlt. Es ist nicht bloß die christushafte Hingabe an das Werk der Erlösung aller Armen und Enterbten, die dieser seiner Seelenverfassung entsprang und die er in allen Lagen seines Lebens betätigte. Es ist nicht bloß die vollendete Selbstlosigkeit, mit der er schon als zwölfjähriger Knabe aus tiefstem Erbarmen heraus dem Kameraden Ernst Luginbühl das Wertvollste schenkte, was er in seinem Besitze hatte, und mit der er als siebzigjähriger Greis die 50000 Franken für die Gesamtausgabe seiner Werke als Stiftungskapital für sein Waisenhaus zu Clindy hingab. Es ist nicht bloß die unsagbare Demut und Bescheidenheit, mit der er alle Mißerfolge seiner Unternehmungen geradezu in einem Hang zur Selbstanklage auf sich nahm, wenn auch die Ursachen dieser Fehlschläge bei seinen Mitarbeitern lagen. Es ist in der Tat auch die Tiefe seines ewig bohrenden, nie sich zufrieden gebenden Geistes, die ihm half, weit über alle seine Zeitgenossen hinaus die großen Prinzipien alles Bildungsverfahrens aufzudecken, an deren Vertiefung, exakter Formulierung und Verwirklichung, wie er voraus verkündete, die Geschlechter noch Jahrhunderte zu arbeiten haben. Daß er dabei selbst irrte in der Durchführung mancher seiner Prinzipien, wer hat das demütiger eingestanden als er selbst?

Ist nicht alles Suchen der Menschen nach Wahrheit vom Irrtum begleitet wie das Licht vom Schatten? Sind wir nicht alle endliche, kleine Menschen, die sich nie vermessen sollen, die Wahrheit, die sie ewig suchen müssen, in ihrem vollen strahlenden Glanze zu schauen, wie sie nur ein Gott allein schauen kann?

Die Pädagogik ist heute auf dem Wege zu einer wirklichen Wissenschaft von umfassender Weite. Unsere neue Lehrerbildung wird die kommenden Volksschullehrer die schwierigen und noch vielfach unsicheren Pfade dieser werdenden Wissenschaft führen. Aber wenn sie nicht zugleich dem demutsvollen Geiste Pestalozzis dient, wenn sie die Lehrerjugend nicht die Kleinheit unseres Geistes fühlen läßt, wenn sie bloß mit der Eitelkeit des Wissens ausrüsten sollte, statt mit der bohrenden

Unruhe des Nichtwissens, die immer auch eine Wirkung wahrhafter geistiger Zucht ist, dann wird unser Bildungswesen keinen Gewinn davontragen. Darum bleibt uns am heutigen Tage vor allem nur der eine Wunsch auszusprechen:

Möge der Geist Pestalozzis in allen lebendig werden, die dem heiligen Amte der Erziehung dienen!

(Aus dem Pädagogischen Seminar der Universität Tübingen.)

Das Problem der Individualisierung in der Pädagogik Pestalozzis.

Von

Adolf Heller.

Inhaltsverzeichnis.

Literatur.

Pestalozzi, Sämtliche Werke. Bd. I—V, VIII—IX. Hrsg. v. Artur Buchenau, Eduard Spranger, Hans Stettbacher. Verlag Walter de Gruyter & Co., Berlin, 1927. 1930 (zit. als B.).

Seyffarth, L. W.: Pestalozzis sämtliche Werke, Band I—XII, 1899/1902, (zitiert als S.).

Mann, Friedr.: I. H. Pestalozzis ausgewählte Werke, 4. Auflage, Bd. I—IV (Ma.).

Pestalozzi, H.: Mutter und Kind; eine Abhandlung in Briefen über die Erziehung kleiner Kinder. Hrsg. v. Heidi Lohner, Willi Schohaus. 1924.

Niederer: Das Pestalozzische Institut an das Publikum. Eine Schutzrede usw., Iferten, 1811.

Niederer: Schließliche Rechtfertigung des Pestalozzischen Instituts gegen seine Verleumder durch Beantwortung der Fragen und Beleuchtung der Schmähschrift des Herrn I. H. Bremi, Chorherrn in Zürich. Iferten, 1813 (Ni.).

Bemerkungen über Pestalozzis Lehrmethode. Berlin, 1804.

Delekat, F.: J. H. Pestalozzi, 1926.

Heubaum, A.: J. H. Pestalozzi. Die großen Erzieher. Berlin, 1910 (H.).

Morf, H.: Zur Biographie Pestalozzis. Bd. I—IV; 1868, 1885, 1889 (Mo.).

Natorp, P.: Pestalozzi. Sein Leben und seine Ideen. Greßlers Klassiker, 1919 (Na.).

Natorp, P.: Der Idealismus Pestalozzis. Eine Neuuntersuchung der philosophischen Grundlagen seiner Erziehungslehre, 1919.

Schäfer, Wilhelm: Lebenstage eines Menschenfreundes, 1921.

Wiget, Theod.: Grundlinien der Erziehungslehre Pestalozzis, 1914, (Wi.).

Albert, Gertrud: Pestalozzi als Vater der modernen Pädagogik, Manns päd. Magazin, Nr. 541, 1913.

Bobeth, Joh.: Die philosophische Umgestaltung der Pestalozzischen Theorie durch Niederer, J.-D. 1913.

Freytag, Willy: Pestalozzis Ansichten über Menschenbildung und Standes- und Berufsbildung im Zusammenhang mit seinen philosophischen und sozialpolitischen Anschauungen, J.-D. 1907.

Gaudlitz, P.: H. Pestalozzis sozial-ethische Anschauungen, J.-D. 1911.

Langner, Erdmann: J. H. Pestalozzis anthropologische Anschauungen, J.-D. 1897.

Lehmann, B.: Die Wandlungen der Gedanken Pestalozzis über Volkserziehung und ihre Abhängigkeit von seinen sozialen Anschauungen, Manns päd. Magazin Nr. 758, 1920.

Leibersberger, Wilh.: Pestalozzis sozial-politische Anschauungen, Ludwigsburg, 1927.

Rousseau, J. J.: Emil oder über die Erziehung, Kröners Volksausgabe, Bd. I—II.

Sakmann, J.: J. J. Rousseau, 1913.

Hensel, P.: J. J. Rousseau. Aus Natur- und Geisteswelt, Leipzig 1907; 3. Aufl. 1915.

Burkhardt, Georg: Was ist Individualismus? Eine philosophische Sichtung, Leipzig, 1913.

Haering, Theod.: Über Individualität in Natur und Geisteswelt (Wissenschaft u. Hypothese, XXX, Leipzig) 1927.

Kerschensteiner, G.: Theorie der Bildung, Leipzig, 1927.

Kerschensteiner, G.: Das Grundaxiom des Bildungsprozesses und seine Folgerungen für die Schulorganisation, II. Aufl., 1925.

Barth, Paul: Die Geschichte der Erziehung in soziologischer und geistesgeschichtlicher Beleuchtung, 1920.

Dilthey, Wilh.: Studien zur Geschichte des Deutschen Geistes, Gesammelte Schriften, Bd. III, Leipzig 1927.

Einleitung.

Das Studium der Erfahrungswissenschaften zu Beginn des 18. Jahrhunderts konnte in bezug auf die Ansichten über Individuum, Sozietäten, Wirtschaft, Kirche, Staat usw. nicht der spekulativen Ergänzung entbehren. Die aus Prinzipien der Vernunft abgeleiteten Rechts- und Staatsordnungen, auf ein abstraktes Naturrecht gegründet, sowie die zurechtgemachten Begriffe einer allgemeinen Menschennatur, der Gedanke ihres stetigen Fortschritts und einer das gesamte Leben durchdringenden, absoluten, *einen* Gesetzlichkeit waren die schließlichen Ergebnisse. War mit dem Gedanken des Naturrechts auch die Richtung auf den Schutz der Interessen des Einzelwillens gegeben, so *widersprach es doch dem ganzen nivellierenden Zug der Zeit, in und hinter dem Einzelwesen eine eigen- und einzigartige, mit eigengesetzlicher Entwicklung ausgestattete Struktur zu suchen und gegebenenfalls anzuerkennen.* Daß bei solcher Konstellation der Dinge das Erziehungsobjekt als Individualität für das erzieherische Denken keine oder nur geringe Bedeutung haben konnte, ergibt sich von selbst, wenn auch das erzieherische Tun in dieser Periode wie zu allen andern Zeiten nie ganz vom Individuellen abstrahiert hatte.

Schon aber waren mit dem philosophischen System eines Leibniz die Ansätze einer neuen Entwicklung gegeben. Hatte er doch die notwendige Verschiedenheit der Lebewesen erkannt und in seiner Monadologie dargestellt und philosophisch begründet: „Il faut même, que chaque Monade soit différente de chaque autre: car il n'y a jamais dans la nature deux êtres qui soient parfaitement l'un comme l'autre, et où il ne soit possible de trouver une différence interne ou fondée sur une dénomination intrinsèque." (La Monadologie, S. 189 f. Nouvelle édition par D. Nolens, Paris 1887.) Außerdem gewannen die von ihm in tiefem Verständnis für die geistige Welt erarbeiteten und in Bewegung gesetzten Begriffe wie „Sinn", „Wert", „Entwicklung", „Stufenreich", „Zweckmäßigkeit" sowie die Forderung einer historischen Wissenschaft gegen Mitte des Jahrhunderts erhöhte Bedeutung. In Verbindung mit Rousseaus Discours und mit dem reich angewachsenen Material der philologischen Forschung und ihren neugewonnenen Methoden der Textkritik entstand, angesichts des Reichtums lebensvoller

Besonderheiten im zersplitterten Deutschland des 18. Jahrhunderts, in naturgewachsenen Originalmenschen eine ganz neue Auffassung der geschichtlichen Welt und „eine neue, wahrhaft historische Weltanschauung". Waren dem verallgemeinernden und konstruktiven Geist der Aufklärung Überlieferung und Eigenart nur als krause Anomalien erschienen, so waren Männer wie Semler, Winckelmann und vor allem Justus Möser, Hamann und Herder überzeugt von dem sinnvollen Zusammenhang zwischen naturgewachsenen Organismen und ihren notwendigen mannigfaltigen Eigentümlichkeiten. Von jetzt ab wurde das Individuelle positiv gewertet. Der deutsche Klassizismus trat in Werken der Kunst wie in philosophischen Schriften für eine neue Auffassung vom Menschen ein, die jedem Einzelwesen eine von jedem andern verschiedene Eigenart und Eigengesetzlichkeit zusprach. Den Höhepunkt erreichte dieses individualistische Zeitalter erst in der Romantik und ihren Objektivationen [1]).

Auch das erzieherische Denken mußte von der neuen Strömung erfaßt werden. Schon Rousseau kann in gewissem Sinne als Überwinder der Aufklärung in der Pädagogik angesehen werden, insofern er die Vernunft ihrer Alleinherrschaft enthob und Gefühl, Wille, romantisches Erleben in ihre Rechte einsetzte und durch eine negative Pädagogik alle fremdgesetzliche Einwirkung von dem organisch, nach eigenen innern Gesetzen sich entwickelnden Zögling fernzuhalten versuchte. Doch steht er mit der Anschauung von der Gleichheit der menschlichen Anlagen und ihrer Entwicklungsfähigkeit, ferner dem Glauben an die Allmacht der Erziehung und der von ihm ausschließlich rational begründeten Gesetzlichkeit der Erziehung noch ganz unter dem Einfluß der Aufklärung, so daß ein individualisierendes Prinzip in seiner Pädagogik keinen Einlaß finden konnte.

Pestalozzi, wenn auch stark von Rousseau beeinflußt, bildet hier eine weitere Etappe. Die ganze volle Problematik, die sich aus dem Begriff der Individualität ergab, hat auch er nicht erkannt; das blieb Herder, Goethe, Schleiermacher

[1]) Vgl. W. Dilthey, Gesammelte Schriften, Band III. Studien zur Geschichte des deutschen Geistes. Leibniz und sein Zeitalter, Friedrich der Große, die deutsche Aufklärung des 18. Jahrhunderts und die geschichtliche Welt. Leipzig, 1927.

und Fröbel vorbehalten. Doch weisen alle Kenner der pestalozzischen Gedankenwelt auf ihre mannigfachen individualisierenden Tendenzen hin. Diese gelegentlichen Bemerkungen, nur in wenigen Ausnahmefällen auf systematischer Untersuchung fußend, bedürfen der Ergänzung. Die vorliegende Arbeit hat es sich zur Aufgabe gemacht, die Bedeutung der Individualität in der Pädagogik Pestalozzis zu untersuchen. Dabei verkennt sie keineswegs, daß bedeutende Vorarbeiten in dieser Richtung schon erfolgt sind; sie vermag aber nicht, diese Vorarbeiten für genügend und die Problematik des Themas erschöpfend zu halten.

In Natorps Werken über Pestalozzi stehen zwei Gesichtspunkte zu sehr im Vordergrund, als daß der individualisierende Faktor seiner Pädagogik ganz gewürdigt werden könnte: der Nachweis der sozial-pädagogischen Ideen Pestalozzis und der Versuch, ihn den deutschen Idealisten kantischer und gar neukantianischer Art einzuordnen oder ihn doch in deren engere Nähe zu rücken.

Wiget schenkt dem vorliegenden Problem größere Beachtung. Pestalozzis Pädagogik sei weder Sozialpädagogik allein, noch auch Individualpädagogik, sondern — Pädagogik (Wi. 27). Pestalozzi gründe allerdings auf die Unveränderlichkeit der Menschennatur und ihrer Gesetze den Schluß, daß es nur eine gute Methode geben könne, aber dieser Gedanke erhalte in den spätern Schriften die höchst beachtenswerte nähere Bestimmung, daß die Methode nur in Ansehung ihrer Prinzipien allgemeingültig sei; dagegen sei eine allgemein übereinstimmende Anwendung derselben auf die tatsächliche Verschiedenheit der Menschen und Verhältnisse nicht denkbar. Erstens müsse der Individualität des Lehrers Rechnung getragen werden und zweitens bedingten die „Individualverhältnisse der Kinder, sowohl die äußern als die innern, Modifikationen der Methode" (Wi. 152, 153, 14, 27). Was Wiget hier sagt, ist ohne Zweifel richtig, aber seine Ausführungen lösen den Wunsch aus, Näheres über die Reichweite des aufgewiesenen individualisierenden Faktors, seine nähere Umschreibung, Begründung, Entwicklung usw. zu erfahren.

Auch die Darstellung Morfs läßt wesentliche Fragen offen, obwohl hier der Versuch gemacht wird, die individualisierende Tendenz in der Pädagogik Pestalozzis als besonderes Unterrichtsgesetz herauszuarbeiten. Wertvoll erscheint uns, daß Morf die praktische Haltung Pestalozzis mitberücksichtigt. Diese lasse erkennen, daß es immer ein hervorstechender Zug seiner Persönlichkeit gewesen sei, die „prononzierte Individualität eines jeden Menschen hochzuachten und ihr große Rechte einzuräumen" (Mo. I. 266). Bezüglich der Entwicklung des individualisierenden Faktors sind wir jedoch zu andern Ergebnissen gekommen wie Morf und verweisen auf unsere späteren Ausführungen.

Ebensowenig vermögen wir den in populär gehaltenen geschichtlichen Ausführungen über das Individualitätenproblem vertretenen Auffassungen zuzustimmen, wenn sie behaupten, das individualisierende Prinzip bei Pestalozzi habe im Gegensatz zu der zu fordernden qualitativen Rücksichtnahme nur eine quantitative Berücksichtigung des Einzelwesens in sich begriffen, da die Richtung des Erziehungszieles für alle Erziehungsobjekte ein für allemal festgestanden habe und nur die Höhe des Sollstandes je nach Begabung und Stand variabel gewesen sei. Pestalozzis Berücksichtigung des Individuellen enthält auch qualitative Momente, und, was wohl schwerer wiegt: Pestalozzi ist nur durch eine Betrachtung seiner Entwicklung ganz erfaßbar. Diese wird schon allein durch die Tatsache verlangt, daß die schriftstellerische Tätigkeit Pestalozzis sich auf einen Zeitraum von beinahe 50 Jahren erstreckt, daß er zeitweilig von fremden Gedankengängen stark beeinflußt war, und daß ferner seine intuitive Art des Denkens notwendig eine vergleichende Zusammenschau verlangt.

Heubaums Buch verdankt solchen Erwägungen seine Entstehung. Es bringt klar zum Ausdruck, daß die Überzeugung Pestalozzis, es gebe nur eine individuelle Erziehung, nicht zu allen Zeiten gleich tief in ihm gewurzelt habe; auch sei für die Differenzierung anfänglich allein die „Individuallage", also ein äußeres Moment, erst später auch die individuelle Eigenart des Kindes maßgebend gewesen (H. 188/189, 235, 365, 366). Pestalozzi habe wohl ein starkes Gefühl für das Individuelle gehabt, aber er habe die individuelle Bedeutung der kindlichen Altersstufe nicht erkannt. Die praktische Haltung Pestalozzis wird jedoch von Heubaum zu wenig gewürdigt, auch finden die Gründe, warum das individualisierende

Prinzip in verschiedenen Ausprägungen auftrat, nur geringe Beachtung.

Von größerem Wert für unsere Arbeit erscheint uns die Dissertation von Willy Freytag „Pestalozzis Ansichten über Menschenbildung und Standes- und Berufsbildung im Zusammenhang mit seinen philosophischen und sozialpolitischen Anschauungen" (1907). Die sehr gründliche Untersuchung unterscheidet vier Phasen der Entwicklung Pestalozzis, die auch wir mit gewissen Einschränkungen unserer Arbeit zugrunde legen: Die Erziehung als Teil der allgemeinen sozialpolitischen Bestrebungen Pestalozzis (1774—1799), die Begründung der Erziehungslehre auf Psychologie (1799—1803), die individualistische Ausgestaltung der Pädagogik (1803—1817) und der Ausgleich der Gegensätze (1818—1827). Vorwiegend ist es Freytag um die Darstellung der pädagogischen Teleologie Pestalozzis zu tun; seine methodischen Überlegungen und seine praktische Haltung treten aus diesem Grunde sehr zurück.

Die Stellungnahme zu der vorliegenden Literatur sei damit abgeschlossen. Wir wenden uns nun der engeren Problemstellung der eigenen Arbeit zu.

Wo in der Pädagogik individualisiert wird, stehen immer drei Dinge in Wechselzusammenhang: der aller Lehre und allem Tun zugrunde liegende Individualitätsbegriff, sein Einfluß auf das Zieldenken und sein Einfluß auf methodische Überlegungen. Sollen in dem System eines Pädagogen keine Widersprüche klaffen, dann muß es unter voller Bewußtheit der Verkettung dieser Faktoren aufgestellt sein. Für jede Untersuchung des Individualisierungsproblems liegt es deshalb nahe, diese drei Hauptfaktoren für Aufbau und Gliederung der Arbeit entscheidend sein zu lassen. Wir halten diesen Weg in unserem Falle für nicht glücklich, weil die zentrale Stellung des Individualitätsbegriffs bei Pestalozzi überhaupt in Frage steht, und weil bei der ganzen Art seines Denkens alle drei Momente innig ineinander verflochten sind, so daß viel eher aus Zielbestimmungen der Bildung und den Prinzipien ihres Verfahrens Schlüsse auf den zugrundeliegenden Individualitätsbegriff gezogen werden müßten, dieser also erst sekundär bestimmt werden könnte. Die kritische Sichtung der diesbezüglichen Literatur über Pestalozzi hat uns auch nahe gelegt, andere Gesichtspunkte mit in Erwägung zu ziehen. So wird unsere

Untersuchung besonders berücksichtigen müssen, ob die praktische und theoretische Haltung Pestalozzis individuelles Sein in Rechnung stellt und wieweit, ob zwischen beiden Haltungen Unterschiede bestehen oder nicht, ob bestimmte Entwicklungsstufen unterschieden werden müssen und welche, ferner ob Grenzen für die Stellungnahme zum Individualisierungsproblem durch die Gesamtgedankenwelt Pestalozzis von vornherein gezogen waren und welche. Für die innere Fragestellung unserer Arbeit werden diese Gesichtspunkte von großer Wichtigkeit sein; für ihren äußeren Aufbau wählen wir aber eine andere Einteilung. Wir untersuchen:

1. ob und wieweit die praktische Haltung Pestalozzis individuellem Sein Rechnung trägt;
2. ob und wieweit die theoretische Haltung Pestalozzis individuelles Sein berücksichtigt.

Für die weitergehende Gliederung soll dann jeweils das zeitliche Nacheinander im Leben und Schaffen Pestalozzis ausschlaggebend sein.

I. Teil.

Die Berücksichtigung individuellen Seins in Pestalozzis Praxis.

Theorie und Praxis in der Pädagogik widerstreiten sich häufig. Gewöhnlich eilt die Theorie mit ihren Forderungen dem praktischen Tun weit voraus. Im Hinblick auf diese Tatsache hat Kerschensteiner einmal ausgesprochen, daß die wissenschaftliche Formulierung einer neuen Wahrheit 100 Jahre brauche, weitere 100 Jahre seien dann nötig bis zur allgemeinen Anerkennung und nochmals 100 Jahre, bis das neue Wollen zur Tat geworden sei. Diese Spannung zwischen Lehre und Leben, zwischen Wollen und Können, zieht sich durch das ganze pädagogische Leben Pestalozzis. Immer hat er mehr gefordert als zu erreichen war, und immer mehr versprochen, als er tatsächlich bieten konnte. Darum hat sich auch die Prüfungskommission der Tagsatzung vom Jahre 1810 nicht versagen können, auf diesen wunden Punkt hinzuweisen: „Man wird sich vielleicht wundern, daß wir jener drei noch unlängst berühmten Elemente, Wort, Zahl und Form, nicht erwähnen. Der Grund davon ist einfach. . . . Wir sollten untersuchen, was man tue, nicht was man zu tun gedenkt" (H. 296).

Wenn auch die nachfolgenden Sätze unverkennbar zum Ausdruck bringen, daß die Spitze gegen Niederer gerichtet war, so traf der Vorwurf mit Recht auch Pestalozzi. — Umgekehrt übt aber die Praxis auch oft aus, was erst später von der theoretischen Reflexion aufgenommen wird. In naivem Tun hat dann immer der pädagogische Instinkt das Richtige getroffen. Auch hierfür ist Pestalozzi ein Beispiel, und zwar gerade was sein Verhältnis zu fremden Individualitäten, seien es nun Kinder oder Erwachsene gewesen, betrifft; er hat diesen im praktischen Leben mehr Eigenart zugestanden und mehr Spielraum gewährt, als seiner Theorie nach zu vermuten wäre. Diese Seite seines Lebens soll deshalb einer besonderen Betrachtung unterworfen werden.

Der Sinn für persönliche Eigenart mußte Pestalozzi am eigenen Ich aufgehen. Es lag im Zug seiner Zeit, nach innen zu sehen, die eigene Gefühls- und Stimmungswelt bewußt zu erleben, und wenn auch mitunter dieses sentimentale Sich-selbst-genießen den Willen zur Tat lähmte, die Fähigkeit der psychologischen Selbstanalyse sowie Verständnis für fremde Eigenart waren doch die Folge. In derselben Richtung wirkten für Pestalozzi das Fehlschlagen aller seiner Lebenspläne und die besondere Art seines Denkens. Seine ständigen Mißerfolge zwangen ihn zur zunehmenden Berücksichtigung seiner Eigenart. Er fühlte bald, daß er nicht mit dem Maß eines Allerweltsschuhes zu messen war. Nach wiederholten, mißglückten Versuchen, eine Lebensstellung zu erringen, unter tausend üblen Nachreden und gemeinen Schmähungen, unter wehen Schmerzen über seine Verkennung errang er sich immer tiefere Klarheit über Stärke und Schwäche seines Charakters. In ähnlicher Weise zwangen die mehr gefühlte als scharf logisch erkannte Wahrheit seiner Gedanken, der ganze Intuitionismus seiner theoretischen Haltung, zu immer erneuter Prüfung und Durchsicht der Ergebnisse. Es war ein eigentümlicher Zug in Pestalozzis Schriftstellerei, durch häufig wiederkehrende autobiographische Darlegungen (so im „Stanzer Brief" 1800, in der „Gertrud" 1803, in „Ansichten und Erfahrungen" 1805, in der „Geburtstagsrede" von 1818, in dem „Brief über den Plan einer Armenerziehungsanstalt" 1812, im „Schwanengesang" 1825) Wahrheit, Sinn und Wert der eigenen Ideen an seinem, wie er glaubte, von einem zweckmäßigen Plan beherrschten, Leben und Handeln zu prüfen. Er kann deshalb im ersten Brief der „Gertrud" in bezug auf die „Nachforschungen" sagen: „Ich schrieb drei Jahre lang . . . wesentlich in der Absicht, über den Gang meiner Lieblingsideen mit mir selbst einig zu werden und meine Naturgefühle mit meinen Vorstellungen vom bürgerlichen Rechte und von der Sittlichkeit in Harmonie zu bringen" (S. IX, 19). Ausdrücke wie „meine individuelle Anschauungsart der Dinge" (S. VII, 387), „mein Erfahrungsgang, der Erfahrungsgang meiner Individualität" oder „das Bild des Menschen, wie es sich meiner Individualität vor Augen stellt" (S. VII, 417), „die Fundamente meiner Wahrheit und meiner Irrtümer" (S. VII, 387) lassen oft relativistische Töne in seinem Schrifttum anklingen. Pestalozzi war einer der persönlichsten Schriftsteller aller Zeiten, und dieser Eigenart war er sich voll bewußt. Seine Selbsterkenntnis ging aber noch tiefer. Wohl hat ihn die pessimistische Grundhaltung des Alters zu manchem schiefen, ungerechten Urteil gegen das eigne Ich verleitet, im großen ganzen trifft aber seine Selbstkritik doch den wahren Pestalozzi. Bis zum innersten Kern seiner Persönlichkeit dringt er vor, wenn er einmal den Schleier lüftet: „Das Individuelle meiner Kräfte . . . lag bestimmt in der Lebendigkeit, mit der mein Herz mich antrieb, Liebe zu suchen, wo ich sie immer finden konnte" (S. IX, 212). Spranger hat in Pestalozzi die größte Annäherung an den Reintyp des sozialen Menschen gesehen; hier kennzeichnet sich Pestalozzi in derselben Richtung. Die Beispiele ließen sich beliebig vermehren. Doch genug. Pestalozzi hat sein Eigensein voll und klar erkannt, er hat darunter gelitten, es hat ihn erhoben, er hat es bejaht und verneint, er konnte darüber zum elendesten Menschen werden und zum sendungsbewußten Propheten, nur eines hat er immer getan: „Spielraum" für seine Individualität verlangt.

Als kleiner Knabe wird er zum Schulrevolutionär, als ein unverständiger Lehrer ihm musikalische Fähigkeiten anprügeln will; den freiesten Beruf, den des Landwirts, wählt er, und der mittellose, um einen Hausstand ringende junge Mann weist weit von sich ab, eine ihn aller Sorge enthebende, aber seine individuelle Bewegungsfreiheit hemmende Pacht eines Gutes bei Zürich zu übernehmen; sein Herz bäumt sich auf, wie nach dem Erscheinen von „Lienhard und Gertrud" seine Umgebung annimmt, er habe nun endlich gefunden, wozu er brauchbar sei, und ihn moralischer Weise zum Lohnschriftstellertum verpflichten zu müssen glaubt. Er ist selig, als er in Stanz die übermenschlich schwere Arbeit eines Waisenvaters übernehmen darf, ohne von vornherein gleich wieder einen engen Zaun von hindernden, hemmenden Vorschriften um sich sehen zu müssen. Als die Anstalt von Burgdorf ökonomischer Schwierigkeiten wegen in Münchenbuchsee der straffen Leitung Fellenbergs unterstellt wird, da bricht Pestalozzi nach kurzer Zeit entschlossen den zuvor unterschriebenen Vertrag. Er fühlt sich gegängelt, unter Kontrolle gestellt, mißbraucht, er erfüllt weder seine literarischen Versprechungen, noch die andern, sich keine Eingriffe in die Anstaltsleitung zu gestatten. In Iferten überläßt er sich sorglos der Führung Niederers, aber nur solange er sich von ihm verstanden glaubt. Als nach der Trennung von Niederer im Jahre 1817 eine neue Konvention mit Fellenberg zustande kommt, unterschreibt er erst nach langem Zaudern und nur des Wohlergehens seiner Zöglinge wegen. Zur Ausführung der Konvention ist es nie gekommen. „Es war meine Pflicht", schreibt Pestalozzi an Meyer von Schauensee, der riet, sich mit Fellenberg zu verständigen, „keinen Augenblick länger in einer Verblendung zu bleiben, wo auch nur die Möglichkeit offen ist, daß ich zu irgend etwas, das wider meine Überzeugung ist, gezwungen werden könnte. Das Wesen von einer Verbindung mit Herrn von Fellenberg liebe ich noch; aber den Güselkorb der Formen in den er mich, als meinem schicklichen Ruhebett, hineinlegen wollte, will ich nicht hineinliegen, bis aller Mist, der darin ist, ausgeleert ist. Es sind Nadeln darin, die mich stechen könnten." (Fellenberg hatte im „Wegweiser an die Eidgenossenschaft" einen P. verletzenden Artikel gebracht.) (Mo. IV, 591.)

Ein Mann, der so intensiv die eigene Individualität, ihre Grenzen und Rechte erlebte, und über dem Bestreben, ihr Bewegungsfreiheit zu sichern, Zeit seines Lebens ein unsicherer Vertragskontrahent blieb, konnte auch an fremden Individualitäten und deren Rechten nicht vorübergehen. Zwar war sein Blick für Realitäten, so sehr ihn seine Zeitgenossen und die Biographen von heute auch rühmen mögen, doch nicht unbeschränkt. Der Kontakt mit der Wirklichkeit konnte sogar recht lose sein. So verließ er den ihn porträtierenden Maler immer schon nach wenig Minuten, nicht aus Unwillen oder Abneigung; sein grübelnder Sinn allein entriß ihn der jeweiligen Situation und trug die Schuld am Weglaufen, so daß der Maler die Sitzungen aufgab und unverrichteter Dinge wieder abzog. Zweimal fuhr Pestalozzi über den Rhein; anläßlich der Pariser Reise hat er viele französische Städte zweimal besucht, und trotzdem hat er nach seiner eigenen Aussage weder den Rhein noch eine französische Stadt gesehen. Wie Sokrates war er einer der großen Einäugigen der Geschichte. Seine nach innen gerichtete Natur hatte nur ein Fenster nach außen und gewährte nur einen Aspekt: auf den schwachen, hilfsbedürftigen Menschen, und die zweifellos starke Aktivität seiner Persönlichkeit kannte nur ein Ziel: der leidenden Menschheit zu helfen. Was aber innerhalb dieses Blick- und Wirkungswinkels lag, wurde mit gesundem Sinn für Realistik und zugleich in genialer Tiefe erfaßt und zu gestalten versucht. Und wenn auch die Liebe Pestalozzis zu den Menschen bei aller Wärme und Herzlichkeit etwas Überpersönliches an sich hatte, wenn er alle Menschen ohne Unterschied liebte, bloß weil sie Menschen waren, so blieb deren Sondersein und deren Eigenart ihm nicht verborgen. Er hatte „ein starkes Gefühl für das Individuelle", schreibt Heubaum (H. S. 365) und 40 Jahre früher hatte Morf ausgesprochen: „Es war ein hervorstechender Zug seines Charakters, daß er die „prononcierte" Individualität eines jeden Menschen hoch achtete, ihr große Rechte einräumte und deswegen vieles duldete von Menschen, von denen er wußte, daß ihr Kern dabei gut war" (Mo. I, 266).

In dem Dorfroman „Lienhard und Gertrud" tritt uns eine bunte Fülle der mannigfaltigsten Gestalten entgegen. Sie sind in ihrer persönlichen Eigenart, mit ihren Licht- und Schattenseiten, in ihrer Güte und Verkommenheit so scharf gefaßt, so durchblutet und lebenswahr dargestellt, daß beim Erscheinen des Romans die ganze Leserwelt annahm, bestimmte Lokalitäten und Personen aus der Umgebung des Verfassers müßten Modell gestanden haben. Sehen wir von den Charakteren ab, die von der Tendenz des Romans geformt sind, und bedenken wir ferner, daß bewußte künstlerische Technik in dem ganzen Buch vergeblich gesucht werden dürfte, so bleibt allein der Schluß übrig, daß außer scharfer Beobachtungsgabe auch ein feiner psychologischer Sinn für Individualitäten Pestalozzi eigen gewesen sein muß. Den gleich fernen individualisierenden Instinkt verraten auch seine Briefe, bei deren Abfassung er immer den Empfänger mit in Rechnung gestellt haben muß.

Den sichern Blick des Seelenkenners weisen aber vor allem die Bemerkungen über die Lehrer seiner Anstalten auf. Er hat die meisten überschätzt und in seltsamer Verkennung der Lage mittelmäßige Köpfe weit über sich selbst gestellt. Doch hat er den zentralen Kern ihrer Persönlichkeit meist richtig erkannt, ihn positiv gewertet und immer versucht, in verstehender Güte den Kontakt zu gewinnen oder zu wahren. Nur einige Beispiele. In der Neujahrsrede von 1811 wendet er sich an Niederer, ihn mit wenigen Strichen zeichnend: „Niederer, du erster meiner Söhne, was soll ich dir wünschen, wie soll ich dir danken? du dringst in die Tiefe der Wahrheit, du gehst durch die Labyrinthe wie durch gebahnte Fußsteige. Der Liebe hohes Geheimnis leitet deinen Gang, und mutvoll mit eherner Brust wirfst du den Harnisch jedem entgegen, der in Schleichwegen sich krümmend von dem Wahrheitspfade weicht und nach dem Scheine hascht.... Dein Auge blitzt einen Lichtstrahl, der sein Heil ist, ob ihn gleich meine eigene Schwäche oft fürchtet usw." Und ebenso an Krüsi: „Krüsi, werde in der Fülle deiner Güte immer stärker. Unter lieblichen Kindern selbst lieblich und kindlich, gründest du den Geist des Hauses in dem Heiligtum seiner Anfänge, im Geist der heiligen Liebe. An deiner Seite und im Leben deiner lieblichen Kraft fühlt das Kind unsers Hauses schon in den ersten Tagen, in denen es eintritt, nicht, daß ihm Vater und Mutter mangeln. Du lösest den Zweifel, ob ein Erzieher Vater und Mutterstatt sein könne." So wie Pestalozzi hier den idealistischen, leidenschaftlichen, streitgewohnten, geistvollen Niederer und das einfache, liebevolle Gemüt Krüsis kennzeichnet, so hat er alle andern Mitarbeiter in ihrer individuellen Eigenart geschätzt; den vornehmen, treuen Muralt, den biedern, ruhigen Mieg, den kraftvollen, praktischen Schmid usf.

Er hat aber noch mehr getan: er hat jedem den zu seiner Individualität notwendigen Spiel- und Bewegungsraum gestattet. Was dies bedeutete, kann nur der ganz verstehen, der sich einmal die ganze Mustersammlung von Originalen nach Alter, Abstammung, Nationalität, Konfessionalität,

Vorbildung, Beruf, Begabung, sittlicher Eignung, die sich als Lehrpersonal um Pestalozzi zusammen gefunden hatte, recht vor die Augen hält. „In dem pestalozzischen Institut", so schreibt Mieg, „herrscht das wahre Verhältnis, das allgemein herrschen sollte, nämlich, daß man die Vorzüge eines jeden mit Freuden anerkennt, einem jeden die Achtung beweist, die er verdient, und gemeinschaftlich strebt, immer weiter zu kommen." (Mo. IV, 208.) Diese Freiheit des einzelnen, von Pestalozzi halb aus Überzeugung erstrebt, halb aus Scheu vor Eingriffen in fremde persönliche Rechte gewährt, mußte bei seiner Unfähigkeit zur Leitung der Anstalt üble Folgen tragen. In einem Brief an Pfarrer Ewald in Bremen gibt er sich über dieses Verhältnis Rechenschaft. In bezug auf die positive Seite schreibt er: „Edle Kräfte reiben sich zum Vorteil der Wahrheit um mich her; aber ihre Wahrheit macht hie und da ihren Vorschritt bestimmt, durch die Einseitigkeit der Individualität, in der sie sich vorzüglich ausspricht." Aber er erkennt auch die Schattenseite: „Das Steigen einzelner Fächer in meiner Anstalt und das Emporwachsen einzelner Menschen — nicht bloß zu innerer Selbständigkeit, sondern auch zu einem öffentlichen, äußerlichen Dastehen in den Ansprüchen ihrer individuellen Selbständigkeit — gründet zwar das Wesen meiner Zwecke und Interessen; aber es beschränkt auch meine Kraft, das Ganze im Geiste meiner Individualität zu erhalten und zu leiten, in hohem Grade" (Mo. IV, 215; 1810). Gelegentlich müssen wahrhaft anarchistische Zustände in Burgdorf und Iferten geherrscht haben. So urteilte der Lehrer Blochmann: „Es herrschte Willkür und Unordnung, da es an einem durchgreifenden Leiter und Überwacher des Ganzen fehlte. Jeder nahm sich fast mehr seine Unterrichtsstunden, als daß sie ihm zugewiesen wurden, und verfuhr in denselben nach Gutdünken und Willkür" (Mo. IV, 278). Was Scheitlin schreibt, stimmt damit ganz überein: „Wie viele der Arbeiter in dieser Anstalt gewesen, fast ebenso viele selbstherrliche Lenker und Leiter konnte ich in ihnen erblicken" (Mo. IV, 278). Es wundert uns gar nicht, daß auf Grund jahrelanger Gewöhnung bei einem solch übersteigerten Individualismus die ganze Lehrerschaft sich unter der straffen Führung Fellenbergs in Münchenbuchsee unglücklich und in ihren innersten Rechten beschnitten fühlte. Es ist bezeichnend, daß der damalige Wortführer Niederer gerade hier mit seinem Angriff gegen Fellenberg einsetzte, obwohl es auch in Ansehung anderer Dinge an Übereinstimmung mangelte. Er charakterisierte den Gegensatz der Bestrebungen Pestalozzis und Fellenbergs dahin: der erstere gehe vom Individuum aus, der andere habe das Ganze im Sinn. Fellenbergs Bestrebungen gipfelten wie die Fichtes in einem Staatssozialismus, der geneigt sei, das Individuum allein in seiner Bedeutung für das Ganze zu schätzen. Fichte und Fellenberg mangle der Sinn für individuelles Leben. (Brief Niederers an Fellenberg v. 8. Sept. 1804; Mo. III, 68 u. 72). Einmal allerdings mußte sich Pestalozzi auch gegen Niederer wehren. Es war nach dem Bruche im Jahre 1817, als dieser in einem Briefe an Pestalozzi schrieb, daß „in der Bildung jedes in seiner Art sei", und diesem damit zu verstehen geben wollte, daß er ihm in seiner Individualität Unrecht getan habe. Pestalozzi wies dies aber sofort zurück: „Lieber Niederer! daß jeder in seiner Art sei, was er ist und werde, was er werden kann, dazu habe ich jedem in meinem Haus Freiheit und Spielraum gegeben, wie gewiß keiner in keinem andern Haus gefunden hätte. Du weißt auch, Niederer, ganz gewiß, daß ich tausendmal äußerte, man müsse von niemand mehr fordern, als er leisten könne und ihn immer nur in den Schranken benutzen, die seinen Kräften und seiner Bildung angemessen sind. Du aber wolltest immer, oder wenigstens zuerst, daß ein Lehrer zuerst die Methode im allgemeinen philosophisch begreifen müsse, ehe er imstande sei, in irgend einer Wissenschaft etwas zu leisten, das nicht auf das Ganze der Elementarbildung störend einwirke" (S. XII, 187). Doch an diesen direkten und indirekten Belegen für Pestalozzis Haltung zu seinen Lehrern sei es nun genug. Man kann darüber im Zweifel sein, wieviel bei diesem Verhältnis der instinktiven oder auch bewußten Achtung vor den Rechten fremder Individualitäten entsprang und wieviel der Unfähigkeit, Menschen zu leiten. Uns will aber doch scheinen, daß der Achtung fremder Individualitäten die größere Bedeutung zukommt. Pestalozzi wäre nie bereit gewesen, der Entfaltung menschlicher Eigenart Hindernisse zu bereiten.

Es bleibt uns nach diesen Erörterungen noch übrig, Pestalozzis individualisierende Haltung im erzieherischen Tun zu untersuchen. Die erste Quelle, welche uns tiefe Blicke ermöglicht, stellen die den Neuhofer Anstaltsberichten aus den Jahren 1777/78 beigefügten Schülercharakteristiken dar.

Sie geben nicht allein Aufschluß darüber, mit welcher hingebenden Liebe und welch feinem Verständnis Pestalozzi bei den verkommenen, verwahrlosten Kindern Seelenforschung getrieben hat, sondern lassen auch erkennen, wie vorgefundene individuelle Seinsverhältnisse von ausschlaggebender Bedeutung für die pädagogische Einwirkung waren. Zunächst einige Beispiele. „Fridly Mind v. Worblauffen, Berngebieth, ein sehr schwaches Kind, aber voll entscheidender Talente zum Zeichnen. So viel ich kann, gebe ich mir Müh, dieses Talent in ihm zu entwikeln" (B. I, 176). „Rudy Bachly ist gebrochen, das beste Kind, seine Andacht im Beten, seine vorzügliche Arbeitsamkeit, sein offener Kopf, seine sich auszeichnende Fähigkeit zum Rechnen machen mich besonders auf ihn aufmerksam" (B. I, 176). Die musikalische Anlage eines blödsinnigen Knaben, das Spinntalent eines Mädchens werden ähnlich hervorgehoben. „Viele und die meisten zeichnen sich nicht aus, sondern werden in den niedern Gang des Lebens bey Angewöhnung einer ordentlichen Thätigkeit in ihrem Beruf von mir ohne besondere Endzwecke behandlet" (B. I, 177). Bei einem Knaben, „dessen Herz sich keiner Zärtlichkeit, keiner Empfindung öffnet", bei dem „Verdacht, Geiz, niedere Verschlagenheit, in jedem Blick" hervorstechen, ruft Pestalozzi verzweifelnd aus: „Freunde der Menschen! einen Rath für die Führung dieses Jünglings!" (B. I, 178). Es ist ihm „tröstende Wahrheit, daß auch der aller Elendeste fast unter allen Umständen fähig ist, zu einer alle Bedürfnisse der Menschheit befriedigenden Lebensart zu gelangen" (B. I, 179).

Aber nicht nur auf dem Neuhof spürt und forscht Pestalozzi nach den besonderen Qualitäten seiner Zöglinge und sucht jeder neuentdeckten Fähigkeit in der Verfolgung „besonderer Endzwecke" gerecht zu werden, es gilt auch für die Zeit, als er der Methode „an den Puls griff". Freilich berichtet Ramsauer, sein damaliger Schüler, von den Tagen in Stanz: „Er (Pestalozzi) war nicht geduldig genug, um wiederholen zu lassen oder Fragen zu geben, auch schien er sich in seinem ungeheuren Eifer gar nicht um den einzelnen Schüler zu kümmern" (Mo. I, 225). Das Problem des Massenunterrichts, der Vereinfachung der Bildungsmittel und ihrer gleichzeitigen Begründung auf entsprechende Bewußtseinsgesetzlichkeiten, das Aufsuchen eines allgemeinen Entwicklungsgesetzes nehmen Pestalozzis

Aufmerksamkeit zeitweilig ganz in Anspruch. Wie überzeugt von der Notwendigkeit und dem Wert der Besinnung auf persönliche Eigenart mußte aber der Mann sein, der auch in dieser Periode bei einer schon ohnehin übermenschlichen Arbeitsbelastung nicht die Mühe scheute, von jedem einzelnen Kinde eine Art Personal- und Beobachtungsbogen zu führen, in dem jedes Kind nach den Rubriken Alter, Wohnort, Eltern, Gesundheit, Anlagen, Bildung und Umstände näher gekennzeichnet wurde. Daß es nicht bei der bloßen Feststellung von Besonderheiten blieb, sondern diese Besonderheiten auch in Erziehung und Unterricht berücksichtigt wurden, bringt indirekt der Bericht der ersten Prüfungskommission vom März 1800 zum Ausdruck: „Der bewunderungswürdige Fortgang Ihrerjun gen Schüler von so verschiedenen Anlagen läßt deutlich einsehen, daß jeder etwas taugt, wenn der Lehrer seine Fähigkeiten aufzufinden und mit psychologischer Kenntnis zu leiten weiß" (Mo. I, 222).

Was in Neuhof und Stanz begonnen wurde, das findet in Burgdorf und Iferten seinen organisatorischen Ausdruck. Die Anstaltsorganisationen weisen hier ein ganzes System von Mitteln auf, den einzelnen Zögling in seiner Eigenart zu erfassen und zu bestimmen. Ein zur Schülerzahl unverhältnismäßig großes Personal ermöglichte neben allgemeiner wechselnder Aufsicht die Aufstellung von „Spezialaufsehern", die zehn bis zwölf, auch zwölf bis sechzehn Schüler zu überwachen, zu beobachten und zu beraten hatten. Auch Beobachtungsbogen wurden angelegt. „Eine Sammlung der Ansichten und Bemerkungen über das Kind gewährt nicht nur einen leichten, sichern Überblick über seine jeweilige Stimmung und seinen Standpunkt, sondern sie zeigt auch durch die Vergleichung seines körperlichen und geistigen Befindens, sowie der Zeiten und Umstände, in denen es still stand, rückwärts zu gehen schien oder sich entwickelte, teils den merkwürdigen Einfluß des Alters und des Körperlichen auf das Geistige und umgekehrt, teils die Irrtümer, wenn der eine oder andere Lehrer falsche Schlüsse zog." (S. X, 336.) Fast täglich finden „dauernde Zusammenkünfte" (gemeint sind regelmäßige Zusammenkünfte) der Lehrer statt, in denen die gemachten Beobachtungen mitgeteilt und in gemeinsamer Überlegung neue Wege gesucht werden. Außerdem führt allwöchentlich einmal der Spezialaufseher die Knaben unter seiner Aufsicht zu Pestalozzi, nachdem er diesem zuvor über sie Bericht erstattet hat. Pestalozzi spricht dann, so schreibt Gruner aus Burgdorf, „mit jedem unter Berücksichtigung seiner Eigentümlichkeit", teilnehmend fragt er „jeden nach dem, was ihn betrifft, nach seinem Befinden". (Pestalozzis Leben in Briefen und Berichten. Hrsg. v. A. Haller. 1927. S. 255/256.) Der von Niederer überarbeitete „Bericht an die Eltern und an das Publikum" von 1807 weist mit allem Nachdruck auf die individualisierenden Tendenzen der Ifertener Anstaltserziehung hin. (Der Bericht ist etwas schönfärberisch gehalten, und manches von dem Mitgeteilten darf bezweifelt werden. Heubaum urteilt darüber: „In seiner völligen Selbständigkeit tritt uns Pestalozzi hier schon nicht mehr entgegen. Zwar der Gedanke der individuellen Behandlung, die Idee, daß an die spezifische Begabung des Kindes anzuknüpfen sei, ist sein ursprüngliches Eigentum; aber in der Hervorhebung der wissenschaftlichen Aufgabe des Instituts und der Notwendigkeit, die Wissenschaft zu organisieren, glauben wir Niederer zu vernehmen" (H. 275/276). Das Verhältnis Pestalozzis zu Niederer wollen wir erst später berücksichtigen. Worauf wir hier Wert legen, ist, daß die in dem Bericht der Individualität zugesprochene Bedeutung auch die Meinung Pestalozzis darstellt. Da außerdem das, was von Niederer über schon tatsächlich verwirklichtes in bezug auf unser Problem gesagt wird, zum Teil durch Gruner bereits für die Burgdorfer Zeit seine Bestätigung findet und eine Bemerkung der Prüfungskommission der Tagsatzung von 1809 in derselben Richtung läuft, so dürfen wir den Ausführungen schon größeren Wert beimessen.) Es wird hier gesagt: Wir sehen „insbesondere darauf, zu erforschen, worin die entschiedene Kraft eines jeden liegt, um diese Kraft gleichsam als den Mittelpunkt jener Geistestätigkeit und als den Faden zu benutzen, an dem wir ihn ins geistige Dasein einführen, um ihm Zuversicht und Streben einzuflößen, den Kreis desselben zu erweitern" (S. X, 353).

Die Sätze zeigen deutlich und noch mehr die folgenden, daß in der Ifertener Zeit das Individualitätenproblem längst der praktisch instinktiven Sphäre enthoben und Gegenstand theoretischer Besinnung gewesen sein muß. Obwohl die Theorie Pestalozzis erst im II. Teil der Arbeit erörtert werden soll, so glauben wir doch die dem Bericht beigefügten theoretischen Ansichten schon an dieser Stelle nicht ganz verschweigen zu dürfen, weil ohne sie einige Formen der Anstaltsorganisation unverständlich bleiben müßten. Der Bericht lautet hier: „Es ist nämlich kein Zögling, der alles zu umfassen vermag, es ist aber auch keiner, der nicht für irgend ein Fach besondere Lust zeige und der es nicht, wenn er anhaltend sich darauf verlegen könnte, zu etwas Ausgezeichnetem bringen würde. Der eine lebt gleichsam nur in Zahl und Form und übt alles andere bloß gleichgültig mit. Ein anderer wirft sich mit Kraft und Freiheit bloß auf die Sprache. Ein dritter faßt besonders das Ästhetische auf und zeichnet sehr schöne Figuren, indem er in manchem andern zurückbleibt. Noch andere scheinen für alles gleiche Empfänglichkeit zu haben . . . und der Abwechslung als Reizmittel zu bedürfen und beschäftigen sich daher mit allem mit gleicher Munterkeit. Auch die Zeitpunkte sind verschieden und plötzlich geht einem Knaben wie ein neuer Sinn für einen Gegenstand auf, der vorher gar keine Wirkung auf ihn machte" (S. X, 354). Der Ausgangspunkt der erzieherischen Einwirkung ist damit ganz scharf umrissen. Es ist das qualitativ besondere Erziehungsobjekt, das sich von andern durch Wertbezogenheiten zu den Bildungsgütern der Zahl, Form und Sprache und der ästhetischen Güter, seien diese Wertbezogenheiten nun ursprünglich gegeben oder erst mit bestimmten Entwicklungsstufen in Erscheinung getreten, unterscheidet und dessen Struktur sich im unwillkürlichen Interesse für die jeweiligen Werte kund gibt.

Daneben wird ein anderes Moment bedeutsam. Wir finden nirgends einen Hinweis auf Faktoren äußerer Verschiedenheit; solchen konnten in einer Zeit, in der die Anstalt Kinder von Eltern verschiedenster Nationalität, Konfessionalität und Professionalität (Engländer, Russen, Amerikaner, Deutsche, Schweizer, Franzosen; Lutheraner, Reformierte, Katholiken; Adelige und Bürgerliche; Beamte und freie Berufe) beherbergte, nur geringe Bedeutung zukommen. Der Hinweis auf sie fehlt in dem Bericht ganz. Die Tatsache der Anlagenverschiedenheiten führt nun weiter zu folgenden Überlegungen: „Sollte dies nicht ein Fingerzeig der Natur sein, und sollte nicht außerordentlich viel damit gewonnen werden können, wenn man die Kinder, statt sie in mehrere Fächer auf einmal zu führen, sie nur solange damit beschäftigte, bis sich eine bestimmte Richtung in ihnen zeigt und dann darin ihren Trieb solange gänzlich befriedigte, bis in dem einen stark das Gefühl des Bedürfnisses und die Lust zum andern auch in ihnen erweckt würde? . . . Deshalb muß eine Erziehungsanstalt durchaus so organisiert sein, daß alle Entwicklungs- und Bildungsfächer zweckmäßig bearbeitet sind, daß in allem unterrichtet wird, was die Neigung und das Bedürfnis des Kindes ansprechen kann. Aber das, was jedes Kind gelehrt werden soll, soll bei jedem in der Zeit gelehrt werden, in der es seine Natur anspricht, denn dies ist der Beweis, daß seine Empfänglichkeit und Kraft dafür erwacht ist" (S. X, 353). Bis zur Herausdifferenzierung bestimmter Neigungen sollen die Zöglinge in „mehreren Fächern auf einmal" geführt werden, dann soll aber ihrer weiteren Bildung die Richtung gegeben werden, die durch „Trieb", „Lust", „Bedürfnis", das heißt die spezielle Begabung des einzelnen bestimmt und eingeschlagen werden muß. Die Bildungsorganisation hat deshalb alle nur möglichen Bildungsmittel zur Verfügung zu halten, Gebrauch macht der Zögling aber nur von solchen, die innerhalb seines Begabungswinkels liegen. Im Prinzip findet hier Pestalozzi die gleiche Lösung wie Kerschensteiner in seinem „Grundaxiom des Bildungsprozesses" und wie sie den modernen Reformbestrebungen des höhern Schulwesens zugrunde liegt: immer weitergehende Differenzierungsmöglichkeiten durch die Einrichtung von besonderen, nach Begabungsrichtungen geschaffenen Bildungszügen.

Die volle Auswirkung der Lösung wird bei Pestalozzi nur gehindert, und zwar durch die Meinung: „Es ist freilich durchaus nötig, daß jeder Knabe bis auf einen gewissen Punkt alle Fächer der Elementarbildung umfasse" (S. X, 254). Wohl wehrt er sich einige Zeilen später gegen „willkürliche Forderungen der Menschen, welche Lehrer und Schüler in gleiche Verlegenheit setzen und die Bildung letzterer zuverlässig aufhalten, statt befriedigen", aber er verfällt in denselben Fehler. Warum, das sollen spätere Ausführungen zeigen. Immerhin bleibt noch Positives über die praktische Berücksichtigung kindlicher Eigenart aus der Ifertener Zeit zu berichten: Die Stundenpläne aller Klassen wurden so geregelt, daß zu gleicher Zeit überall dasselbe Fach getrieben wurde, um begabten Schülern zu ermöglichen, in dem Fach ihrer besonderen Begabung am Unterricht der nächst höheren Klasse teilzunehmen. Einem größern Teil der Schüler wurden gegen Bezahlung weiterführende Privatstunden gegeben. Vieles war privater Initiative der Lehrer überlassen. Die gleichmäßige, alle Anlagen umfassende, graduelle Höherführung der Begabten ist dagegen nirgends verbürgt. Wir können deshalb nicht denen zustimmen, die in Pestalozzis individualisierendem Prinzip nur ein quantitatives Moment erblicken wollen, das über Tempo der Einwirkung und Höhe des Ziels entschied. Daß Pestalozzis Theorie der Anwendung des Prinzips der Individualisierung zum mindesten nicht förderlich sein konnte, ist auch unsere Meinung; in der Praxis aber hat er sich nur durch ganz reale Momente wie Zeit, Mangel an Personal, Wille der Eltern usw. Grenzen setzen lassen. Sonst überläßt er sich ganz der Freude, die Stärke jedes Individuums erkennen und entwickeln zu können. Hier spüren wir wenig von einem harmonischen, das Gleichgewicht aller Anlagen ständig im Auge behaltenden Bildungsziel. Auch von der in der Theorie so hart anmutenden Forderung der Rücksichtnahme auf ständische Gegebenheiten weiß sich Pestalozzi zu gegebener Zeit freizumachen. Nie hat er seinen Zöglingen den Weg nach oben versperrt; einzelne Begabte hat er im Gegenteil immer gefördert. Einen Ramsauer entreißt er seinem ärmlichen Milieu, einem Heussi ermöglicht er freien Aufstieg. Von Fellenberg muß er sich aus diesem Grunde „Sansculottismus" vorwerfen lassen. Nein, was Pestalozzi in der Praxis übte, das war ganz und gar Berücksichtigung und Förderung individuellen Seins.

Eins kann uns freilich bedenklich stimmen. Der Eifer, auch keine Gabe ungenützt zu lassen, und das Bestreben, möglichst frühzeitige wirtschaftliche Hilfe zu erhalten und wirtschaftliche Selbständigkeit schon in frühem Alter erreicht zu sehen, haben Pestalozzis Blick für das Eigenleben der Kinder getrübt. Der dreijährige Jaqueli muß zählen, buchstabieren, lateinische Vokabeln lernen, ob er will oder nicht. „Ich ließe ihm keine Wahl außer dieser Arbeit oder meinem Unwillen und der Straffe des Einspeerens" (B. I, 118), erzählt Pestalozzi selbst. Der Knecht Klaus urteilt ganz richtig, wenn er zu ihm sagt: „Ihr übertreibet ihn" (B. I, 121). Im Kinde sieht Pestalozzi noch viel zu sehr die Vorbereitung auf den künftigen Mann. Und wenn er in den Briefen über Armenerziehung Kinder vom 6. Jahr ab brauchbar für die Industrie findet, so bleibt das nicht nur Theorie. Nicht mit Unrecht hat Schmid im Jahre 1810 den Vorwurf erhoben, die Kinder im Alter von 5—8 Jahren in der Anstalt zu Iferten würden nicht ihrem Alter entsprechend behandelt. Es sei nicht genügend dafür gesorgt, ihnen den Mangel des Familienlebens zu ersetzen, sie seien in der freien Zeit zu sehr sich selbst überlassen, hätten keinen gemütlichen Aufenthalt in den Erholungsstunden, und der Unterricht in wissenschaftlicher Form werde zu früh an sie herangetragen (H. 300). Auch die abstrakte Trennung zwischen der Entfaltung der Kräfte und ihrer Anwendung, sowie der Gedanke eines Unterrichts, der von Elementen ausgehend in logisch wissenschaftlichem Gange die Bildungsgüter aufzubauen bestrebt ist, deuten auf Grenzen der kindespsychologischen Einsicht.

Sehen wir von den letzten negativen Feststellungen ab, so bleiben als wesentliche Ergebnisse unserer Ausführungen:

1. Der Sinn für individuelle Eigenart war tief in der Persönlichkeitsstruktur Pestalozzis verankert. Eigenes und fremdes Sondersein hat er klar erkannt, positiv gewertet und all seinem Tun zugrunde gelegt.

2. Auch seine praktisch-pädagogische Haltung stellt individuelles Sein in Rechnung. Dieses trifft für alle Phasen von Pestalozzis Leben zu, auch für die Zeiten, in denen, wie wir später sehen werden, der Individualität in der Theorie wenig oder keine Erwähnung getan wird.

3. Das Individualisierungsprinzip enthält ein qualitatives und quantitatives Moment. Das qualitative geht darauf aus, die durch Anlagen und Milieu in ihrer Richtung bestimmte Bildung mittels adäquater Bildungsgüter zu sichern. Das quantitative Moment sucht je nach der Stärke der Begabung und der Notwendigkeit eines von Stand und Beruf bestimmten Bildungssolls das Tempo der bildnerischen Einwirkung und die zu erreichende Bildungshöhe zu differenzieren.

4. Eine Entwicklung in der praktischen Handhabung des Individualisierungsprinzips läßt sich nicht mit Sicherheit feststellen. Der Mangel an Quellen und die

Wahrscheinlichkeit nur geringfügiger Änderungen lassen keine bündigen Schlüsse zu. In der Burgdorfer und Ifertener Zeit scheint allein die Anlagen-Individualität berücksichtigt worden zu sein; als mit der Errichtung der Armenanstalt Clindy die Anstalt Doppelcharakter erhielt, hat Pestalozzi auch berufsständisch differenziert. Die Anstalten Neuhof und Stanz wollten zwar auch berufsständisch orientiert sein; bei der Homogenität der ständischen Zusammensetzung ihrer Zöglinge tritt aber mehr die Berücksichtigung von Anlage-Gegebenheiten in Erscheinung.

II. Teil.

Die Berücksichtigung individuellen Seins in Pestalozzis Theorie.

Schon eine flüchtige Orientierung im Schrifttum Pestalozzis läßt erkennen, daß mit der im praktischen Leben durch Übernahme des Waisenhauses in Stanz im Jahre 1799 erfolgten Wendung auch die literarische Produktion eine Richtungsänderung erfährt. Erstreckt sie sich bis 1799 auf fast alle Lebensgebiete, auf Recht und Politik, Wirtschaft, Staat, Kirche, Sozialethik, Pädagogik, Religion, so beschränkt sie sich jetzt im wesentlichen auf Pädagogik. Delekat kennzeichnet die erste Periode als vorwiegend kulturphilosophisch, die zweite als vorwiegend pädagogisch orientiert. Wir stimmen dieser Charakterisierung zu, möchten aber im Gegensatz zu Delekat, der Pestalozzi als religiösen Menschen zeichnet und deshalb die kontemplativen Züge seiner Persönlichkeit in den Vordergrund stellt, die aktive Seite mit ihrer starken Sehnsucht nach praktischer Betätigung mehr betonen. Wenn auch sämtliche Bestrebungen Pestalozzis in der Versittlichung des Menschen gipfeln, letzten Endes also ein pädagogisches Ziel zu verwirklichen streben, so ist doch die Art und Weise, wie er in der ersten Periode dieses Ziel zu realisieren sucht, als Pädagogik nur im weitesten Sinne anzusprechen. Wir fassen deshalb *seine eigentlich erzieherischen Bestrebungen in dieser Zeit als Teil seiner Sozialpolitik auf.* Erst in der zweiten Periode ist Pestalozzi erfüllt von der Idee, eine wissenschaftliche Pädagogik zu schaffen, wenn auch schon früher wertvolle Ansätze dazu nicht fehlen. Auch für unser Problem tritt der Gegensatz deutlich in Erscheinung. Wir unterscheiden aus diesem Grunde:

A) Das Problem der Individualisierung in der Pädagogik Pestalozzis bei vorwiegend sozialpolitischer Einstellung.
B) Das Problem der Individualisierung in der Pädagogik Pestalozzis bei vorwiegend pädagogischer Einstellung.

A.

Das Problem der Individualisierung in der Pädagogik Pestalozzis bei vorwiegend sozialpolitischer Einstellung (1768—1799.)

Hinter den sozialpolitischen Anschauungen Pestalozzis steht als das Ergebnis jahrelanger philosophisch-ethischer Besinnung eine individuell persönliche Auffassung vom Menschen und seiner Bestimmung, die ihrer grundlegenden Bedeutung wegen, ehe wir seine Sozialpolitik in ihren Grundzügen charakterisieren und in die Untersuchung unseres spezielleren Fragenkreises eintreten, kurz gewürdigt werden soll.

Den Schlüssel zu Pestalozzis philosophisch-ethischen Ansichten vom Menschen bildet der Naturbegriff. Natur bedeutet dabei verschiedenes; neben „äußerer Natur" umfaßt sie „die Menschennatur in ihrem psychologischen Mechanismus" und die gesellschaftlichen Lebenskreise, in die jeder Mensch hineingestellt ist. Mit dieser Aufspaltung des Naturbegriffs ist aber seine Problematik noch nicht erschöpft. Delekat, der Pestalozzi in den allgemeinen Ideenzusammenhang des 17. und 18. Jahrhunderts hineinstellt, hat nachgewiesen, daß in den wesentlichsten Begriffen der Aufklärungszeit mystisch-religiöse Gefühlstöne mit anklingen. Dies gilt auch für den Naturbegriff Pestalozzis. In der Zeit der Abfassung der „Abendstunde" und von „Lienhard und Gertrud" (1. u. 2. Teil) folgt er noch der Rousseau'schen Formel: der Mensch ist von Natur gut, die Gesellschaft macht ihn schlecht; löst den Menschen aus den gesellschaftlichen Bindungen, überlaßt ihn der Natur, dann kommt in ihm das Rein-Menschliche zum Vorschein. Allmählich löst aber Pestalozzi die mit dem Naturbegriff eng verwurzelte Zentralfrage der Theodizee, ob die eigentliche Natur gut oder böse sei, in selbständiger Weise. Seiner realistischen Grundhaltung konnte das Böse in der Natur auf die Dauer nicht verborgen bleiben. Wenn in „Lienhard und Gertrud" (Teil I) noch alle Menschen bis auf den Vogt Hummel gut sind und sein wollen, so stellt

Pestalozzi in „Gesetzgebung und Kindermord" schon fest, daß im einzelnen Menschen gut und böse, „Natur" und „tierische Natur", das heißt höhere und niedere Natur zugleich wirken, die beide wachstümliche Anlagen des Menschen darstellen und in gesetzmäßiger Ordnung sich auswirken. Ja, einige Zeit scheint es, als ob die Menschen, sowohl einzeln als auch im gesellschaftlichen Zustand, von Natur nur böse seien und gar nicht anders sein könnten. „Der Mensch ist von Natur, wenn er sich selber überlassen, wild aufwächset, träg, unwissend, unvorsichtig, unbedachtsam, leichtsinnig, leichtgläubig und gedankenlos, furchtsam, und dabey ohne Gränzen gierig, und wird dann noch durch die Gefahren, die seiner Schwäche, und die Hindernisse, die seiner gierigen und Anspruchsvollen Selbstsucht in den Weg kommen, krumm, verschlagen, heimtückisch, mißtrauisch, undankbar, mißmüthig und dabey verwegen, rachgierig und grausam" (B. IV, 388). Der ethisch-religiös gewendete Naturbegriff Pestalozzis hat deshalb eine doppelte, sowohl positive als negative Bedeutung. Gibt er diesem Gegensatz in Worten Ausdruck, dann unterscheidet er „gesetzmäßige" und „tierische Natur". Bei solcher Doppelnatur alles Menschlichen bildet das Leben notwendig einen fortwährenden inneren Kampf zwischen den entgegengesetzten Prinzipien des Sinnlichen und Sittlichen. Erst die Verwirklichung des Sittengesetzes, das formal als Selbstvervollkommnung und material als Rücksicht auf den Nebenmenschen bestimmt wird, bringt die Erlösung. Ich vervollkommne mich selbst, „wenn ich mir das, was ich soll, zum Gesetz dessen mache, was ich will" (S. VII, 470), und „wenn der Mensch nicht sowohl seinen eigenen Nutzen und seine eigene Befriedigung als den Nutzen und die Befriedigung anderer sucht" (S. VII, 473). In diesem Prozeß der Selbstvervollkommnung ist auch die Gesellschaft bedeutsam, denn „der Gang der Natur in der Entwicklung des Menschengeschlechts" wie auch der des einzelnen Menschen führt von dem Naturzustand über den gesellschaftlichen zum sittlichen Zustand. Und wenn auch der ursprüngliche Zweck des gesellschaftlichen Zusammenschlusses und aller gesellschaftlichen Einrichtungen, der in der leichteren Befriedigung der notwendigen Bedürfnisse des anfänglich isoliert lebenden Naturmenschen bestand, infolge der Selbstsucht, die zu Willküransprüchen der Mächtigen, zur Unterdrückung der Beherrschten und zur Bildung von Eigentum führte, bald ins Gegenteil verkehrt wurde, so ist der gesellschaftliche Zustand für die Ermöglichung einer sittlichen Lebensführung doch nicht zu entbehren. Der Sohn der Natur, der sich nur im ungezügelten Ausleben seiner Triebe und Instinkte wohl befindet, muß an menschliche Ordnung und Sitte gewöhnt werden, soll er dereinst zu dem höchsten, dem sittlichen Zustand gelangen. Zwar führt der Zwang des Gesetzes den Menschen nur zu äußerlich legalem und nicht zu wahrhaft moralischem Handeln, aber er erhöht den Widerspruch zwischen individueller Neigung und sozialer Forderung, und damit auch die innere Spannung im Menschen und sein Erlösungsbedürfnis. Das letzte Ziel, die Wiederherstellung der verlorenen Harmonie mit sich selbst, ist allerdings nur durch die freie Tat des autonomen Menschen, nie durch gesellschaftliche Einrichtungen und äußere Einwirkung möglich. „Nur als Werk meiner selbst vermag ich die Harmonie meiner selbst mit mir selbst wieder herzustellen" (S. VII, 483). Die Sittlichkeit ist daher „ganz individuell, sie besteht nicht unter zweien" (S. VII, 468). Auf diesen Ansichten von der sittlichen Bestimmung des einzelnen Menschen und der Menschheit fußen **die sozial-politischen Anschauungen Pestalozzis,** denen wir uns nun zuwenden.

Nach der vorwiegenden Auffassung des 18. Jahrhunderts vermag die Gesellschaft ihre mannigfachen Aufgaben dann am besten zu erfüllen, wenn die verschiedenen Willen der zu ihr gehörenden Individuen in harmonischer Übereinstimmung handeln. Diese Ansicht teilt auch Pestalozzi, wie wir weiter oben schon feststellten. Seine sozial-politischen Maßnahmen lassen sich deshalb kennzeichnen als das Bestreben, durch rechtliche Regelung der Beziehungen der gesellschaftlichen Teilverbindungen — das ist vor allem der Stände und Klassen — zueinander und zum Staatsganzen die Einheit und Geschlossenheit des sozialen Verbandes herzustellen und dadurch ein Maximum an Volkswohlfahrt zu sichern. Gemäß seiner Auffassung, daß der ursprüngliche Zweck des gesellschaftlichen Zusammenschlusses gewesen sei, dem einzelnen Menschen die Befriedigung seiner Bedürfnisse zu erleichtern und sicher zu stellen, fordert Pestalozzi als Grundlage aller Volkswohlfahrt weitgehende Selbständigkeit des Einzelmenschen, und zwar denkt er vor allem an ökonomische Selbständigkeit. Eigentum und Arbeit werden die Zentralbegriffe seiner Sozialpolitik. Es ist Bestimmung der Natur, daß jeder sich selbst versorge. Man muß dem Armen helfen, „daß er seinen Mut nicht verliere, mit allen Kräften zu trachten, um sich wieder aufzuhelfen" (S. V, 125). Nicht die „tausendfarbigen Almosenspendungen der öffentlichen und Privatwohltätigkeit" (S. XII, 138), „die täuschenden Palliative, womit man alles tun will und nichts ausrichtet" (S. XII, 138), keine „Bettler bildende, Heuchler pflanzende und in tausend Ansichten unlautere Armenhilfe", keine „Gnaden und Erbarmungsmittel der Bettlerhilfe" (S. IX, 204) führen bessere Zeiten herbei, sondern nur wirtschaftliche „Selbsthilfe" und „Selbstsorge" (S. VIII, 33). Der Gedanke wirtschaftlicher Selbständigkeit beherrscht Pestalozzi so sehr, daß er politische und intellektuelle Freiheit nur zu schätzen weiß, soweit auch sie diesem Ziele dienen. Der Aufklärung macht er den Vorwurf, daß sie über der intellektuellen Selbständigkeit die wirtschaftliche vergessen und deshalb allen Fortschritt der Menschheit illusorisch gemacht habe. Trotzdem fordert Pestalozzi, allerdings mit gewissen Einschränkungen, als Voraussetzung der Erwerbung wirtschaftlicher Selbständigkeit eine liberale Gesetzgebung. Als deren Endzweck bezeichnet er: „Vereinfachung der Abgaben an den Staat, die Sicherstellung des wirklichen Genusses bürgerlicher Rechte für die niedere Menschheit, die Befreyung des Volks von dem Druck der Knechtschaft, die auf dem Landeigentum ruhet, die Sicherstellung der niederen Menschen vor den ruinirenden Folgen, welche die Feuersbrünste, Wasserschäden, Hagelwetter und Viehpresten haben, ... die Möglichkeit, ... die außerordentlichen Staatsabgaben ohne verheerenden Druck auf das niedere Volk zu bestreiten, überhaupt einen merklichen allgemeinen Vorschritt in dem Wohlstand und der Bevölkerung des Lands mit zuverlässiger Sicherheit auf Kind und Kindeskinder herunterzubringen, und endlich, das Schwert der Gerechtigkeit in der Scheide wahrhaft menschlicher Grundsätze halten und die anderen Menschen mit so gefährlicher Schärfe nicht unschuldig zu verletzen" (B. III, 441). Die Forderungen nach gesetzgeberischen Maßnahmen ließen sich noch vermehren, und sie bilden doch wahrlich so schon ein reichhaltiges Programm. Pestalozzi ist es nicht darum zu tun, die bestehende Gesellschaftsordnung umzuwerfen oder den Unterschied der Stände zu verwischen. Allerdings liegt ihm ebenso fern, in der bestehenden Ordnung etwas Unabänderliches und Unantastbares zu sehen. Die mit der Veränderung der Wirtschaft Hand in Hand gehende gesellschaftliche Umschichtung im 18. Jahrhundert weist ihn im Gegenteil auf die Entwicklung aller sozialen Schichtung geradezu hin. Doch ist er zu sehr Realpolitiker, um übertriebene Forderungen zu stellen. Sein Absehen richtet sich nicht auf eine neue Ordnung, sondern nur auf das, was sich innerhalb der bestehenden Schranken herstellen läßt: jedem Gesellschaftsglied zu ermöglichen, menschenwürdig zu leben. Pestalozzi ist zudem allen gesetzlichen Regelungen gegenüber skeptisch eingestellt. Schon frühe erkannte er, daß ohne Erfüllung der Menschen mit sozialer Gesinnung keine gesetzgeberischen Maßnahmen zum Ziele führen können. Der Geist sozialer Liebe läßt sich eben nie dekretieren, nur allmählich erziehen. Alle rechtlichen Regelungen, sofern sie Liebesgesinnung anstreben, müssen versagen. Diese Erkenntnis von den Grenzen aller rechtlichen Regelung veranlaßt Pestalozzi, der Religion und der Erziehung, vor allem aber der Erziehung, gegenüber den andern Mitteln sozialpolitischer Einwirkung (wie Polizei-, Rechts-, Finanz-, Wirtschaftspflege) eine immer zentralere Bedeutung zuzumessen. Aus der Erziehung als einem Teil der allgemeinen sozialpolitischen Maßnahmen wird mit der Zeit die Erziehung als die letzten Endes allein zum Ziele führende Maßnahme. Es kann deshalb der ältere Pestalozzi mit vollem Recht behaupten: „Der Anfang und das Ende meiner Politik ist Erziehung.“ Gewiß versteht er darunter eine Volkserziehung im weitesten Sinn, die auch das Tun des Gesetzgebers umfaßt, aber die Verschiebung des Schwergewichts kommt auch der Erziehung im engeren Sinne zugute, weil von nun an der pädagogische Maßstab über alles dominiert. Ihre volle Auswirkung findet die neue Einstellung aber erst in der Zeit nach 1800.

Nach diesen grundlegenden Ausführungen wenden wir uns unserer engeren Aufgabe zu. Notwendig vor allem andern erscheint uns **die Besinnung über die Bedeutung der philosophisch-ethischen und der sozialpolitischen Anschauungen Pestalozzis für den individualisierenden Faktor in seiner Pädagogik.** Nur noch in den letzten Lebensjahren ist der

Gedanke, es könne sich nur um individuelle Erziehung handeln, wieder so mächtig gewesen, wie gerade in der in Frage stehenden Zeit. Aber schon eine flüchtige Lektüre seiner Schriften läßt erkennen, daß er mit dem Grundsatz zu individualisieren, weniger, ja häufig nicht sowohl die individuellen innern Anlagegegebenheiten der Zöglinge berücksichtigen will, als vielmehr das Milieu, in das jeder Mensch hineingeboren wird. Diese Tatsache ist um so auffallender, als der praktisch tätige Pestalozzi in den Jahren 1774/78 doch auch dem Anlagenmenschen gerecht zu werden versucht. Die Gründe für dieses Vorgehen liegen in den obengenannten Anschauungen.

Für den **Ethiker Pestalozzi** ist vor dem sittlichen Gesetz jeder Mensch gleich. Der Begriff Individuum bedeutet ihm nichts weiter als das zur Sittlichkeit bestimmte und befähigte Einzelwesen. Wenn er gelegentlich von der „Individualbestimmung des Menschen" spricht, so ist dies nur scheinbar ein Widerspruch. Es ist nicht darunter die Bestimmung zu persönlicher Eigenart zu verstehen, sondern der Ausdruck zielt auf den allen Menschen generell angeborenen Beruf ab, Mensch, vor allem sittlicher Mensch, zu sein. Dies tritt ganz klar hervor, wenn wir mit den in Betracht kommenden Stellen der „Abendstunde" die entsprechenden aus dem „Schwanengesang" vergleichen. In der „Abendstunde" lautet der Text: „Standpunkt des Lebens, Individualbestimmung des Menschen, du bist das Buch der Natur, in dir liegt die Kraft und die Ordnung dieser weisen Führerin, und jede Schulbildung, die nicht auf diese Grundlage der Menschenbildung gebauet ist, führt irre" (B. I, 267). Könnten wir hier noch im Zweifel sein, ob nicht doch das individuelle Sein zum Ausgangspunkt aller Menschenbildung gemacht werden soll, so enthebt uns die Parallele aus dem Schwanengesang allen weiteren Schwankens. „Was ist die Menschennatur? Was ist das eigentliche Wesen, was sind die unterscheidenden Merkmale der menschlichen Natur als solcher? Und ich darf mir keinen Augenblick vorstellen, daß irgend eine von den Kräften und Anlagen, die ich mit den Tieren gemein habe, das echte Fundament der Menschennatur als solcher sei. Ich darf nichts anders, ich muß annehmen, der Umfang der Anlagen und Kräfte, durch welche der Mensch sich von allen Geschöpfen der Erde, die nicht Mensch sind, unterscheidet, sei das eigentliche Wesen der Menschennatur" (S. XII, 293). Es ist also die Individualbestimmung des Menschen in generellem Sinne zu verstehen als das den Menschen von allen andern Naturwesen Unterscheidende und deshalb sein Wesen Bestimmende. Hinsichtlich des Trägers der Sittlichkeit kennt Pestalozzi also keine Unterschiede. Das gleiche gilt für die Sittlichkeit selbst. Wohl sagt er, „Die Sittlichkeit ist ganz individuell, sie besteht nicht unter zweien" (S. VII, 468) oder „Sittlichkeit ist Werk meiner selbst" oder „rein sittlich sind für mich nur diejenigen Beweggründe zur Pflicht, die meiner Individualität ganz eigen sind" (S. VII, 473). Es sollen aber alle diese Wendungen nicht zum Ausdruck bringen, daß die Sittlichkeit individuelle Eigenschaften aufweise, gewissermaßen der Eigenart des Einzelmenschen entsprechend sich variiere, sondern daß sie der freien Tat des autonomen Ich entspringe und kein soziologisch zu erklärendes Phänomen darstelle. Allerdings sagen die formalen Fassungen über den Inhalt des Sittengesetzes nichts aus und könnten individueller, inhaltlicher Erfüllung Raum geben. Wir haben aber schon weiter oben gesehen, daß Pestalozzi auch nach der inhaltlichen Seite dem Sittengesetz eine ganz eindeutige überindividuelle Fassung gegeben hat. Hinsichtlich des Trägers der Sittlichkeit und dessen, was Sittlichkeit ist, wird also ein individualisierendes Prinzip nicht gefordert. Hinsichtlich der Mittel und Wege zur Erreichung eines sittlichen Endzustandes steht für Pestalozzi ein für allemal fest, daß sich Sittlichkeit erst an und in der Gesellschaft verwirklichen kann, und zwar scheint ihm die Familie als Keimzelle der Gesellschaft vor den andern Verbänden den größeren Erfolg zu garantieren. In sie wird jeder Mensch hineingeboren, von ihr führen natürliche Wege zu allen gesellschaftlichen Verbänden und damit auch zum Gesamtgesellschaftsverband, und in ihr sind die zwei wichtigsten Momente in der sittlichen Erziehung in einem Maße vereinigt wie nirgends sonst: Zwang und Liebe. Alle andern gesellschaftlichen Verbände kennen vorwiegend nur den harten, zur Legalität führenden Zwang, in der Familie garantieren die durch die Bande des Bluts ewig regen Instinkte der Eltern und Kinder, daß neben dem Zwang auch die Liebe in dem Erziehungswerk mitspricht. Der „Härte der Liebe" und dem liebenden Zwang entspringt aber die freiwillige Liebestat.

Alle sittliche Erziehung soll deshalb in der Familie erfolgen oder wenigstens hier ihren Anfang nehmen. Die Bevorzugung der Familienerziehung erfolgt aber keineswegs aus der Erkenntnis heraus, daß nur die Familie der Eigenart des heranwachsenden Menschen Rechnung tragen könne, sondern weil hier Liebe und Zwang, die Mittel sittlicher Erziehung, sich in inniger Vereinigung finden. Von den philosophisch-ethischen Anschauungen Pestalozzis führt so kein Weg zu einem individualisierenden Faktor in seiner Pädagogik.

Das Hauptinteresse des **Sozialpolitikers** gehört den sozialen Verbänden, dem Staat, der Wirtschaft, der Kirche, den Ständen usw. Er betrachtet die Gesamtheit der Verbände als einen großen Funktionszusammenhang. Diesen Funktionszusammenhang möglichst innig und im Ablauf seiner Bewegungen möglichst reibungslos zu gestalten, ist sein ganzes Bestreben. Wenn nun der Sozialpolitiker seine Aufmerksamkeit von den sozialen Gebilden weg den einzelnen Menschen zuwendet, so kennzeichnet sich ihm der Einzelmensch nur durch seine Zugehörigkeit und Gliedschaft zu einem bestimmten Funktionsverband. Er ist ihm nie die eigenartige, einzigartige, eigengesetzliche, in eigener Lebensform vollendungsuchende und -findende Individualität. Der Einzelmensch ist ihm nur Funktionsträger. Das Moment des Sonderseins tritt selbstverständlich auch bei diesem Funktionsträger in Erscheinung, aber nur insofern, als er immer zugleich mehreren Funktionsverbänden angehört, also gewissermaßen eine individuelle Mischung von Funktionsbeziehungen verkörpert. Es werden für sein Sondersein auf diese Weise immer nur äußere Faktoren ausschlaggebend. In erhöhtem Maße muß dies zutreffen, wenn die soziale Gliederung wie im Ständestaat Pestalozzis als unabänderliche Tatsache in Rechnung gestellt wird. Während der Sozialpolitiker von heute glaubt, daß innere Anlagengegebenheiten zu bestimmten Funktionsbeziehungen prädestinieren, wie etwa großes Lehrtalent zum Erzieherberuf, technische Begabung zu irgend einer Technik usw., sieht der Sozialpolitiker des Ständestaats für diese inneren Möglichkeiten nur selten oder gar keinen Weg, sie äußerlich in Wirkung zu setzen, weil mit der scharfen Abriegelung der

Stände nur der geringe Spielraum des Standes und seine jeweiligen Bildungsmöglichkeiten zur Verfügung stehen. Die Folge wird sein, daß der durch Begabung bestimmte innere Beruf an Bedeutung verliert, vernachlässigt und häufig gar nicht mehr beachtet wird. Pestalozzis Denken erscheint uns hierfür besonders typisch, wenn auch nur für die Zeit bis Stanz und auch hier nicht ohne Ausnahmen. Nur so ist es zu erklären, daß er zu dem in dieser Zeit seine Pädagogik stark bestimmenden Begriff der „Individuallage" kommt. Wir verkennen nicht, daß sein Glaube an die Allmacht der Erziehung und an die Möglichkeit einer sittlichen Bildung von jeder Stelle aus, sowie seine generell-psychologische Einstellung in der „Abendstunde" den Vorrang der „Individuallage" begünstigen; aber die Entschiedenheit, mit der er diesem Begriff maßgebende Geltung zuerkennt, entstammt dem Einfluß vorwiegend sozialpolitischer Anschauungen.

Eine Definition des **Begriffes „Individuallage"** hat Pestalozzi in keiner seiner Schriften gegeben. Auf Grund einer Zusammenschau der zahlreichen Umschreibungen des Begriffs und der Interpretation von Zielbestimmungen seiner Pädagogik kann aber gesagt werden: die Individuallage stellt die Lebensbedingungen desjenigen Gesellschaftskreises dar, dem das Kind durch seine Geburt angehört. Doch gilt es gleich von vornherein zu beachten, daß durch diese angeborene „Individuallage", „Personallage" oder „Lokallage" nicht nur die jeweiligen momentanen „Realbedürfnisse der Menschen", sondern auch immer ihre „künftige Lebensbestimmung" ein für allemal bestimmt wird. In der Individuallage sind nun die mannigfachsten sozialen Beziehungen lebendig. „Stand, Religion, Politik, Reichtum, Vorurteil, Sitten usw." bedingen jeweils ein ganz bestimmtes Gepräge und machen die „einzelnen Lagen des Menschen" millionenfach ungleich (B. VIII, 312) (B. VIII, 285). „Die größte Bedeutung" kommt den aus Arbeit und Besitz, weniger den aus politischen Rechten sich ergebenden Bedingungen zu, denn Pestalozzis Stände sind vorwiegend soziale, weniger politische Stände. Sie für politisch ganz indifferent zu halten, wie dies Wiget und im Anschluß an ihn Freytag tut, scheint nicht angängig. Wenn Pestalozzi von „höheren und niederen Ständen" spricht, vom „Herrenstand" und „dem Stand der Dienstbarkeit", von „Adel" und „dienstbarem Stand", folgt er nicht immer nur dem „Sprachgebrauch". Seine „Besitz- und Berufsstände" sind mindestens in der Zeit bis zur französischen Revolution auch gelegentlich „Geburtsstände". Er könnte sonst nicht in „Lienhard und Gertrud" (B. III, 319) davon sprechen, daß der Mensch zu bilden sei für „den Platz, den er in der Gesellschaft mit gesetzlichem Recht behauptet". Die Auffassung Pestalozzis geht eben dahin, daß politische Stände einerseits und Besitz- und Berufsstände andererseits sich meistenteils decken und keine Widersprüche darstellen. Die Gliederung der Gesellschaft nach dem Besitzstand liefert „Arme", „Mittelstand" und „Reiche" oder „Bettelei", „Mittelstand" und „Reichtum" (S. XI, 600). Ihr sozialer Wert ist verschieden. Die größte Bedeutung kommt dem Mittelstand zu. „Der Geist des wahren und gebildeten Mittelstandes ist erzeugend und schöpferisch; der Geist des aufgedunsenen Reichtums ist entweder gedankenlos, zerstreuend, vergeudend und verschwenderisch oder er ist kleinlich sparend, ins tote Grab hinein sammelnd und knauserisch zusammenraffend" (S. XI, 607). Die berufliche Gliederung der Gesellschaft bedingt die Einteilung in „handarbeitende" und „höhere Stände". Die handarbeitenden Stände gliedern sich nach den Hauptformen der geleisteten Arbeit wieder in den „Bauernstand" und die „bürgerlichen Handwerks- und Berufsstände". Die höheren Stände umfassen alle wissenschaftlich gebildeten Stände, die höhere Kaufmannschaft und den Adelsstand. Die berufliche Gliederung entspricht häufig der besitzständischen. Der Mittelstand umfaßt — abgesehen von einer Stelle aus dem „Schweizerblatt", wo er den Adelsstand bedeutet (B. VIII, 63) — Bauern und Handwerkerstand, die höhern Stände scheinen sich mit den Begüterten zu decken. Wie sehr der Besitz von Ausschlag ist, belegt ein Beispiel besonders deutlich. Glüphi „sah, daß die Kinder der wenigen Bauern, die schuldenlose Höfe besizzen, dann wieder derjenigen, die viele Güter haben, aber dabey Schulden, und endlich derjenigen, die weder Land noch sonst ein beträchtliches Eigentum besizzen, sämtlich in wesentlichen Stükken einer sehr verschiedenen Erziehungsart bedürfen" (B. IV, 271).

Der **Begriff der Individuallage wird nun zum entscheiden-**

den Fundament für das Prinzip der Individualisierung. „Leben zu lernen, ist der Endzweck aller Auferziehung, auf verschiedene Art leben zu müssen, ist das Schicksal der Menschheit, und es in seiner Lag nicht zu können und nicht recht gelernt zu haben, das größte Unglük aller Ständen und besonders die Quellen eines bejammernswürdigen Zustands für die niedere Klass von Menschen; und in der Auferziehung des Menschen ist eben das eigene unterscheidende besondere der Individuallag eines jeden Hauses und einer jeden Person das, was so zu sagen den Mittelpunkt ausmacht, um den sich der Geist einer guten Auferziehung immer drehen und kehren sollte“ (B. VIII, 172). Im allgemeinen sind die Unterschiede weit größer und zahlreicher als gewöhnlich angenommen wird. Die Lagen der Menschen sind „millionenfach ungleich“ (B. VIII, 285). Wer sehen will, steht vor einem „Chaos von Verwirrung und Ungleichheit“ (B. VIII, 312). „Alles, Stand, Religion, Politik, Reichtum, Vorurteil, Sitten usw. macht aus uns einen Mischmasch“ (B. VIII, 312). Selbst die Verschiedenheit unter Leuten „von gleicher Bestimmung (Beruf) und am gleichen Ort, welche sich auf den Unterschied von Vermögen, Verwandtschaft, Liaisson und Haussitten gründen, sind so groß, daß ich nichts als einen Irrgarten sehe“ . . . (B. VIII, 312). Man muß deshalb für die „Bestimmung der Regeln, nach welchen ein jeder einzelner Mensch gebildet werden muß“, nie „mehr als ein einziges Haus ins Aug“ fassen (B. VIII, 312). Was die Erziehung als Wissenschaft bieten kann, sind nur ganz allgemeine Regeln. Mehr als solche können auch schon aus dem Grund nicht gegeben werden, weil kein Mensch das umfassende Wissen aufweist, um für alle notwendig werdenden Modifikationen der Erziehungsregeln immer das Brauchbare zu bestimmen. „Welche tiefe Kenntniss der tausend einzelnen Lagen würde es fodern, einzutreten in das Chaos dieser Verhältnissen, um aus ihnen die Modificationen zu abstrahieren, nach welchem das, was an sich wahr ist, für uns, wie wir sind, im Allgemeinen brauchbar werden kann“ (B. VIII, 312). Um hier ja nicht mißverstanden zu werden, sagt Pestalozzi: „Ich suche mit Niemand zu reden, der außer Stand oder ohne Willen ist, das Allgemeine, was ich sage und was ich allein sagen kann, bestimmt auf seine Lag anzuwenden“ (B. VIII, 313). Er versichert, wenn er „mit zwanzig Vätern wegen der Auferziehung ihrer Kinder in Correspondenz stünde", er sich für jedes derselben so genau nach seiner bestimmten einzelnen Lage richten würde, daß er in die „Bizarrsten Ungleichheiten verfallen würde", und jeder entfernter stehende Beobachter nur feststellen könnte, daß er, Pestalozzi, „gar kein System" hätte (B. VIII, 314).

Als **Ziel der Erziehung** wird bestimmt: „Zu leben, in seinem Stand glücklich zu seyn und in seinem Kreis nüzlich zu werden" (B. VIII, 269). Entscheidend ist die Erlernung eines Berufs. Der Arme muß den Taunerfeldbau beherrschen, ferner spinnen und weben lernen; der Bauer muß sich die verschiedenen Techniken der Bodenbearbeitung, Kenntnisse und Fertigkeiten über Viehzucht, Milchwirtschaft usw. aneignen; der Handwerker ein Handwerk usf., „der Edelmann soll für seine Herrschaft gebildet seyn, wie ein Hausvater für sein Hauswesen" (B. VIII, 63). So vielgestaltig das Bildungsideal jedes einzelnen Menschen ist, so notwendig verschieden müssen auch die Bildungswege sein. „So ungleich die Lagen der Menschen, so ungleich ihre Bedürfnisse, ihre Sitten und ihre Anhänglichkeiten sind, so ungleich sind auch für einen jeden Menschen die Mittel und Wege, ihn zu denjenigen Gesinnungen und Fertigkeiten zu bilden, durch deren Ausbildung er wahrscheinlich in seiner Lage ein unberuhigter und glücklicher Mensch werden wird" (B. VIII, 270). Erziehung kann nur in einem Lebenskreis, kann nur in der Familie vollzogen werden. „Bey Vater und Mutter, bey Haus und Hof, stehet dann das Kind recht eigentlich so in diesem Mittelpunkt der vorzüglichsten Erziehungslage; auch bey Nachbarn, Freunden, Verwandten und Dorfgenossen; bey Leuten von gleichem Stand, Beruf, Sitten, Kenntnissen usw. steht das Landkind noch immer vorzüglich" (B. VIII, 173). Der Gedanke der Familienerziehung ist in Pestalozzi anfänglich so mächtig, daß er alle öffentlichen Schulen — wenigstens für das niedere Landvolk, dem in dieser Zeit seine ungeteilte Aufmerksamkeit gehört — ablehnt. Selbst für Kinder von Verbrechern und für Waisen sind die Schulen nicht geeignet; denn „viele Kinder, deren Bestimmung und Lag äußerst verschieden ist, können fast gar nicht zusammen in einem Waysenhause wohl erzogen und zu ihrer ungleichen Personalbestimmung recht vorbereitet und angeführt werden" (B. VIII, 172). Der Fehler solcher Anstalten besteht eben darin, daß sie zu allgemein sind. Daran leiden alle Schulen. „Der Vater hat sein Kind allein, der Schulmeister das ganze Dorf" (B. IX, 139). „Es ist desnahen um die Hausauferziehung des gemeinen Menschen für die ersten Bedürfnisse seines Lebens ein fast unersezliches Ding" (B. VIII, 173). Unter Umständen kann aber doch die Schulerziehung nicht entbehrt werden. Pestalozzi will sie nur dann zulassen, „wenn ein Kind mehr wissen und lernen muß, als es sein Vater lernen kann" (B. VIII, 255). Die Bauernkinder haben deshalb in „Lienhard und Gertrud" „im Stall, im Tenn, im Holz und Feld" ihre eigentliche Schule, während für „die Baumwollenspinnerkinder" Einrichtungen geschaffen werden müssen, „die ihnen das ersezen, was sie von ihren Elteren nicht bekommen und doch so unumgänglich nötig haben" (B. III, 15). Das allgemeine „Zurückstehen des Volkes in allen wirtschaftlichen Kenntnissen und Fertigkeiten" fordert die Errichtung von Industrieschulen, wenn die Kinder nicht „von Geschlecht zu Geschlecht gleich ungeübt, gleich unwissend" bleiben sollen (B. IV, 372). Wenn Schulen also doch nicht zu entbehren sind, so ist unerläßlich, daß sie nach den Prinzipien der Wohnstubenschule organisiert werden. In allen Gliedern muß der sittlich soziale Geist der Liebe lebendig sein, und es können immer nur Kinder ähnlicher Individuallage, also gleichen Standes, gleicher Lebensführung und gleicher Bildungsbedürfnisse in ihr vereinigt werden. Aus der Idee der Familienschule folgt das Postulat der Berufs- und Standesschule. Der Ausdruck wird von Pestalozzi allerdings nicht benützt, aber seine eigenen Äußerungen in „Lienhard und Gertrud" bestätigen, daß er diesen Schluß selbst gezogen hat. „Der Erfolg, mit dem Glülphi arbeitete, überzeugte den Pfarrer von Bonnal von der Wichtigkeit seiner Unterordnung der Schulbildung unter die Berufsbildung" (B. IV, 285). Eine richtig betriebene Schulerziehung — auch wenn sie vor allem beruflichen Gesichtspunkten Rechnung trägt — muß immer in inniger Verbindung mit der Familienerziehung bleiben. Der Lehrer muß „sein neben Werk in des Vaters Arbeit so hineinwirken, wie ein Weber eine Blume in ein ganzes Stük Zeug hineinwirkt" (B. VIII, 255). Die Mittel sind hier wie dort Beispiel, Vormachen, Nachmachen und Gewöhnen. Die Beschwerlichkeiten der späteren Lebenssphäre müssen früh zur „andern Natur" gemacht werden (B. III, 170). Als Zeit der Anpassung kann nur die frühe Jugend in Betracht kommen. Deshalb sollen die Erzieher die Kinder schon biegen, zu dem wozu sie gebogen sein müssen, noch ehe sie wissen, was links und rechts ist. Auch die Erlernung des Berufs darf nicht hinausgeschoben werden. „Vom 6. Jahre geht ihre Brauchbarkeit zur Industrie an und steigt bis in das 18." (B. I, 148).

Ehe wir aber unsere wichtigsten Ergebnisse zusammenfassen, soll noch die Frage beantwortet werden, **ob angeborene Anlagenverschiedenheiten in der Theorie Pestalozzis während der Zeit bis 1799 überhaupt keine Rolle spielen.**

Es ist gar kein Zweifel, er kennt in der in Frage stehenden Zeit auch Anlagenunterschiede; allerdings geben nur vereinzelte Stellen in seinem Schrifttum von seinen diesbezüglichen Ansichten Nachricht. In den „Briefen über Armenerziehung" findet sich eine Bemerkung (B. I, 175), in „Lienhard und Gertrud" sind nur wenige Hinweise bedeutsam (B. III, 167 u. 222), in „Christoph und Else" sind zwei Stellen zu beachten (S. V, 168 u. 174), ferner lassen Bemerkungen in „Gesetzgebung und Kindermord" (B. IX, 161), im „Schweizerblatt" (B. VIII, 59, 165, 172) und in den „Nachforschungen" (S. VII, 421) einige Schlüsse zu. Allen hier genannten Stellen kommt aber nur bedingterweise einiger Wert zu, weil es sich immer nur um gelegentlich eingestreute Bemerkungen, nie um Erörterungen in zusammenhängender Darstellung handelt.

Individuelle Anlagenbesonderheiten der Menschen werden in Ansehung zweier Gesichtspunkte für Pestalozzi von Wichtigkeit, einmal dann, wenn es gilt, soziale Ungleichheiten auf ihre Ursachen zurückzuführen, und zum andern, wenn irgend eine besitzständische Schicht ihren Gliedern gestatten kann, unter mehreren Berufen zu wählen. In bezug auf das erstere sagt Pestalozzi: „Der unterscheid dieser Ständen" — gemeint sind der Stand der Armen und Reichen — „gründet sich auf die Natur des Menschen" (B. VIII, 59). Daß es sich dabei um Anlagenunterschiede handelt, tritt in einem Wort der „Nachforschungen" noch mehr in den Vordergrund. „Der Mensch ist schon in seiner Höhle nicht gleich; unter dem Dach, hinter Riegel und Wänden wächst diese Ungleichheit mächtig" (S. VII, 421). Unter den in „Gesetzgebung und Kindermord" genannten Gründen, die den Gesetzgeber „vor allen Träumen einer idealischen Gleichheit unter den Menschen" sichern, werden auch die in der einfachsten Entwicklung der menschlichen Anlagen auffallenden Naturquellen aller Standes- und Vermögensunterscheidungen genannt. In näherer Ausführung umschreibt er diese Naturquellen als das Übergewicht, das „auch bei der einfachsten Entwiklung der menschlichen Kräften dem Arbeitsamen Brod, dem Kühnen Glük, dem Träumer Hoffnung, dem Schlauen Einfluß, dem Starken Gewalt gibt und überwägenden Kräften Gehorsam verschaft" (B. IX, 161). Sind nun also nach Pestalozzis Ansicht für alle sozialen Ungleichheiten und Gegensätze letzten Endes die Anlagenbesonderheiten der Menschen die Ursache gewesen, so zieht er nicht daraus die Konsequenz, daß diese Anlagenbesonderheiten auch heute noch das Maß des sozialen Einflusses des Einzelmenschen zu bestimmen hätten. Ein aus den „Briefen über Armenerziehung" stammender enthusiastischer Ausruf scheint allerdings eine Durchbrechung gesellschaftlicher Bindungen vorauszusetzen: „Ohnaussprechliche Wonne und Seegen ist es, den Menschen das Ebenbild seines allmächtigen Schöpfers in so verschiedenen Gestalten und Gaben aufwachsen zu sehen, und dann villeicht etwann wo es niemand erwartete, im elenden verlassenen Sohne des ärmsten Tagelöhners Größe und Genie finden und retten" (B. I, 175). Aber ganz abgesehen davon, daß dieser einmalige Ausspruch zu keinen Schlüssen von so weittragender Bedeutung berechtigt, bleibt zu bedenken, daß das mitgeteilte Wort, wenn es mehr ist als ein in der Begeisterung gesprochenes Wort — und für uns ist es das —, von „Größe" und „Genie" spricht, denen man immer Ausnahmerechte zugestehen muß. Die Stelle ist also wohl dahin zu interpretieren, daß nur der hervorragend Begabte freie Bahn beanspruchen kann, also nur für ihn gesellschaftliche Bindungen fallen müssen. Für Durchschnittsmenschen muß daher die Individuallage maßgebend bleiben. Übrigens sind die „Briefe über Armenerziehung" gerade aus diesem Gedanken heraus entstanden und bringen mit seltener Schärfe die Unabänderlichkeit sozialer Bindungen in dem oft angegriffenen Wort Pestalozzis zum Ausdruck: „Der Arme muß zur Armuth erzogen werden" (B. I, 143).

Wie wir schon weiter oben bemerkten, sind für Pestalozzi

Anlagebesonderheiten aber auch noch in einem andern Zusammenhang bedeutsam. In „Lienhard und Gertrud" berichtet er über Leutnant Glüphi: Es „ist vollends seine Liebhaberey worden, darauf zu denken, diejenigen von seinen Buben, die kein Land haben, zu Handwerken zu bestimmen. Er führt sie auch, wenn er immer eine müßige Stunde hat, in alle Werkstätte, die im Dorf sind, sieht ihnen bey Stunden zu, wie der einte das und der andere dies angreife, und forschet so von ferne, was aus einem jeden zu machen" (B. III, 222). Und ganz diesem Vorgang entsprechend werden im „Schweizerblatt" für die Erziehung der Verbrecher zur Arbeit bestimmte Maßnahmen vorgeschlagen. „Alle Gefangene haben einige Wochen Zeit alle Arten von Arbeitsamkeit, die auf der Festung etabliert wären, zu erforschen, und ihre Fertigkeiten darinn genugsam zu probieren, ehe sie sich zu einer entschließen" (B. VIII, 165). Was hier gefordert wird, ist also Wahl des Berufs nach Neigung und Begabung. Es geschieht aber nicht ohne Vorbehalt. Die Buben Glüphis gehören einer sozialen Schicht an, deren Vorzug in der verhältnismäßig großen Breite ihrer Berufsgliederung besteht. Für die heranwachsenden Glieder dieser „Lage" ist deshalb die Möglichkeit geboten, unter den Berufen zu wählen. Weil unterscheidende äußere Faktoren fehlen, werden die innern Anlagenunterschiede von Wert und geben den Ausschlag. Etwas anders, aber doch ähnlich, liegen die Verhältnisse in der Zuchtanstalt der Verbrecher. Hier sind Menschen verschiedenster gesellschaftlicher Schichtung beisammen, aber sie alle sind deklassiert. Die im Leben außerhalb der Gefängnismauern wirksamen „Lagen" scheiden aus, und die innern Anlagenfaktoren gewinnen an Bedeutung.

Wir können damit die Untersuchung über das Individualitätenproblem während der ersten Schaffensperiode Pestalozzis abschließen. Zusammenfassend läßt sich sagen:

Die Überzeugung von der Notwendigkeit einer individualisierenden Pädagogik wirkt sich in dieser Zeit in Pestalozzis Schrifttum deutlich aus. In immer neuen Wendungen betont er, daß die Erziehung in jedem besondern Fall für jedes besondere Individuum variiert werden muß. Ihre Begründung findet diese Forderung in den großen Unterschieden des Erziehungsobjekts, die durch die Besonderheiten seiner Individuallage, also vorwiegend durch äußere Faktoren, gegeben sind. Das Erziehungsziel und der Erziehungsweg müssen entsprechend modifiziert werden. Allerdings sollen in gewissen Grenzen auch die angeborenen Unterschiede der Menschen berücksichtigt werden. Sie bestimmen die Wahl des Berufs innerhalb der ständischen Schicht, der das Kind durch Geburt angehört. Nur für besonders begabte Menschen soll der Zugang auch zu Bildungsquellen ermöglicht werden, die nicht in der angestammten Sphäre liegen. Es darf deshalb daran festgehalten werden, daß in dieser Zeit der Begriff der Individuallage für Pestalozzi von überragender Bedeutung ist. Wir erblicken in dieser Tatsache eine Auswirkung seiner sozialpolitischen Einstellung, die eine rein pädagogische Stellungnahme verhinderte.

B.

Das Problem der Individualisierung in der Pädagogik Pestalozzis bei vorwiegend pädagogischer Einstellung.

War bisher Pestalozzi bei allen seinen Erwägungen nicht vom rein pädagogischen, sondern zum überwiegenden Teil vom sozialpolitischen Standpunkt ausgegangen, so kehrte sich von 1800 an das Verhältnis um. So wenig aber in der ersten Periode nur der Sozialpolitiker zur Geltung gekommen war — man denke nur an den grandiosen Auftakt seines pädagogischen Schrifttums mit der „Abendstunde eines Einsiedlers" — so wenig wird Pestalozzi jetzt zum Nurpädagogen. Die große Reihe seiner Revolutionsschriften, dann die bedeutende Schrift „An die Unschuld", die mannigfaltigen Hinweise wirtschaftlicher, rechtlicher und politischer Art auch in der pädagogischen Literatur dieser zweiten Periode belegen dies zur Genüge. Doch daran muß festgehalten werden, daß die sozialpolitischen Bestrebungen gegenüber den pädagogischen weit in den Hintergrund treten. Von jetzt ab dominiert die pädagogische Einstellung. Sie tritt zum erstenmal deutlich in Erscheinung mit dem „Stanzer Brief". Niederer, der diese Schrift zuerst herausgab, sah in ihr den Ausdruck einer „völligen Revolution" in Pestalozzis Persönlichkeit. „Von der Anstalt in Neuhof zu der von Stanz ist ein unermeßlicher Sprung. . . . Er setzte den Mittelpunkt des Unterrichts und der Erziehung, statt in die Außenwelt und in die Industrie, nun in die kindliche Natur selbst, in die den Kindern gegebenen ursprünglichen Anlagen, Fähigkeiten und Kräfte" (P.bl. XX, 63). Gewiß liegt in der Fassung eine Übertreibung. Ein Sprung war es insofern nicht, als die Grundidee harmonischer Menschenbildung, die in Stanz und später verwirklicht werden sollte, schon den früheren pädagogischen Bestrebungen zugrunde lag. Ebenso wurden die hauptsächlichsten Forderungen von früher auch für diese zweite Periode beibehalten; so sollte der Arbeitsunterricht in die Mitte treten, der Wortunterricht sich diesem nur anschließen, Lernen und Arbeiten sollten verbunden werden, und ebenso sollte auch die Individuallage ihre Bedeutung beibehalten. Aber eine neue Phase begann mit Stanz trotzdem. Hier erkannte Pestalozzi, daß die Zusammenschmelzung von Arbeit und Unterricht solange unmöglich war, bis „die Elementarbildung des Lernens und des Arbeitens in ihrer reinen Sonderung und Selbständigkeit aufgestellt und die besondere Natur und Bedürfnisse eines jeden dieser Fächer klar gemacht sein mußten" (S. VIII, 418). Mit der Aufnahme des Ziels, die Elementarbildung zu begründen, wird auch der Weg zu einer autonomen Pädagogik frei. Statt der Begründung der Pädagogik auf wirtschaftlich-gesellschaftliche Notwendigkeiten erfolgt nun ihre Begründung auf Psychologie. Nicht der durch seine Beziehungen zur „Außenwelt" und „zur Industrie" charakterisierte Mensch der Individuallage kann Objekt der Erziehung sein, sondern an seine Stelle tritt als solches die „kindliche Natur selbst" mit den ihr gegebenen „ursprünglichen Anlagen, Fähigkeiten und Kräften", das heißt der Kräftemensch (P.bl. XX, 6). Nach dem eigenen Bericht bedeutete Stanz in dieser Beziehung „ein glückliches Fundament und mitten unter äußern Hemmungen Spielraum zu entscheidenden Erfahrungen über den Umfang und den Grad der Kräfte, die im Kinde als Basis seiner Bildung allgemein da sind" (S. IX, 216). Im engsten Zusammenhang mit der neugewonnenen Einsicht stand die Änderung seiner Ansicht über die Bedeutung der Arbeit und des Wissens im Unterricht. „Ich betrachtete schon in diesem Anfangspunkte die Arbeit mehr im Gesichtspunkte der körperlichen Übung zur Arbeit und Verdienstfähigkeit, als in Rücksicht auf den Gewinnst der Arbeit, und ebenso sah ich das ...

Lernen ... als Übung der Seelenkräfte an." Bisher waren Arbeit und Wissen vorwiegend in Rücksicht auf ihre künftige oder gar augenblickliche praktische Anwendung zum Zwecke des Erwerbs, für den Unterricht und die Erziehung von Bedeutung gewesen; jetzt wurden sie zu den allerdings nicht weniger bedeutsamen rein pädagogischen Mitteln der Kraftbildung. Nichts charakterisiert die neue Einstellung besser als der Bedeutungswandel dieser zwei Begriffe. Arbeit und Wissen werden von ursprünglich sozialwirtschaftlichen Notwendigkeiten zu rein pädagogischen Mitteln.

Wir gelangen nach dieser allgemeinen Kennzeichnung der Pädagogik Pestalozzis in der Zeit von 1800 bis zu seinem Tode wieder zu unserer engeren Aufgabe. Die für diese Periode übliche Unterscheidung von drei Entwicklungsphasen — die Zeit von Stanz bis zum Eintritt Niederers in die Anstalt von Burgdorf (1800—1803), die Zeit gemeinschaftlicher Ausgestaltung der Pädagogik durch Pestalozzi und Niederer bis zur Trennung (1804—1817), die Zeit der letzten Bemühungen Pestalozzis um den Ausbau seiner Pädagogik (1817—1827) — legen auch wir unserer weiteren Untersuchung zugrunde. In Ansehung unseres Problems kennzeichnen sich diese Phasen durch

1. das Zurücktreten der Forderung nach einer individualisierenden Pädagogik infolge der Bestrebungen um eine allgemeingültige Methode;
2. das Hervorkehren individualisierender Tendenzen während der weiteren Ausgestaltung der Pädagogik unter dem vorwiegenden Einfluß Niederers;
3. den Versuch eines Ausgleichs zwischen den individualisierenden Ansätzen der verschiedenen Perioden.

I.

Das Zurücktreten der Forderung nach einer individualisierenden Pädagogik infolge der Bemühungen um eine allgemeingültige Methode (1800—1803 bzw. 05).

Der Gedanke aus der Abendstunde: „alle Menschheit ist in ihrem Wesen sich gleich und hat zu ihrer Befriedigung nur eine Bahn", findet in der Stanzer und Burgdorfer Zeit eine neue Formulierung: „Der Gang der Natur in der Entwicklung unsers Geschlechts ist unwandelbar. Es gibt und kann nicht zwei gute Unterrichtsmethoden geben, es ist nur eine gute, und diese ist diejenige, die vollkommen auf den ewigen Gesetzen der Natur beruht" (S. IX, 129). In diesen Worten ist das ganze Programm der neuen Lebensaufgabe Pestalozzis enthalten. Es gilt, durch die Erarbeitung „der Methode" alle künftige Erziehung ein für allemal sicher zu stellen. Was man dabei unter „Methode" zu verstehen hat, ist „gar nicht die beschränkte Ansicht einzelner Erziehungsfächer und Unterrichtsmittel", sondern „der ganze Umfang der naturgemäßen Erziehung". Die Methode umschließt deshalb alle Lebensgebiete und will mit einem Geist alle Erziehungs- und Unterrichtsgebiete durchdringen und beansprucht daher generelle Gültigkeit. Pestalozzi sagt allerdings: „Ich weiß wohl, daß die einzige gute (Methode) weder in meinen, noch in den Händen irgend eines Menschen ist, und daß wir alle dieser einzigen guten uns nur nähern können" (S. IX, 129). Aber im innersten Grunde seines Herzens glaubt er doch an die „Unfehlbarkeit" der Methode (S. VIII, 495). Wenn je der nach seiner Selbstschilderung ihm eigentümliche Hang, „einen Gegenstand auf einmal nur auf einer Seite anzusehen und dann in diesem Augenblick für die andern Seiten desselben halb blind zu sein", sich geltend machte, dann sicher bei diesen Bestrebungen um eine allgemeingültige Erziehungswissenschaft. Man braucht nur Ramsauers Erinnerungen zu lesen, nach denen Pestalozzi wie geistesabwesend unter fortwährendem Dozieren im Schulzimmer auf und ab raste und der „Methode an den Puls griff", um einzusehen, wie er, geradezu besessen von dieser Idee, seine Überlegungen anstellte.

Bei dem Streben nach genereller Gültigkeit aller Erziehungsvorschläge übersieht er keineswegs die Vielgestaltigkeit des Lebens und ebensowenig die Ergebnisse seiner früheren pädagogischen Besinnung und kommt daher zu folgender Fragestellung: „Wie kann das Kind sowohl in Absicht auf das Wesen seiner Bestimmung, als in Absicht des Wandelbaren seiner Lage und seiner Verhältnisse also gebildet werden, daß ihm das, was im Laufe seines Lebens Not und Pflicht von ihm fordern werden, leicht und womöglich zur andern Natur wird" (S. IX, 144). Aber die gefundene Lösung beseitigt diese Hindernisse. Hatte er bisher der Formel gehuldigt: allgemeine Menschenbildung durch Berufsbildung, so soll jetzt die allgemeine Bildung der Berufsbildung vorausgehen. Das „Übergewicht des Ewigen und Unveränderlichen gegen das Äußere und Zufällige liegt von Gottes wegen im Wesen der Menschennatur; desnahen die besondern Bildungsmittel irgend einer Menschenklasse notwendig auf das Fundament einer der Ausübung dieser Mittel vorhergehenden Ergreifung und Bemächtigung dieses Ewigen und Unveränderlichen in den menschlichen Anlagen und Kräften gebaut werden müssen. Die besondere Handbietung für einen jeden Stand muß bloß als ein Zusatz, eine Folge und eine nähere Bestimmung der kraftvollen Handbietung der Menschennatur angesehen werden" (S. IX, 223). (Vergleiche P.bl. XVIII, 33; Brief an Bonstetten.) Für die der berufsständischen Bildung vorausgehende allgemeine Bildung verwendet Pestalozzi den von ihm geprägten Terminus „Elementarbildung". (Für Pestalozzi besteht die Volksbildung aus Elementarbildung und Berufsbildung.) Was in ihr lebt, ist der Geist der „Methode"; sie wird aus diesem Grund auch einfach mit diesem Wort gekennzeichnet. Das Interesse Pestalozzis gilt vorwiegend ihr, die Berufsbildung tritt sehr zurück. Die Elementarbildung muß bei der völligen Unabhängigkeit von Stand und Lage von den ewigen und allgemeinen Anlagen und Kräften der Menschennatur ausgehen. „Mein erster Grundsatz ist", so schreibt Pestalozzi an Wieland im Jahre 1801, „wir können das Kind nur insoweit führen, als wir wissen, was es fühlt, wozu es Kraft hat, was es weiß und was es will. Das zu wissen, braucht es tiefe Psychologie oder Mutteraufmerksamkeit. Da wir aber das erste nicht haben, so müssen wir auf das zweite bauen" (S. VIII, 454). Die neue Erziehungswissenschaft ist also auf **Psychologie** zu begründen.

Seiner **psychologischen Grundanschauung** nach ist Pestalozzi ein Vertreter der Vermögenspsychologie, wie sie von der Wolffschen Schule ausgebildet wurde. Schon in den „Briefen über Armenerziehung" (B. I, 159), ferner in „Christoph und Else" hat er mit den Ausdrücken „Kopf", „Herz'", „Hand", „Kopf", „Herz", „Körper", die einzelnen Seelenvermögen angedeutet. Er bezeichnet sie jetzt als „intellektuelle", „physische" und „sittliche Kräfte" (S. VIII, 483) oder auch als „Verstandes-", „Herzens"- und physische „Kräfte" (S. VIII, 480) oder als „Erkenntnisvermögen" (S. IX, 72), „physische Kräfte', (S. IX, 142) und „Wille" (S. VIII, 403). Nur über die intellektuellen Kräfte verbreitet er sich ausführlicher. Das Erkenntnisvermögen umschließt „Sinnlichkeit", „Anschauungsvermögen" und „Verstand". Jede dieser Kräfte umfaßt wieder mehrere Unterkräfte, wie „Empfindungs-", „Wahrnehmungs-" und „Vorstellungsvermögen" usw. „Kraft zu defenieren" „Kraft der Beschreibung" (S. IX, 131), „Beurteilungskraft" (S. IX, 102), „Gedächtnis", „Einbildungskraft". usw. (S. IX, 108). Wichtiger ist, daß trotz dieser Vielheit verschiedenartiger Kräfte Pestalozzi doch unverbrüchlich an der Einheit der menschlichen Anlagen festhält. „Das Kind ist mit seinen Anlagen, seinen Neigungen und seinen Kräften ein Ganzes. Das sieht kein Schulmeister, er achtet mit verhärteter Einseitigkeit nur auf die Kraft, die es braucht. Die Mutter allein hat Gefühl für das Ganze ..." (S. VIII, 454). Die Neigung zur Betonung der Einheitlichkeit und des Zusammenhangs der Anlagen ist so stark, daß Pestalozzi gelegentlich von der gegenseitigen Beeinflussung der einzelnen Vermögen spricht: „aber das Gedächtnis, das durch psychologisch gut gereihte Erkenntnisse fortschreitet, setzt an sich selbst die anderen Seelenkräfte in Bewegung". Das Gedächtnis, das schwere Buchstaben kombiniert, belebt die Einbildungskraft usw. (S. VIII 422). Die Stellen sind aber nicht so zahlreich, daß von einer Überwindung der Seelenvermögenslehre gesprochen werden könnte. Alle Ausführungen psychologischer Art bewegen sich ganz auf generellem Boden. Nirgends ist die Lehre von der Ganzheit und Einheitlichkeit der einzelnen Menschennatur erweitert durch die Hinzunahme der weiteren Prädikate der Einzigkeit und Eigenartigkeit. Nicht die leiseste Bemerkung in bezug auf individuelle Anlagenbesonderheiten ist in dem Schrifttum der Phase bis 1803 (bzw. 1805) zu finden. Das Objekt der Erziehung trägt nur generelle Züge. Es ist der allgemeine Kräfte- und Anlagenmensch. Von hier aus fehlt zu einer individualisierenden Pädagogik auch jeder Ansatz. Doch sehen wir weiter, ob nicht durch andere Bedingungen eine solche doch noch nötig wird.

Das **Ziel der Elementarbildung** besteht darin, daß „ich als physisches, als intellektuelles und als sittliches Wesen mich einig fühle mit mir selbst", oder nach einer andern Stelle in der „innern Einigkeit mit uns selbst und in Übereinstimmung mit der ganzen Natur" (S. VIII, 483). In konkreterer Fassung wird von Pestalozzi diese innere Einigkeit mit sich selbst häufig bezeichnet „als die durch harmonische Ausbildung der Kräfte und Anlagen der Menschennatur entwickelte und ins Leben geförderte Menschlichkeit selber" (S. IX, 179, S. VIII, 480). Im einzelnen handelt es sich um die durch „Entwicklung" und „Entfaltung" „ausgebildeten Kräfte des allgemeinen Anlagenmenschen". Aber das aus der Entfaltung der einzelnen Kräfte, das heißt aus ihrem Wachstum, sich ergebende Endresultat kann ein doppeltes sein: entweder vollzog sich die Entfaltung für alle in gleichmäßiger Weise, dann stehen die Kräfte im Gleichgewicht zueinander, oder die Entfaltung der einen Kraft verlief günstiger als die der andern, dann hat diese ein Übergewicht erhalten. Um dies letztere auszuschalten, fordert Pestalozzi in dem Brief über den Aufenthalt in Stanz „Gleichförmigkeit in der Entwicklung aller Seelenkräfte" (S. VIII, 417). Er will damit nicht nur „jedes sanskülottische Aufwachsen verwilderter Kräfte ohne Leitung" ausschließen (S. VIII, 367), sondern er verbietet auch jede einseitige Bevorzugung einzelner Anlagen. Am gefährlichsten erscheint ihm die vorwiegende Förderung intellektueller Kräfte, wie sie die Aufklärungspädagogik anstrebte. Darüber sagt er, daß „bloße Bildung des Geistes, abgesondert von der Entwicklung der physischen und moralischen Kräfte des Menschen, nur ein Zweig, ein einzelner Teil der allgemeinen Erziehung ist, der durch die Natur der Sache selbst den Ruin der Gesamtheit der menschlichen Kräfte nach sich ziehen muß" (S. VIII, 497). Doch wendet sich Pestalozzi grundsätzlich gegen jede Bildung isolierter Kräfte, denn immer ist die Folge aller „Routineführung" „nichts weniger als eine wahre, menschliche Selbständigkeit, sondern bloß Charlatan- und Scheinselbständigkeit eines Verstandes-, eines Herzens- und eines Körpernarren" (S. VIII, 472). In verächlichen Ausdrücken für solch einseitig gebildete Menschen kann sich Pestalozzi gar nicht genug tun. Er nennt sie „Verstandescharlatane", „Verstandesbestien", „Verstandesschurken", „Verstandesesel" und entsprechend in physischer Hinsicht „gewalttätige Bestien", „armselige lasttragende Esel", „Faustbestien", „Gewaltsbestien" und wieder entsprechend „Herzenscharlatane", „Herzensesel" und „Herzen-Don-Quixoten" (S. VIII, 472—478). Sein Ideal ist eben der in allen seinen Anlagen gleichmäßig und gleichförmig gebildete und darum in harmonischem Gleichgewicht mit sich und der Umgebung befindliche Mensch. Dieser gebildete Kräftemensch ist von abstrakt generellem Charakter. Individuelle Züge fehlen ihm ganz. Die geforderte „Harmonie" schließt Gleichförmigkeit und Gleichgewicht ein. Sie darf nie dahin verstanden werden, daß unter Führung einer Anlage die andern Anlagen sich zu einer bestimmt geordneten, in ihren Teilen bedingten und sich bedingenden eigenartigen Struktur zusammenfügen. Die anerstrebte Gleichförmigkeit schließt vielmehr jede qualitative Differenziertheit aus. Eine Differenzierung quantitativer Art, bei der je nach der Stärke der Gesamtbegabung eines Menschen auch das Bildungsziel variiert werden müßte, wäre trotzdem möglich. Ob aber diese Möglichkeit von Pestalozzi erkannt und von Bedeutung für seine Forderungen wurde, läßt sich nicht mit Sicherheit nachweisen. Nur eine Stelle aus der „Pariser Denkschrift" spricht dafür. Nach dieser hat die Methode die Aufgabe, „den Menschen sich selbst in sich selbst finden zu machen, um ihn am Faden dessen, was er in sich selbst findet, in der Entwicklung seiner selbst so weit zu führen, als seine inneren Anlagen und äußeren Verhältnisse es schicklich machen und dulden" (S. VIII, 495). Abgesehen von dem Einfluß der äußern Verhältnisse auf das Bildungsziel, auf den wir gleich zu sprechen kommen, scheint hier Pestalozzi die innern Anlagen dafür maßgebend zu machen, wie „weit" der einzelne Mensch entwickelt werden soll. Trotzdem möchten wir daran festhalten, daß das Bildungsziel, wenigstens soweit es den Anlagenmenschen umschreibt, keine individualisierenden Tendenzen in sich schließt.

Aber es berücksichtigt eben nicht nur den Anlagenmenschen. Auf der Elementarbildung hat sich nach Pestalozzis Überzeugung die Berufs- und Standesbildung aufzubauen, denn „der große Geist der Elementarbildung ist Harmonie aller Kräfte, aber Unterordnung ihres Gebrauchs unter die Bedürfnisse der Individuallage des Menschen" (S. VIII, 480). Wenn nun auch die Elementarbildung „unabhängend von Lage und Stand" (S. IX, 224) zu erfolgen und den Kindern der Armen und Reichen „die nämlichen Anfangspunkte an die Hand" zu geben hat, so darf sie den Menschen doch nicht für seine Individuallage verbilden. Die „allgemeine Gewandtheit" in seiner Bildung darf „mit den Fertigkeiten, die er individualiter für seinen Broterwerb nötig hat, nicht in Disharmonie kommen" (S. VIII, 480). Pestalozzi gibt sich deshalb auf die Frage, wie ein guter Erziehungsversuch sein müsse, folgende Antwort: „So unabänderlich ein solcher Versuch in seinem Wesen sein muß, und so gewiß er nur durch die Unabänderlichkeit seines Wesens auf alles Zufällige und Willkürliche in der Welt richtig hinwirkt, so muß er dennoch in seiner äußern Erscheinung unendlich ungleich dastehen, wenn er den Menschen in ihren ungleichen Lagen und Verhältnissen wirklich genießbar und wohltätig in die Augen fallen soll. Er muß in seiner äußern Erscheinung durchaus anders dastehen, wenn ihn der Reiche, und anders, wenn ihn der Arme mit Kraft und Leben ergreifen soll. Er muß anders dastehen, wenn er den Arbeiter befriedigen, und anders, wenn er den Denker anlocken, anders, wenn er bloß beim gesunden Menschenverstand Eingang finden, anders, wenn er sich durch alle Krümmungen eines anmaßlichen, oberflächlichen Wissens und seiner unerschöpflichen Geschwätzkunst hindurcharbeiten, und noch anders, wenn er sogar den leidenschaftlichen Widersprüchen von Menschen den Tod geben soll, die, weil sie so viel Gründe haben, das Licht der Wahrheit zu scheuen ... Ein solcher Versuch muß anders erscheinen, wenn er dem städtischen Weibe, und anders, wenn er der ländlichen Frau, jeder in der Eigenheit ihrer Lage, reizend und befriedigend dastehen, anders, wenn er dem städtischen, anders, wenn er dem ländlichen Schulwesen, anders, wenn er den öffentlichen Waisenhäusern, und anders, wenn er den Privaterziehungsanstalten genugtuend dienen soll ... Auch der bestgelungene Erziehungsversuch kann desnahen nur dann dem Menschengeschlecht wohltätig und genießbar werden, wenn er für jeden Stand und für jedes Verhältnis in der Hülle und in der Schale erscheint, in der dieser Stand Wahrheit und Recht allein zu erkennen vermag" (S. IX, 271). Die Erscheinungsform der Elementarbildung ist also variabel, nicht ihr inneres Wesen. So bedingt die Individuallage nur, daß der gleiche Erziehungsgrundsatz einmal „in der Hülle" und ein andermal „in der Schale" erscheint, nicht mehr. Gewinnt allerdings in irgend einem Erziehungsversuch dieser äußere Faktor überragenden Einfluß, wird „die heilige Flamme des innern Menschenlebens bis auf ihren letzten Funken ausgelöscht" und somit das Erziehungsobjekt als das genommen, „was es als Kind des Hoch- und Wohl- und Insonders X X X geborenn Herrn, Herrn in — von — zu und daneben — scheinen soll", dann sind die wesentlichen Fundamente der Erziehung aufgelöst und in Staub zerronnen (S. IX, 272).

Auf der durch die Individuallage variierten Elementarbildung soll sich die Berufsbildung aufbauen. Weil aber Pestalozzis ganzes Interesse dem Ausbau der Methode gehört, so sind seine diesbezüglichen Ausführungen in der Stanzer und und Burgdorfer Phase ziemlich knapp gehalten. Sie lassen aber doch erkennen, daß die „bürgerliche" Bildung weder in Gegensatz zur allgemeinen kommt, noch ihr bloß äußerlich angefügt werden darf, sondern eine wesentliche Ergänzung und Weiterführung derselben sein muß. Demgemäß sind die in elementarer Bildung erweckten und belebten Fertigkeiten des Körpers, Geistes und Herzens durch äußere Anwendung zu stärken, zu erweitern und mit den besondern Eigenheiten der Berufs- und Standesbedürfnisse der einzelnen Menschen in Übereinstimmung zu bringen. Der Zentralbegriff der Berufsbildung ist wieder die „Individuallage"; damit treten auch die Forderungen der sozialwirtschaftlichen Periode erneut in Kraft.

Aus unseren Ausführungen über das Bildungsideal ergibt sich die Notwendigkeit, das Ziel der Elementarbildung von dem der Berufsbildung zu trennen. Ersteres erfaßt den allgemeinen Kräftemenschen, dessen allgemeiner Begabungsstärke vielleicht durch graduelle Abstufung des Zieles Rechnung getragen werden soll. Weitere individualisierende Tendenzen, die das Moment der Anlage berücksichtigen, fehlen. Dafür ist aber die Individuallage von Einfluß, und zwar insofern, als die Elementarbildung auch der Vorbereitung für die Berufsbildung, für welche die äußern Faktoren des Milieus bestimmend sind, dient und daher ihren Zögling für die letztere nicht verbilden darf.

Die konsequente Folge dieser Rücksichtnahme auf die spätere Berufsbildung ist, daß nur die Familie als **Stätte der Elementarbildung** in Betracht kommen kann. Pestalozzi fordert häusliche Elementarbildung, und sein Bestreben geht in der Stanzer-Burgdorfer Zeit darauf aus, durch Bearbeitung von Unterrichtsbüchern, die in die Hände der Mutter gelegt werden sollen, die Verwirklichung häuslich elementarer Erziehung zu ermöglichen. Das „Buch der Mütter", die „Anschauungslehre der Zahlverhältnisse", die „Anschauungslehre des Maßverhältnisse" und nicht zu vergessen auch das Hauptwerk dieser Periode, „Wie Gertrud ihre Kinder lehrt", verdanken diesem Gedanken ihre Entstehung. Schulen können niemals „Ersatz der häuslichen Erziehung" werden, sie sind nur Notbehelfe (S. IX, 313). Allenfalls sind sie noch geeignet, die Erweiterung und Stärkung der in häuslicher Elementarbildung erworbenen Fertigkeiten durch Anwendung auf bestimmte Berufsfächer zu leisten, niemals aber elementare Bildung einzuleiten. Denn die Familienerziehung empfiehlt sich nicht allein aus obiger Rücksichtnahme, auch nicht nur aus dem für ihre Bedeutung in der früheren Periode so ausschlaggebenden Grunde, daß nur innerhalb der Familie sittlicher Geist sich im einzelnen Menschen verwirkliche, sondern weil die Familie allein durch allseitige „Reizung" immer zugleich alle Kräfte des Zöglings, niemals nur ein isoliertes Vermögen anspricht und dadurch die harmonische Entfaltung aller Anlagen garantiert. So zielt einerseits jede Handlung der Mutter gegen ihr Kind auf gleichmäßige Entwicklung aller Kräfte hin, wie andererseits jeder Dienst des Kindes für die Mutter, die Familie oder eines ihrer Glieder, alle seine Kräfte gleichzeitig und im rechten gegenseitigen Verhältnis in Tätigkeit setzt (S. VIII, 484 u. 496).

Wir gelangen damit zu den von Pestalozzi für das Bildungsverfahren notwendig erachteten Maßnahmen und wollen prüfen, ob sie nicht individualisierende Momente einschließen. In der Hauptsache handelt es sich um vier Prinzipien: das der Anschauung, der Selbsttätigkeit, der Nähe und des elementarischen Fortschreitens.

Eine zentrale Stellung nimmt die Forderung nach Anschauung ein. Doch ist die Ausdrucksweise Pestalozzis, gerade was diesen Begriff betrifft, so vieldeutig und schwankend, daß die „Anschauungslehre" seit den Tagen ihrer Geburt häufig Anlaß zu verschiedenster Auslegung bot. Den verschiedenen Deutungen nachzugehen, würde zu weit führen. Nur soviel sei gesagt, daß „Anschauung" mehr ist als ein sensualistisches Prinzip. Jede Anschauung beginnt wohl „mit dem bloßen vor den Sinnen stehen der äußern Gegenstände", aber bereits mit dem „Regemachen des Bewußtseins ihres Eindrucks" wird mit den „dunkel" und „verworren" vor der Seele stehenden Gegenständen ein Vorgefühl kosmischer Ordnung wach, bis bei vollendeter Gegenstandserkenntnis „die Erscheinungen in ihrem unwandelbaren, unveränderlichen Wesen, vorzüglich vor ihrem wandelbaren Wechselzustande oder ihrer Beschaffenheit' den sinnhaften Zusammenhang der Welt offenbaren. Anschauung in ihrem tiefsten Sinn ist unmittelbares Erschauen und Erfassen dessen, was „von Gottes erster Schöpfung" noch in der Welt der Wirklichkeit steckt (S. IX, 154). Um sie dieser gefühlsmäßigen Sphäre zu entreißen, versucht Pestalozzi sie zu rationalisieren und methodisieren. Im Zusammenhang mit diesem Bestreben entdeckt er in „Zahl, Form, Sprache" die „Elemente der Anschauung". Nach unserer Auffassung stellen sie für Pestalozzi sowohl letzte, in unserem Bewußtsein verankerte Sinnklammern, also apriorische Formen unsers Bewußtseins dar, als auch die dem Menschen in der Anschauung nahe tretenden und zum Bewußtsein kommenden letzten Bestandteile der gegenständlichen Welt; dadurch werden sie zu den „drei Anfangspunkten", den „drei Urformen, Urgrundlagen", auf denen sich die Elementarfächer Lesen, Schreiben, Rechnen aufbauen müssen.

Aus dem Zentralbegriff der Anschauung ergibt sich eine Reihe weiterer Forderungen. Ein Erfassen von Sinngehalten, der Anschauung tiefster und letzter Zweck, läßt sich natürlich beim Zögling nicht erzwingen, sondern kann nur ein Produkt sein aus unmittelbarem Interesse und Selbsttätigkeit. Von hier aus erklärt sich die Bewertung der spontanen Mitarbeit des Schülers bei Pestalozzi. Die Arbeit, welche bisher als bloßes Erwerbsmittel oder als Voraussetzung möglicher Sittlichkeit gewertet wurde, wird damit dem Bildungsprozeß des Menschen ein- und untergeordnet. Aber von Pestalozzi wird in dieser Phase nicht erkannt, daß für die einzelne Individualität nur bestimmte, ihrer Struktur eben adäquate Arbeiten — wir würden sagen Bildungsgüter — Bildungswert besitzen. So kommt es, daß Pestalozzi, trotzdem er durch das Prinzip der Selbsttätigkeit dem einzelnen Ich erhöhte Bedeutung zuschreibt, doch keine individualisierenden Forderungen daraus ableitet.

Das Prinzip der Nähe — ebenfalls aus der Anschauung abgeleitet, da diese nur unter der Mitwirkung der Sinne zustande kommen kann und somit durch die physische Nähe und Ferne der Gegenstände bedingt ist — fordert höchste Berücksichtigung aller Real-Verhältnisse der Individuallage. Denn von diesen aus erfolgt die allmähliche Eroberung der Welt. Dabei ist der Eindruck der Verhältnisse der Umgebung für das Kind in der Stufenfolge seiner Entwicklung jeweils verschieden. „An das Menschengeschlecht, das dem Kinde nach Vater und Mutter als das Erste gegeben ist", ... „schließt sich die ganze Natur, alles Belebte und Unbelebte" an (S. IX, 253). Hat es dann einmal seinen Lebenskreis beherrschen gelernt und ist in der bodenständigen Kultur und Sitte der Heimat fest verwurzelt, dann hat es auch ein Vorgefühl vom Ganzen der Welt und weiß sich später in jeder Lage, auch in fremder Umgebung, zurecht zu finden. Das Prinzip der Nähe hätte vielleicht, außer der äußerlichen Berücksichtigung der Lage, noch tiefere Bedeutung erlangt, wenn Pestalozzi nicht versäumt hätte, zwischen physischer und psychischer Nähe genügend deutlich zu unterscheiden. Hier lag wohl eine der Ursachen, daß das kindliche Interesse überhaupt und noch mehr das Interesse jedes einzelnen Kindes, eine verhältnismäßig geringe Rolle bei Pestalozzi spielen, denn alles Interesse ist immer nur ein Ausdruck der psychischen Nähe.

Auch das Prinzip des elementarischen Fortschreitens muß von dem Begriff der Anschauung aus verstanden werden. Nach langen Bemühungen war es Pestalozzi gelungen, den komplizierten Entwicklungsgang von dunklen Vorstellungen zu deutlichen Begriffen in Elemente aufzulösen. Wenn aber das Komplizierte in Elemente aufgelöst werden konnte, mußte da nicht der ganze Bildungsbesitz in umgekehrtem Verfahren aus Elementen wieder aufgebaut werden? besonders da das Elementare zugleich auch das Leichtverständliche zu sein schien? Aber schließlich spielen noch zwei weitere Gedanken herein, der eine, daß die Natur keine Sprünge mache, und der andere, daß alle Entwicklung, wenn auch organischer, so im innersten Kern doch logischer Natur sei. Logische Ordnung, elementarisches und lückenloses Fortschreiten waren deshalb von aller Bildung zu fordern. Mit fanatischer Pedanterie hat Pestalozzi diese Forderungen in seine methodischen Schriften hineingearbeitet und dadurch seiner Methode jenen unkindgemäßen Zug verliehen, der zu ihrer baldigen spätern Abdankung führte. Daß von hier aus individuellem Sondersein nur dahin Rechnung getragen werden konnte, daß der eine schneller, der andere langsamer die entsprechenden Stufen der Bildungsmittel durchlief, ist ohne weiteres einzusehen.

Aus dem Dargelegten ergibt sich für die Phase von 1800—1803 (bzw. 1805), daß Pestalozzis Pädagogik, weder, was das Erziehungsobjekt, noch das Erziehungsziel, noch das Erziehungsverfahren betrifft, individualisierende Tendenzen, die auf Anlagefaktoren gegründet sind, einschließt. Allenfalls finden sich dazu einige Ansätze, aber das Bestreben, eine allgemeingültige Methode zu schaffen, hindert ihre Entwicklung. Die „Individuallage" bestimmt allerdings auch jetzt noch die Stätte der Erziehung und bedingt eine leichte Modifikation des Erziehungsziels. Aber es kommt ihr innerhalb der Elementarbildung doch nur geringere Bedeutung zu. Nur für die Berufsbildung bleibt sie der zentrale Faktor, aber diese kommt in der Stanzer-Burgdorfer Zeit nur selten zur Sprache und wird auch dann nur mehr gestreift als erörtert, so daß alle individualisierenden Tendenzen, auch die auf äußern Faktoren beruhenden, in der Pädagogik sehr zurücktreten. Der ungenannte Verfasser der „Bemerkungen über Pestalozzis Lehrmethode" (1804) — er kennt die „Gertrud", das „Buch der Mütter" und die „Anschauungslehre", — glaubt deshalb folgende Kritik üben zu müssen: „Wir bemühen uns, den Menschen schon früh für den Staat und die besondern Verhältnisse, worin er künftig leben soll, recht brauchbar zu machen, und seine Erziehung nach und nach darauf einzuleiten. Pestalozzi scheint einen solchen Unterschied nicht zu machen, sondern nur den einen wie den andern behandelt wissen zu wollen" (S. 82). Die Theorie der Pädagogik Pestalozzis wies eben vorwiegend generalisierende Tendenzen auf und nicht individualisierende. Vergleichen wir damit sein praktisch-pädagogisches Tun in Stanz und Burgdorf, dann können wir uns eine gewisse Gegensätzlichkeit nicht verhehlen. Hier führt Pestalozzi Personalbogen, die Prüfungskommission spricht von Individualisierung, und in Burgdorf ist schon, wie später in Iferten, ein ganzes System von Mitteln aufgestellt, die Schülerindividualitäten zu erfassen und zu pflegen.

II.

Das Hervorkehren individualisierender Tendenzen während der weiteren Ausgestaltung der Pädagogik unter dem vorwiegenden Einfluß Niederers. (1803—1817).

Im Mai 1803 erfolgte die bedeutungsvolle Vereinigung Pestalozzis mit Niederer. Dieser unstreitig bedeutendste Geist unter den Mitarbeitern Pestalozzis gewann einerseits durch seine breite, gediegene Allgemeinbildung und vor allem durch seine gründliche philosophische Schulung, die ihn Pestalozzi weit überlegen machte, und andererseits durch das ihm entgegengebrachte Vertrauen bald entscheidenden Einfluß auf die weitere Ausgestaltung der Methode. Obwohl Niederer Pestalozzi tief verstanden hat, vielleicht am tiefsten von allen Zeitgenossen, so war er doch eine diesem im Grunde entgegengesetzte Natur, die bei aller feurigen Begeisterung für das Werk Pestalozzis und bei aller innigen Hingabe an seine Lehre doch diese nur bis zu einer gewissen Grenze verstehen und erleben konnte. Immer mußte ein ungehobener Rest bleiben. Als er dann mit seiner eigenen Philosophie die Gedankenwelt der Elementarlehre zu unterbauen begann, zwang er diese, eine Reihe ihr ursprünglich fremder Elemente aufzunehmen und verursachte so ganz ungewollt ihre allmähliche Umbildung. Darauf wiesen schon die Zeitgenossen Pestalozzis, durch die scharfe Polemik der schroffen Kampfnatur Niederers aufgebracht und nun bestrebt, den Meister vom Jünger zu trennen, immer wieder hin. Zunächst identifizierte Pestalozzi die eigene Meinung durchaus mit der Niederers, wenn ihn auch die fremde Fassung seiner Gedanken manchmal stutzig machte. Als er aber nach erfolgter Trennung im Jahre 1817 auch den innern Abstand von Niederer erkannte, war er bestrebt, seine eigene Auffassung klar herauszustellen, und fand mitunter scharfe Worte gegen seinen früheren Mitarbeiter. Es wäre aber verfehlt, alles, was unter dem Einfluß Niederers für die Ausgestaltung der Pädagogik geschah, als dessen alleiniges Eigentum anzusehen. Nicht selten hat dieser das, was zunächst bloß Praxis oder nur ansatzweise in der Theorie Pestalozzis vorhanden war, höher gewertet, ihm eine zentralere Bedeutung zugewiesen und es weiter ausgebaut. Was so als ursprüngliche Entwicklungsmöglichkeit in der Elementarbildung lag und nur der Förderung bedurfte, hat Pestalozzi meist als eigene Wahrheit empfunden und deshalb auch in den Altersschriften beibehalten. Dies scheint uns ganz besonders für die neuen Ergebnisse hinsichtlich des Individualitätenproblems zu gelten. Manchmal wäre es deshalb vielleicht besser, anstatt von einer Zeit, in der Pestalozzi unter vorwiegendem Einfluß Niederes stand, von einer Phase gemeinsamer Ausgestaltung der Pädagogik zu sprechen. Wenn wir in den folgenden Ausführungen trotzdem bei der ersten Formulierung bleiben, so möchten wir nicht mißverstanden werden. Dabei werden wir die Umbildung der Gedankenwelt Pestalozzis nur so weit zur Darstellung bringen, als sie unser engeres Problem berührt. Aber auch dazu ist eine kurze Skizzierung der philosophischen Anschauungen Niederers unentbehrlich.

Die **Philosophie** war Niederer bei seiner ausgesprochen philosophischen Begabung schon während seines theologischen Studiums zur Lieblingswissenschaft geworden. Plato, Locke, Rousseau, Condillac hat er schon frühe studiert. Später wirkten dann vor allem Herder, Hamann, Novalis, aber auch Goethe und Schiller mächtig auf ihn ein. Kant sagte ihm weniger zu; dafür beeinflußten ihn um so nachhaltiger Fichtes Idealismus und seine Ethik. Sie führten ihn endlich zu dem Philosophen, der auch Fröbel und manchem andern Pfadfinder unter den Pädagogen zum Führer wurde, zu Schelling. In dessen phantasievoller Philosophie suchte und fand Niederer die lang ersehnte Befriedigung. In den Jahren 1803—1805 übernimmt er auch die wesentlichsten Anschauungen und Begriffe der Schellingschen Philosophie, so die Ansicht von der absoluten Einheit einer in allem wirkenden Urkraft, das Prinzip der Darstellung und Entfaltung dieser Urkraft, die Stufenfolge vom Idealen und

Realen, die Ideenlehre, sowie den Begriff des Organismus. In erkenntnistheoretischen Fragen hat Niederer, weil er als Romantiker sich für diese weniger interessierte, nicht die gleiche Klarheit erreicht; hier schwankt er zwischen Schelling und Fichte und scheint sogar letzteren zu bevorzugen.

Mit diesen philosophischen Überzeugungen suchte Niederer nun Pestalozzis Ansichten zu vereinen. Nicht nur koordinierte er die Philosophie Schellings der Pädagogik Pestalozzis, sondern er glaubte sogar, daß beide Denker von der gleichen Grundanschauung ausgegangen seien, der Anschauung nämlich, daß aus dem einen göttlichen Geist und der einen Natur alles in der Welt hervorgehe. Ein Unterschied bestehe allerdings zwischen beiden Systemen, aber er sei naturgemäß; Schelling, der ein System seiner Philosophie entwickle, gehe von dem Einen aus, dem Absoluten, der Idee, und entwickle aus ihr die Menge der Ideen; Pestalozzi dagegen, der in der realen Welt arbeite, müsse den umgekehrten Weg gehen. Er führe alle Einzeldinge, die Fülle der Ideen, auf das eine im Menschen Liegende zurück. Bei solcher Sachlage schien eine Unterbauung mit Schellings romantischer Philosophie der Elementarlehre nur zum Vorteil zu gereichen. In Wirklichkeit aber waren die aufzunehmenden Anschauungen und Begriffe ihr ursprünglich fremd und bedingten ihre Umbildung (vgl. die philosophische Umgestaltung der Pestalozzischen Theorie durch Niederer, Joh. Bobeth. I. D. 1913).

Nach dieser kurzen Darstellung der Philosophie Niederers wenden wir uns mit der oben gemachten Einschränkung der **Umbildung der Elementarlehre** zu. Vor andern sind von bestimmendem Einfluß Schellings Begriff des Organismus und sein Prinzip der Darstellung und Entfaltung einer in allem Seienden wirkenden Urkraft. Als „Naturorganismus" und „Evolution" beherrschen sie Niederers pädagogische Theorie bis ins Kleinste. Dieser Tatsache ist er sich selbst vollkommen bewußt. Er charakterisiert deshalb die Methode als „organisch-genetisch" (S. X, 190) und stellt sie dadurch in einen gewissen Gegensatz zu dem „physischen Mechanismus" des Meisters. Zwar ist die Spannung nicht so groß, als es nach diesen schlagwortartigen Formulierungen scheint. Pestalozzis Wille, den Unterricht zu „mechanisieren", war nach seinen eigenen Worten das Bestreben, ihn zu „psychologisieren", und die Begriffe „Organismus", „Entwicklung", „Entfaltung" waren auch ihm nicht fremd. So trug also auch die Elementarmethode Pestalozzis schon „organisch-genetische" Züge. In der richtigen Erkenntnis dieser Tatsache hat Pestalozzi in der Neuausgabe der „Gertrud" das Wort „Mechanismus" überall durch „Organismus" ersetzt. Und doch bleibt ein merklicher Gegensatz bestehen. Pestalozzis Auffassung vom Menschen als einem organischen Ganzen war getrübt infolge seiner vermögenspsychologischen Einstellung, sein Begriff der Entwicklung war durchsetzt von logisch-konstruktiven Momenten, der Unterricht war durch psychologisch geordnete Reihenfolgen festgelegt, und für die Methode war das Ideal fast mathematischer Exaktheit maßgebend. Ansätze zu neuem Leben waren wohl überall vorhanden, aber sie waren noch stark durchsetzt von rationalistischen Anschauungen. Die entsprechenden Begriffe Niederers sind reiner und bedeuten daher einen Fortschritt.

Dies tritt deutlich in Erscheinung, wenn wir uns seine Ansichten über die der Erziehung zugrundeliegende **Menschennatur** vor Augen führen. Sie kann keine „tabula rasa" sein, wenn Erziehung überhaupt möglich sein soll; denn „was nicht schon in seinen leisesten Regungen sittlich sei, werde es nie, so hoch man es auch steigere, in so weiter Umfassung man es entfalte" (S. X, 193). In der Menschennatur lebt von Anfang an das Absolute = Göttliche als „Humanität". Sie bildet im Kinde „eine volle Knospe, ein beseeltes Ganzes, einen Inbegriff strebender oder energischer Anlagen und aufnehmender Fähigkeiten, die in unzertrennlicher Einheit unter sich nach allen Seiten des Daseins ausstrahlen und von allen Seiten dasselbe einsaugen, Anlagen, die sich als Triebe und Kräfte, Fähigkeiten, die sich als Sinne offenbaren und die alle dadurch, daß ihre Tätigkeit und Empfänglichkeit sich selbst nach innern Gesetzen begrenzt und schließt, ein individuelles Dasein erhalten" (S. X, 193). Jedes Einzelwesen wird als organisches Ganzes durch zwei Hauptmerkmale charakterisiert: es ist von jedem andern Einzelwesen verschieden insofern, „wie sich die Humanität in unendlichen Gestalten ausgebiert und auf unzählige Weisen in jedem einzelnen Dasein eigentümlich wird"; es gleicht aber allen andern auch insofern „wie die eine Menschheit in allem erscheint, wie jeder ein Spiegel des Ganzen ist, und dieses, als das Eine, Unwandelbare und Ewige, mehr oder minder sichtbar, in weiterm oder engerm Umfange, mit größerer oder geringerer Herrlichkeit offenbart" (S. X, 195). Die Gleichheit aller Individuen besteht in ihrer Menschlichkeit überhaupt, ihre Verschiedenheit in der besondern eigentümlichen Gestaltung und Ausprägung dieser Menschlichkeit. Diese Feststellung ist von überragender Bedeutung. Jedes Individuum repräsentiert also den „Gattungscharakter" in einer einmaligen und eigenartigen Gestalt; es stellt sich „in jedem Kinde die Würde und der Adel der Menschheit nur in einer anderen Gestalt dar" (S. X, 196), wie auch „jeder Zögling ein geschlossenes Ganzes, ein bei allem Reichtum und allem Umfang seiner Fähigkeiten gerade so und nicht anders, nach notwendigen Gesetzen sich entfaltendes Individuum ausmacht" (S. X, 195). Wo also Humanität ist, ist sie notwendig individuelle Humanität. Diese Tatsache zu berücksichtigen, ist die ganz besondere Aufgabe der Pädagogik. Sie soll mit menschlicher Liebe und Weisheit benützen und leisten, was von göttlicher Liebe und Weisheit einmal im Dasein so bestimmt wurde, denn „er ist es, Gott ist es selber, der die Ungleichheit der Menschen durch die Ungleichheit der Gaben, die er einem jeden von uns verliehen, gegründet" (S. X, 222). Die Besonderheiten der Einzelwesen beruhen auf der „Verschiedenheit der Anlagen und Stufen des geistigen Dasein" (S. X, 197). Unter letzteren sind Alters- und Entwicklungsstufen zu verstehen (S. X, 197). Die Anlagenbesonderheiten umfassen „Charaktere", „Gesinnungen" und „Handlungsweisen" der Zöglinge, vor allem aber quantitative und qualitative Begabungsunterschiede. Nur über die Begabungsunterschiede finden sich nähere Ausführungen. Eine unendlich mannigfaltige Stufenleiter führt von „niedrigen", „geringen", „beschränkten" und „unvollkommenen" Anlagen über

„stärkere“ zu „hohen“ und „höhern“ bis „zur Heldengröße des Geistes und der Kunst“, dem Genie. „In Stufenfolgen sich durch Brauchbarkeit und einseitig modifizierende Beschränkung bis zum seltenen Genie erhebende Kraft“ . . . läßt sich allenthalben wahrnehmen (S. IX, 598). „So wie es in Absicht auf Geistes- und Herzensanlagen Menschen hat, die in Rücksicht auf ihre diesfälligen Anlagen zu der Masse der Menschheit stehen, wie ein Millionär zu einem Bettler oder ein gräflicher Landeigentümer zu einem seiner Bauern, so hat es auch für die Industrie geborene Genies, deren Naturkraft gegen die übrigen Menschen in eben diesem Verhältnisse steht“ (S. IX, 598). Besonders deutlich werden Begabungsunterschiede in bezug auf die Bildungsgüter: „Es ist nämlich kein Zögling, der alles zu umfassen vermag, es ist aber auch keiner, der nicht für irgend ein Fach besondere Lust zeige und der es nicht, wenn er anhaltend sich darauf verlegen könnte, zu etwas Ausgezeichnetem bringen würde. Der eine lebt gleichsam ganz nur in Zahl und Form, und übt alles andere bloß gleichgültig mit. Ein andrer wirft sich mit Kraft und Freiheit bloß auf die Sprache. Ein dritter faßt besonders das Ästhetische auf und zeichnet sehr schöne Figuren, indem er in manchem andern zurückbleibt. Noch andre scheinen für alles gleiche Empfänglichkeit zu haben und der Abwechslung als Reizmittel zu bedürfen und beschäftigen sich daher mit allem mit gleicher Munterkeit. Auch die Zeitpunkte sind verschieden, und plötzlich geht einem Knaben wie ein neuer Sinn für einen Gegenstand auf, der vorher gar keine Wirkung auf ihn machte“ (S. X, 353). — Gegenüber den innern Anlageverschiedenheiten des einzelnen Erziehungsobjektes treten die Besonderheiten seiner Lage in den Hintergrund. Doch ist die Stellungnahme nicht ganz einheitlich. Niederers Auffassung geht wohl dahin, daß die Elementarbildung allein auf die innere Menschennatur zu begründen sei, während Pestalozzi wie bisher auch die durch die Individuallage erworbene Individualität berücksichtigen will. So kommt es, daß in Niederers Schriften und in den von ihm überarbeiteten Schriften Pestalozzis die Hinweise auf Lagebestimmungen seltener sind als dort, wo uns Pestalozzi selbständiger entgegentritt, wie etwa in der Schrift „An die Unschuld“. Auffallend ist auch, wie ersterer immer versucht, mittels Schellingscher Identitätsphilosophie äußere und innere Faktoren der Individualität zu vereinen. So sagt er, die Methode beruhe „nicht auf den zufälligen Verhältnissen, Lagen und Umständen, in denen sich das einzelne Kind befindet, sondern vielmehr auf den Kräften der Menschennatur selber und auf den Realgegenständen, aus welchen die Verhältnisse der Menschen und die Wahrheiten, die sich von diesen Verhältnissen ableiten, entspringen. Sie ist aber ebensowenig jenen äußern Verhältnissen, Lagen und Umständen entgegengesetzt, als die Menschennatur und die Realgegenstände, aus denen das Zufällige entspringt, in der Natur der Dinge dem letztren entgegengesetzt sind" (S. X, 192).

Auf Grund des Dargelegten kann das Objekt der Erziehung bestimmt werden als ein organisches, nach notwendigen Gesetzen sich stufenmäßig entwickelndes, quantitativ und qualitativ verschieden begabtes Lebewesen, in dem sich Humanität und Individualität innig verknüpfen. Äußere Lagebesonderheiten sind nur von geringer Bedeutung.

Das **Ziel der Methode** ist nicht immer einheitlich gezeichnet. Einerseits betont Niederer, die Uranlage der Humanität stelle die Pädagogik notwendig auf den Standpunkt, die ursprüngliche Gleichheit aller Individuen anzuerkennen und von ihr als ihrem Fundamente auszugehen. Die Methode geht aus auf die „Realisierung des Gattungsbegriffs im Individuum" (S. X, 30). Sie hängt sich nicht an „das Zufällige", sondern an „das Ewige der Gattung" (S. X, 29) und sucht durch „wirkliche Entfaltung und Humanisierung der Kraft in den Zöglingen" gewissermaßen reine Humanität sicherzustellen (S. X, 33). Diese generell abstrakte Seite des Bildungsideals hat Harnisch im Auge, wenn er urteilt: „Aus seiner (Pestalozzis) volkstümlichen Bildung machte Niederer eine menschheitliche. . . . Aus den klaren, kernigen, werklichen Erziehungsgrundsätzen Pestalozzis entstand ein luftiges Erziehungsgebäude für die Menschheit, ausgeführt von Niederer, gekittet durch falsch verstandene Wissenschaft und gehüllt in dunkle Wolken von Worten" (Deutsche Volksschulen von W. Harnisch, S. 16, zitiert nach Bobeth). Andererseits will aber Niederer auch das Individuelle berücksichtigt wissen. Wenn auch die Methode in voller Absicht generelle Humanität erstrebt, so geschieht dies, „ohne sich über die Eigentümlichkeit und die durch sie gesetzten Schranken eines Individuums zu täuschen" (S. X, 196). Sie hat „nicht den Wahn, das Kind von gemeinen Anlagen zum Fluge des Genies zu erheben; sie kennt, wie keine andere, aus Tatsachen und Erfahrungen die Verschiedenheit der Anlagen und Stufen des geistigen Dasein und unterscheidet sie wohl" (S. X, 197). Sie setzt die individuelle Kraft jedes Zöglings in Rechnung. Jeder soll zur Erkenntnis der Wahrheit kommen, aber nur, „soweit er sie fassen kann" (S. X, 197). Die Methode „beseelt und belebt das Eigentümliche eines jeden Individuums, sie entwickelt deswegen in einem jeden gerade dasjenige, was es seiner besondern Natur nach ist und sein soll" (Ni. S. 91). Wahrheit und Kraft als Prädikate aller Humanität sollen nur „nach den bestimmten Abstufungen und Schranken, welche die Verschiedenheit des Alters, der Kräfte, der Stände usw. mit sich bringt, kurz nach dem Bedürfnis jedes einzelnen" zum Gemeingut gemacht werden (S. X, 197).

Nach dem Gesagten weist das Bildungsideal Niederers sowohl generelle als auch individuelle Züge auf, die beide anlagenmäßig bestimmt sind. Die größere Bedeutung scheint Niederer der generellen Seite zuzusprechen, wenigstens soll nach einigen Stellen nur das Gattungsmäßige im Individuum entwickelt werden. Die Ausführungen über die Berücksichtigung individueller Faktoren zeigen aber, daß er wohl eher den Standpunkt des „Sowohl-als-auch" vertritt. Dieser Standpunkt entspricht auch allein Niederers Auffassung vom Bildungsobjekt. Sein Bildungsideal ist der auf Grund angeborener individueller Anlagen zu einer besonderen Humanität zu entwickelnde Mensch, das heißt eine kraftvolle eigentümliche Persönlichkeit. Es ist aufgestellt ohne jede Rücksicht auf Lebensnotwendigkeiten und daher abstrakt menschheitlich. Beruflich-ständische Gesichtspunkte spielen keine Rolle. Was an diesbezüglichen Bemerkungen mit unterläuft, sind Zugeständnisse an Pestalozzi, der auch jetzt noch, wie aus den Schriften „Zweck und Plan einer Armenerziehungsanstalt" und „An die Unschuld" hervorgeht, im Bildungsideal die konkreten Lebensverhältnisse, wie sie durch Beruf und Stand usw. nahegelegt werden, mit in Rechnung stellt. Aber auch in diesen auf das mehr praktische Leben abzielenden Bemerkungen bringt Niederer zum Ausdruck, daß Anlagenverhältnisse von größerer Bedeutung sind als Milieu und Lage. So bestimmen vorwiegend innere Eignung und besondere Neigung den bürgerlichen Beruf oder die wissenschaftliche Laufbahn. Wenn Schranken maßgebend sein sollen, dann können es nur solche der innern Menschennatur sein. Niederer ist eben Bildungsaristokrat.

Dem Doppelcharakter des Bildungsziels entspricht eine bestimmte **Auffassung der Methode.** Zwar gibt es nach Niederers Meinung nur eine Methode, die die Entfaltung der Humanität am vollkommensten erreicht, nämlich die absolute Methode, die ihrer besonderen Aufgabe entsprechend mit ihrem Objekt in engster Harmonie steht, vom Ursprünglichen in ihm ausgeht, diesem zur Entfaltung verhilft und dadurch das Kind zu freier Lebensführung befähigt. Aber ganz in Schellingschem Sinne vereinigt die eine absolute Methode in sich die Gegensätze des Individuellen und Generellen zur widerspruchslosen Einheit. Die Methode kennt, „wie keine andere, aus Tatsachen und Erfahrungen die Verschiedenheit der Anlagen und Stufen des geistigen Daseins und unterscheidet sie wohl" (S. X, 197). Aber sie bleibt dabei, „daß die Bahn zur Wahrheit und zur Kraft für alle zu beschreiben und vorzuzeichnen" notwendig sei (S. X, 197). „Aus diesen Gesichtspunkten soll es denn auch eine allgemeine Methode sein, und sie muß es; nicht nach der verkehrten Ansicht, die Menschen, die Kräfte, die Charaktere, die Gesinnungen und Handlungsweisen der Zöglinge gleichzumachen und die Stände und Verhältnisse zu vermischen; nein, die Methode will, daß jeder Zögling aus sich selbst in sein Verhältnis und in seine Umgebungen hineinwachse. Ihre Allgemeinheit liegt in den bisher aufgestellten Grundsätzen, daß jede menschliche Anlage im Kinde auf dem gleichen organischen Trieb beruht, daß jede Kunst oder Erkenntnis, eben darum, weil sie eben individuell ist, für alle unwandelbar gleiche, ewig feste Elemente hat und ihre Natur nie verändern kann" (S. X, 198). Sehen wir von dem Versuch ab, den Gegensatz zwischen individueller und genereller Methode aufzuheben, so tritt der Doppelcharakter der Methode klar in Erscheinung. Sie ist individualisierend, insofern sie den ursprünglichen Unterschied der Zöglinge anerkennt und sich seine besondere Berücksichtigung im pädagogischen Tun zur „Fundamentalmaxime" macht (Ni. 30). Und sie ist generalisierend, insofern sie in allen Einzelwesen durch Anwendung gleicher Prinzipien, darunter auch das der Individualisierung, den Anlagegegebenheiten zur Entfaltung verhelfen will. Abgesehen von der Erweiterung der Prinzipien der Bildung um das der Individualisierung weist das Bildungsverfahren keine wesentlichen Änderungen auf. Das Prinzip der Anschauung wird von Niederer zwar zum Teil entrationalisiert und sein intuitiver Grundcharakter wieder mehr hervorgekehrt, auch erfährt das Prinzip der Selbsttätigkeit eine reinere und höhere Bewertung als früher, aber von einer Änderung des eigentlichen Verfahrens kann dabei nicht gesprochen werden.

Aber nur in der Hand des **richtigen Erziehers** kann die Methode ihre Aufgabe erfüllen. „Der echte Lehrer der Methode, voll Demut die Schwäche und Beschränkung seiner eigenen Persönlichkeit fühlend, wagt es nicht, gewaltsam in den Gang des Zöglings einzugreifen, seine Richtung willkürlich zu bestimmen, seine Begriffe, seine Zwecke und seine Meinung ihm aufzudringen" (S. X, 194). Er läßt jeden das bleiben, was er ist (S. X, 18). So niedrig und gering das einzelne Individuum ist, so beschränkt und unvollkommen seine Anlage, er sieht in ihm mit Ehrfurcht eine Offenbarung der göttlichen Idee. „Eben das Vermögen, die Individualität im Kinde, seine Selbständigkeit als Individuum zu schauen, zu erkennen, wie sich die Humanität in unendlichen Gestalten ausgebiert und auf unzählige Weisen in jedem einzelnen Dasein eigentümlich wird, und wie doch wieder die eine Menschheit in allen erscheint, wie jeder ein Spiegel des Ganzen ist, und dieses, als das Eine, Unwandelbare und Ewige, mehr oder minder sichtbar, in weiterm oder engrem Umfange, mit größerer oder geringerer Herrlichkeit offenbart; dieses zu erkennen ist die Wonne des Methodikers, das heißt des Erziehers, der seine Aufgabe und sein Verhältnis zur Menschheit erkennt. Sie ist sein Wert, seine Kraft, sein Lohn, der unerschöpfliche Quell seiner Liebe und der begeisternde Trieb seiner Tätigkeit" (S. X, 195). Immer muß er die Mutter zum Vorbild nehmen. Sie unterwirft in liebevollster Hingabe ihren Unterrichtsgang dem Kinde; er dagegen unterwirft das Kind der bestimmten Form seines Unterrichts. Und an der Art wie die Mutter „der Tätigkeit des Kindes einen freien und liebevollen Spielraum" eröffnet, „lernt er, ihr einen freien und liebevollen Spielraum eröffnen" (S. X, 145). Ohne Spielraum ist wahre Bildung gar nicht möglich, denn was von innen heraus sich verwirklichen soll, darf nicht von außen her durch ein starres System von allgemeinverbindlichen Erziehungsmaßnahmen gehemmt werden. Aus diesem Grunde muß der Erzieher die Individualität als von ihm schlechthin unabhängig anerkennen; ja er nimmt sie, wie er sie findet; nicht er soll auf sie wirken, „sondern sie wirke auf ihn, beherrsche ihn, ihr Geist wehe, wie und wo er wolle" (Ma. III, 392). Der rechte Erzieher will und kann nichts anderes sein, als der „Geburtshelfer" immanent gegebener individualer Humanität.

Die Elementarbildung hat nach Niederer vorwiegend in der **Schule** zu erfolgen. Das häusliche Leben leitet diese allerdings ein, aber zu einer allgemeinen, das Menschheitliche in den Vordergrund stellenden Erziehung ist die Familie als Stätte der Bildung auf die Dauer nicht geeignet. „Aus dem häuslichen Sein und Tun wickeln sich die Anfangsfäden des Unterrichts los, die Schule nimmt sie auf und spinnt sie selbständig fort, bis sie auf einer höheren Stufe, der Jünglingsperiode als Ansichten und Kräfte sich wieder mit dem Leben und seinen Bedürfnissen einigen" (Ma. III, 395). Die Schule ist deshalb mehr als nur der schlechte Ersatz einer Familienerziehung; sie ist zur Bildung wahrer Humanität unentbehrlich. Von welchem Gesichtspunkt aus soll diese Schule organisiert werden? „Ist es wirklich notwendig, daß die Schüler nach höheren und niederen Ständen schon in ihr gesondert und jeder Art ihre eigne Nahrung auf eine eigne Weise zugemessen werde, so daß die Schulordnung nicht nur nach Klassen und Stufen, sondern auch nach geistigen und gemütlichen, nach Standes- und Berufsindividualitäten äußerlich eingerichtet würde? Oder soll nicht vielmehr die Schule den individuellen Anschauungskreis, den das häusliche Leben dem Kinde gibt, zu einem allgemeinen erweitern, seinen persönlichen Sinn zu einem menschlichen veredeln, seine einseitige Berührung mit seinesgleichen in eine allseitig gesellige und harmonische verwandeln? Soll sie nicht eben das Leben der Kinder aller Stände in eine gemeinschaftliche Berührung bringen, damit sich alle menschlich erkennen?" (Ma. III, 390). „Liegt ferner nicht darin der größte, der entschieden charakteristische Vorzug einer wahren Erziehungsanstalt, daß sie frei, vom innern Trieb aus, die Zöglinge sich ihre persönlichen und geselligen Verhältnisse knüpfen und bilden lasse, aber immer so, daß durch ihre Leitung und Vermittlung das, was sie menschlich sollen und müssen, ihnen klar sei, ebenso wie das persönliche und gesellige Leben der Menschheit sich unter der Leitung und Vermittlung der göttlichen Vorsehung selbständig von den Individuen aus ursprünglich organisiert hat?" (Ma. III 390). „Alles von außen, aus Elementen, die nicht vom Kinde selbst ausgehen, nicht aus seiner Anlage herausfallen, ihm aufgedrungene Wissen und Können, jede Behandlung von gesonderten Ständen und Verhältnissen aus, die in dem zeitlich bestehenden Zustand der Dinge und der Menschen ruhen und nicht aus der Richtung, die das Kind in seiner Entfaltung selbst nimmt, entspringen, reißt es aus seinem natürlichen Boden und versetzt es in einen Stand, der nicht sein Stand ist. Ein Erziehungssystem, das auf ein solches Fundament bauet, individualisiert nicht, es partikularisiert nur.... Wie himmelweit ein solcher Partikularismus vom Individualismus entfernt sei, bedarf so wenig eines Beweises, so wenig es eines solchen bedarf, daß die Individualität nicht an der Beschränkung und Absonderung in Standesbezirke und Formeln, sondern an der Freiheit, an der vollen Wahrheit der Natur, des Daseins und jedes einzelnen Bildungsstoffs sich nähre. Elementarschulen können und dürfen eben darum, wenn die Völker auch als Nation zum Selbstgenuß und Selbstbewußtsein erwachen sollen, nicht den individuellen Volkscharakter, noch viel weniger einen bestimmten Standes- und Berufscharakter, sie müssen den allgemeinen Menschencharakter an sich tragen und darauf berechnet sein" (Ma. III, 393).

Der Prototyp dieser von Niederer postulierten menschheitlichen Elementarschule ist in der Anstalt in Iferten zu suchen. Zöglinge und Lehrer von verschiedenster Herkunft in bezug auf Nationalität, Konfessionalität, Abstammung, Stand und Beruf hatten sich hier zusammengefunden und versuchten in gemeinsamem Streben edelstes Menschentum zu erringen. Jedes andere Ziel verbot sich praktisch ganz von selbst.

Und noch in anderer Beziehung mochte Iferten für Niederer zum Leitbild geworden sein. Das Erziehungsunternehmen dort stellte ein großes Internat dar und schien so als „pädagogische Menschenwelt“ die Vorzüge des häuslichen Lebens und der öffentlichen Erziehung zu vereinigen. Väterlich-mütterliche Gesinnung der Erzieher und Erzieherinnen, brüderlich-schwesterliche unter den Kindern, Spielraum für selbständige Entfaltung der Zöglinge nach Anlagen, Neigung und Bestimmung der Vorsehung schienen hier harmonisch zusammenzustimmen und sichern Erfolg zu garantieren (Ni. 61/62). Ein nach familiären Grundsätzen aufgebautes und den besondern Forderungen der Elementarbildung Rechnung tragendes Internat bei Verleugnung aller nationalen, konfessionellen, ständisch-beruflichen Rücksichten stellt für Niederer das Ideal einer Erziehungsstätte dar.

Was endlich die in der Anstalt von Iferten **realisierten Maßnahmen** zur Erfassung und Pflege der Schülerindividualitäten betrifft, so verweisen wir auf unsere Darstellung S. 31—35. Eine weitgehende Übereinstimmung zwischen der in Iferten geübten Praxis und Niederers Theorie läßt sich ohne Zweifel in bezug auf das Individualitätenproblem erkennen. Es wäre aber falsch, in ersterer nur eine Reihe von Maßnahmen zu erblicken, die aus der Theorie gefolgert und mit Konsequenz angewandt wurden. Wir wissen durch Gruners Bericht aus Burgdorf, daß dort schon ganz ähnliche Einrichtungen verwirklicht waren. Der umgekehrte Weg wird deshalb — mindestens was die Mehrzahl der praktischen detaillierten Vorschläge zur Berücksichtigung der Individualitäten betrifft — eher wahrscheinlich sein. Niederer hat wohl bereits Verwirklichtes aufgenommen, mit seiner individualistischen Theorie unterbaut, die Ansichten Pestalozzis und seiner Mitarbeiter vertieft und so allmählich zu einer immer stärkeren Hervorkehrung aller individualisierenden Tendenzen sowohl in der Praxis als auch besonders in der Theorie beigetragen.

Und nun noch ein kurzes Wort über **einige Ansichten Pestalozzis,** die schon in dieser Zeit, also schon vor der Trennung von Niederer, zu dessen Lehre im gewissen Gegensatz stehen. Nur zwei Quellen kommen in Frage, der zweite Teil der „Lenzburger Rede" und die Schrift „An die Unschuld", die beide von Überarbeitungen Niederers frei sind und deshalb die Ansicht des Meisters treuer wiedergeben als die andern Schriften aus dieser Zeit. Der Gegensatz besteht darin, daß Pestalozzi kein abstraktes Menschheitsideal als Ziel der Erziehung aufstellt, sondern nach wie vor bestrebt ist, neben der allerdings jetzt stärker betonten angeborenen Individualität auch der erworbenen, auf der Individuallage beruhenden, Rechnung zu tragen (S. XI, 22). Die Folge ist, daß das Familienleben eine höhere Bewertung erfährt als bei Niederer (S. XI, 153/171). Da aber bloß der edle und erhabene Mensch wahre Kräfte zu aller Unschuld und Reinheit der Menschenbildung hat, ist auch das Familienleben nur insofern bildend, als die Personen, durch die ein Haus sich konstituiert, selbst häuslich gebildet sind (S. XI, 162). Andere Lebenskreise, die Schule und die Kirche, müssen deshalb stellvertretend eingreifen, wenn die Voraussetzungen für die Erreichung pädagogischer Zwecke in der Falmilie fehlen. Ihre innere Organisation ist so zu regeln, daß — wie in Iferten — den individuellen Eigenheiten der Zöglinge Rechnung getragen wird. Die übrigen Abweichungen sind zu geringfügig, um hier erwähnt werden zu müssen.

Wir schließen mit der Darstellung der Phase von 1803—1817. Als wesentliches **Ergebnis** verzeichnen wir das starke Hervorkehren individualisierender Bestrebungen unter dem Einfluß Niederers. Er überträgt die organisch-genetische Betrachtungsweise der Naturphilosophie Schellings auf die Pädagogik Pestalozzis. Die Individuen als Objekte der Erziehung erscheinen nun nicht mehr als gleichartige und gleichwertige Kraftzentren wie in der Stanzer-Burgdorfer Periode, sondern als höchst komplizierte Gebilde organischer Natur, die von innen heraus durch einen eigenen Entwicklungstrieb belebt und zu eigenartig bestimmter, von den konkreten Verhältnissen des Daseins nahezu unabhängiger Entfaltung veranlaßt werden. Auch das Bildungsziel erfährt eine entsprechende Umbildung. Die neue Aufgabe der Erziehung besteht in der Entfaltung angeborener individueller Anlagen zu einer besondern Humanität. Alle konkreten Verhältnisse, in die der Mensch schon bei seiner Geburt hinein versetzt wird, sind dabei außer acht zu lassen. Das Bildungsverfahren erfährt eine Erweiterung. Das Prinzip der Individualisierung tritt neben die andern Prinzipien, und ein ganzes System von Maßnahmen zur Erfassung und Pflege der Individualitäten wird geschaffen. Daß Pestalozzi dieser Auffassung nicht in allen Stücken folgt, wurde schon oben erwähnt.

III.

Der Versuch eines Ausgleichs zwischen den individualisierenden Ansätzen der verschiedenen Perioden in den letzten Lebensjahren Pestalozzis.

Die dauernden ökonomischen Schwierigkeiten der Anstalt und die ewigen Streitigkeiten unter den Mitarbeitern, die seit den Tagen der Zurückberufung Schmids zur Rettung aus finanzieller und organisatorischer Not immer schroffere Formen annehmen, weil die bis dahin herrschende gemütliche Anarchie nun plötzlich einer strafferen Anstaltsführung Platz machen muß, lassen Pestalozzi seiner Anstalt allmählich müde werden und legen ihm selbst den Gedanken nahe, vor einem neuen Wendepunkt seines Lebens zu stehen [1]). Durch den Bruch mit Niederer, von dem er sich schon in den vergangenen Jahren in allmählich wachsendem Mißtrauen innerlich immer weiter entfernt hat, seit er ahnt, daß die von diesem vorgenommene Ausgestaltung der Pädagogik im Grunde eine Umbildung seiner Gedanken war, wird er nun auch gezwungen, selbst wieder zur Feder zu greifen. Zunächst gilt es, über die eigene Meinung selbst völlige Klarheit zu erringen, was ohne Berücksichtigung aller Ergebnisse und

[1]) Ein Brief an Fellenberg aus dem Jahre 1816 ist ganz aus dieser Stimmung heraus geschrieben.

Bestrebungen der früheren Perioden und in der Folge ohne Überprüfung und Vergleichung mit den Ansichten, die er sich unter Niederers Einfluß gebildet hat, unmöglich bleiben muß. Die Rede vom 12. Januar 1818 gehört schon ganz der neuen Periode an. Sie charakterisiert die einseitige philosophische Durchbildung seiner Erziehungsbestrebungen durch Niederer als verfehlt, und im „Schwanengesang" bezeichnet Pestalozzi eine allen Lagen gleich genugtuende und allen Bedürfnissen gleich Rechnung tragende Erziehungsmethode als „ein wesentliches Unding" (S. XII, 447). Die Rede ist vor allem aber bedeutsam durch das Versprechen Pestalozzis, den Erlös aus der Gesamtausgabe der bei Cotta verlegten Werke für die Errichtung einer Armenanstalt zu benützen, und ferner durch die Aufstellung neuer allgemeiner Richtlinien für sein zukünftiges pädagogisches Streben, die gewissermaßen das Programm seiner letzten Lebensjahre bilden. „Wir können auf keine andere Weise zu einer allgemeinen innern Vereinigung unsers Hauses und zu keiner reellen Harmonie in der Ansicht dessen, was wir unsere Methode heißen, gelangen, als durch unsere Bestrebungen jede Ansicht derselben, sei es die mathematische, sei es die theologisch-philosophische, sei es die naturphilosophische, sei es die humanistische, sei es die philanthropische, oder welche es immer sei, mit allen übrigen mit uns selbst ins Gleichgewicht zu bringen und uns von keiner derselben also beherrschen zu lassen, wie jede Idee, die auf dem Wege ist, mit mehr oder minderer Härte zu einer fixen oder halbfixen Idee zu werden, den Menschen beherrscht und gefangen hält" (S. X, 591). Die hier angekündigte Synthese erstreckt sich auch auf das Individualitätenproblem. Es handelt sich um den Ausgleich einerseits zwischen psychologischen und beruflich-ständischen, andererseits zwischen generell-psychologischen und individuell-psychologischen Ansichten, die sich Pestalozzi in den verschiedenen Perioden gebildet hatte und die nun gleicherweise als entscheidende Ansatzpunkte für individualisierende Bestrebungen seiner Pädagogik in Betracht zu ziehen waren. Eine kurze Betrachtung der Erziehungsbestrebungen dieser Periode soll uns die nötigen Aufschlüsse bringen.

Die Menschennatur als Grundlage und **Objekt der Elementarbildung** ist von gleichem innern Wesen und doch von millionenfacher Verschiedenheit. Die Gleichheit beruht auf der schon in der Stanzer-Burgdorfer Zeit, ja gelegentlich auch früher erscheinenden Auffassung des gesamten seelischen Lebens als einer Betätigung dreier Grundkräfte, der sittlichen, geistigen und Kunstkraft, die wieder in mannigfache Unterkräfte gegliedert sind (S. XII, 293). Sie werden im Gegensatz zu Niederer wieder streng vermögenspsychologisch als „ewig gesonderte Grundkräfte alles Wissens, alles Tuns, alles Kennens, Könnens und Wollens" bezeichnet, die, obgleich je „an sich selbständig und getrennt, jede nach eigenen Gesetzen regiert, ... dennoch durch einen innern Gemeingeist ... zum gleichen Zweck der Hervorbringung deiner Menschlichkeit unter sich vereinigt" sind (S. X, 531, 533). Zu dieser generellpsychologischen Aufspaltung der Menschlichkeit tritt die ethische. Pestalozzi unterscheidet streng zwischen sinnlich-tierischen Neigungen unsers Fleisches und Blutes, unter denen er die Anlagen und Kräfte versteht, die der Mensch mit den Tieren gemein hat, und dem „echten Fundament der Menschennatur", das alle Anlagen und Kräfte umfaßt, „durch welche sich der Mensch von allen Geschöpfen der Erde, die nicht Mensch sind, unterscheidet" (S. XII, 293). Kombiniert er beide Einteilungen, dann spricht er von sinnlichem Glauben und sinnlicher Liebe, von menschlichem Glauben und menschlicher Liebe, von tierischem und menschlichem Denken und ebenso von tierischer und menschlicher Kunstkraft (S. XII, 371).

Die Verschiedenheit der menschlichen Natur beruht auf individuell psychologischen Kräftegegebenheiten und den besondern Lagen, Bedürfnissen, Umständen der gesellschaftlichen Welt jedes Einzelwesens. Die weitgehende Berücksichtigung angeborener Unterschiede, darf wohl auf das Konto der vergangenen Ifertener Periode gesetzt werden. „Jeder einzelne Mensch wird in hoher Ungleichheit seiner Kräfte gegen die Kräfte tausend und tausend anderer Menschen geboren. Der eine ist in der Anlage seines Herzens, der andere in derjenigen seines Geistes und der dritte in derjenigen seiner Kunst in sich selbst überwägend geschaffen" (S. XII, 372). „Es gibt Genies des Herzens, es gibt Genies des Geistes und der Kunst. Gott hat sie geschaffen. Er hat einigen von ihnen ein millionenfaches, aber einseitiges Übergewicht über ihre Mitmenschen gegeben. Sie sind die Millionäre der innern Mittel der sittlichen, geistigen und physischen Kräfte unsers Geschlecht" (S. XII, 310/311). (Vgl. S. XI, 517, 610; XII, 91, u. 120). Auch der Individuallage, die unter Niederers Einfluß bei allen erzieherisch-unterrichtlichen Erwägungen fast völlig ausgeschaltet war, wird wieder ihr Recht. Die „millionenfach verschiedenen Umstände, Lagen, Verhältnisse, Mittel und Kräfte der Individuen" (S. XII, 323), die „verschiedenen Klassen und Stände" (S. XII, 344), die „Realität der Lagen, Umstände und Verhältnisse, in denen jeder einzelne Mensch lebt, . . . die Realität der Kräfte und Mittel, die jeder Mensch in dieser Rücksicht besitzt" (S. XII, 324), dürfen ebensowenig übersehen werden wie innere Besonderheiten. Nach dem Gesagten läßt sich das Erziehungsobjekt dieser letzten Phase bestimmen als der jeweils durch ursprüngliche Anlagengegebenheiten individuell verschiedene, in eine bestimmte gesellschaftliche Sphäre hineingeborene Kräftemensch mit wesentlich sittlicher Bestimmung.

Dem vielseitigen Charakter des Bildungsobjektes entspricht das **Erziehungsideal.** Von der generell-psychologischen Seite her stellt es den entfalteten Kräftemenschen dar. In der Rede von 1818 betont Pestalozzi ausdrücklich, daß es durchaus nicht die Ausbildung von irgend einer Art einzelner Kenntnisse, einzelnen Wissens und einzelner Fertigkeiten, sondern die Ausbildung der physischen, sittlichen und intellektuellen Kräfte ist, die das Wesen der Erziehung in allen Ständen, vom Reichsten bis zum Ärmsten hinab, ausmacht (S. X, 540—560). Von der ethischen Seite her wird das Erziehungsziel bestimmt als der religiös-sittliche Mensch. Alle Menschlichkeit „geht wesentlich aus Liebe und Glauben hervor; ohne Liebe und ohne Glauben mangelt der Anfang des Fadens, von dem allein alle wahre Entfaltung zur Menschlichkeit ausgeht, fortschreitet und endet" (S. 12, 380). Dieses letzte Resultat der Menschenbildung ist einerseits nur durch die Unterordnung der Ansprüche der geistigen und physischen Anlagen unter die Ansprüche der von Glauben und Liebe ausgehenden Sittlichkeit und Religiosität zu erzielen (S. XI, 576), andererseits aber ist als Voraussetzung aller Sittlichkeit das „Gleichgewicht der Kräfte" zu erstreben (S. XI, 591). Beide Forderungen sind die konsequenten Folgerungen aus verschiedenen Ansätzen heraus. Erfolgt die

Betrachtung des Menschen als eines Wesens von sinnlich-tierischer und göttlicher Natur, dann kann wahre Sittlichkeit nur in der absoluten Unterordnung der tierisch-sinnlichen Neigung unter das göttliche Wesen im Menschen, das sich in Glauben und Liebe äußert, bestehen, so daß unter der Führung der sittlich-religiösen Kräfte alle Einzelkräfte zur gemeinsamen Betätigung in einem einheitlichen, charaktervollen Wollen zusammengeschlossen werden. Im Schwanengesang charakterisiert Pestalozzi dieses zu erstrebende Wollen als „Gemeinkraft" (S. XII, 370). Insofern der Mensch aber als Kräftewesen ins Auge gefaßt wird, scheint die harmonische Entwicklung aller Kräfte jeder Einseitigkeit vorzubeugen, das Gleichgewicht der Kräfte sicherzustellen und damit in der Folge alle intrapsychischen und auch alle interpsychischen Spannungen auszuschließen und so einen wahrhaft sittlichen Zustand zu garantieren. Auch bei dieser harmonischen Entfaltung wird der sittlichen Seite des Menschen ein gewisser Vorrang eingeräumt.

Die durch diese Begriffe festgelegte Zielbestimmung der Erziehung darf aber nicht dahin verstanden werden, daß jede individuelle Rücksichtnahme auszuschließen sei. Die Forderung des „Gleichgewichts der Kräfte" bedeutet in quantitativer Hinsicht lediglich das Größenverhältnis der einzelnen Kräfte, nicht ihre absolute Größe. Es ist also die Möglichkeit geboten, durch graduelle Abstufung des zu erreichenden Sollstandes konkreten Seinsverhältnissen Rechnung zu tragen. Bestimmend sind vor allem die Stärke oder Schwäche der Anlagen eines Individuums in ihrer Gesamtheit und die Individuallage. In Ansehung des ersteren sagt Pestalozzi: Die „segensvolle Gemeinkraft der Menschennatur ist indessen bei mittlern und sogar bei schwachen Kräften eines Individuums ebenso möglich und ebenso denkbar, als sie bei isolierten, abgeschnittenen, unverhältnismäßig großen, selber gigantischen Einzelkräften oft schwierig und sogar unerreichbar ist" (S. XII, 372) . . . „Das Gleichgewicht von drei Pfunden ist mit dem Gleichgewicht von drei Zentnern eines und eben dasselbe Gleichgewicht" (S. XII, 373). Der Rücksicht auf Stand und Beruf entspricht eine gradweise verschiedene Ausbildung der Kräfte: „Der Grad, in welchem die elementarischen Geistes- und Kunstkräfte in den Individuen dieser ungleichen Stände ausgebildet werden müssen, ist ebenso sehr verschieden. Die genugtuende Ausbildung aller menschlichen Kräfte hat in allen Ständen einen ausgedehntern und beschränktern Kreis" (S. XII, 389). Um eine nur quantitative Berücksichtigung individueller Gegebenheiten im Bildungsideal kann es sich aber nach Pestalozzis Auffassung angesichts der unendlichen qualitativen Verschiedenheit der Menschen gar nicht handeln. Allerdings berührt ihn der Gedanke schmerzlich, daß infolge der Enge der menschlichen Individualität eine gleich starke Entwicklung des Seelenlebens nach allen seinen Seiten unmöglich ist und deshalb aller Erziehung zum Trotz eine relative Einseitigkeit des Individuums immer bestehen bleiben muß; denn er sieht sich in der Folge genötigt, das Ziel einer vollkommenen Harmonie der Kräfte aufzugeben und sich mit einer Annäherung an dieses ideale Ziel der Erziehung zu begnügen. „Die Unmöglichkeit eines vollendeten Gleichgewichts der Menschennatur ist durch die Wahrheit der Disharmonie der Kräfte und Anlagen der einzelnen Menschen zum voraus entschieden. Jeder einzelne Mensch wird in hoher Ungleichheit seiner Kräfte gegen die Kräfte tausend und tausend anderer Menschen geboren. Der eine ist in der Anlage seines Herzens, der andere in derjenigen seines Geistes, und der dritte in derjenigen seiner Kunst in sich selbst überwägend erschaffen, und jeder Mensch, folglich auch das Menschengeschlecht im ganzen, muß in Rücksicht auf das vollendete Gleichgewicht und die vollendete Harmonie seiner Kräfte nicht nur mit Paulus aussprechen: „nicht daß ich sie schon ergriffen habe" — er muß noch hinzusetzen: „nicht daß ich sie je ergreifen werde" (S. XII, 372). Die letzten Worte deuten an, daß die Erfüllung des Ideals des Gleichgewichts der Kräfte in eine größere Ferne gerückt, nicht aber, daß es aufgegeben wird. Die Forderung nach Aufnahme variabler qualitativer Bestimmungen in das Bildungsziel wird dadurch in ihrer Wirkung wesentlich abgeschwächt; denn der Entfaltung angeborener Eigenart müssen aus der übergeordneten letzten Zielbestimmung verhältnismäßig früh Grenzen erwachsen. Was höchstens angestrebt werden darf, ist eine Synthese von Harmonie und Einseitigkeit. Und auch dann noch sucht Pestalozzi nach einer Art übergeordneten Gleichgewichts. Er hofft, daß die aus dem Erziehungsprozeß resultierende, verschieden geartete Einseitigkeit der Individuen sich in der menschlichen Gemeinschaft gegenseitig hemme und ergänze und so zu einem ethisch-sozialen Ausgleich führe (S. XII, 310/311, 452).

Zusammenfassend läßt sich sagen: das Ziel der Elementarbildung besteht in dieser Periode in einer möglichst vollkommenen Bildung des Menschen unter Berücksichtigung seiner Anlagenbesonderheiten und seiner Individuallage zu einem quantitativ und qualitativ modifizierten Gleichgewicht seiner sittlichen, physischen und intellektuellen Kräfte, so daß er zu wahrhaft sittlich sozialer Lebensführung gewillt und befähigt ist.

Angesichts des komplizierten Charakters des Bildungsobjektes wie auch des Bildungszieles erscheint der Gedanke einer in allen Lagen gleich befriedigenden und allen Bedürfnissen in gleicher Weise Rechnung tragenden universalen **Erziehungsmethode** als ein „wesentliches Unding" (S. XII, 447). Auch im Schwanengesang wird entsprechend Stellung genommen: „Wir müssen es geradezu aussprechen: Eine der Idee der Elementarbildung in ihrer Vollendung genugtuende Erziehungs- und Unterrichtsmethode ist nicht denkbar. Setze auch ihre Grundsätze noch so klar ins Licht, vereinfache ihre Mittel aufs höchste, mache die innere Gleichheit ihrer Ausführung auch noch so heiter, es ist keine äußere Gleichheit ihrer Ausführungsmittel denkbar" (S. XII, 310). Diesem Gegensatz zwischen innerer Gleichheit und äußerer Verschiedenheit entspricht an andern Stellen die Unterscheidung der von ewigen Gesetzen ausgehenden „Entfaltungsmittel der menschlichen Grundkräfte" und der „Mittel der Einübung und Abrichtung zu den Kenntnissen und Fertigkeiten, die die Anwendung der gebildeten Entfaltungskräfte anspricht" (S. XII, 309). Die Entfaltungsmittel stellen nicht nur die psychologischen Bedingungen der geistigen Entwicklung dar, sondern es sind darunter die durch Zahl-, Form- und Sprachlehre gegebenen Unterrichtsmittel, die ja nach Pestalozzis Meinung psychologisch begründet waren, zu verstehen. Die Anwendungsmittel umfassen die nach der Individuallage wechselnden Objekte des Unterrichts und sind daher „in ihrem ganzen Umfange so verschieden als die Gegenstände der Welt, auf deren Erkenntnis und Benutzung unsere Kräfte angewandt werden, eben wie die Lage und Umstände der Individuen, die diese gebildeten Kräfte anwenden wollen und müssen, verschieden sind" (S. XII, 309). Die Trennung der Elementarbildung in Entfaltung und Anwendung der Kräfte ist aber nur theoretisch möglich. Das Leben kennt nur die enge Verbindung und gegenseitige Durchdringung der beiden Seiten der Erziehung. Der Satz „das Leben bildet" wird deshalb zu dem Fundamentalgrundsatz des Bildungsverfahrens (S. XII, 314, 323, 344). Indem das Leben die menschlichen Kräfte auch unter den verschiedensten Umständen, unter denen sich das Erziehungsobjekt befindet, nach ewigen und unveränderlichen Gesetzen zum Handeln und dadurch zur Entfaltung anreizt, dient es der allgemeinen Menschenbildung; durch die von ihm in gleicher Weise geforderte Anwendung der Kräfte bildet es für Stand und Beruf. „In Rücksicht auf die Anwendung der Kräfte wirkt" das Leben hinwieder auf jedes Individuum . . . „in Übereinstimmung mit der Verschiedenheit der Umstände, Lagen und Verhältnisse, in denen sich das Kind, das gebildet werden soll, befindet, und ebenso in Übereinstimmung mit der Eigenheit der Kräfte und Anlagen des Individuums, das hierfür gebildet werden soll, ein" (S. XII, 316). Alle Menschen sind deshalb gezwungen, ihre entfalteten Kunst-, Erwerbs- und Berufskräfte äußerst verschieden anzuwenden. Das Bildungsverfahren ist aber nicht nur in bezug auf die Anwendungsmittel variabel, auch ist hier nicht die Individuallage allein von Ausschlag, sondern auch die Entfaltung der Kräfte kann nur erfolgen unter Beachtung von Anlagenbesonderheiten neben der jeweiligen Berufs- und Standeslage. So erhebt Pestalozzi einerseits die Frage: „In welchem Grad und bis auf welchen Punkt muß die Zahl- und Formlehre im allgemeinen dem Bauernstand, dem Bürgerstand und den höhern, zur Kenntnis und Erforschung wissenschaftlicher Gegenstände berufenen Ständen und Individuen eingeübt werden?" (S. XII, 345) und andererseits gibt er den Rat: „Es mag angezeigt sein, einzelne von ihnen (den Zöglingen) mit besonderer Aufmerksamkeit zu behandeln und für andere wiederum weniger hohe Ziele zu stecken. Die große Mannigfaltigkeit von Gaben und Neigungen, von Plänen und Bestrebungen bei den Menschen ist ja ein genügender Beweis für die Notwendigkeit einer solchen verschiedenen Behandlung" (Mutter und Kind, S. 84). Bei der gleichzeitigen Berücksichtigung von Anlagen und Milieu hat sich Pestalozzi über das Verhältnis ihrer Bedeutung nicht immer ganz klar ausgesprochen. Doch scheint er nun die Anlagegegebenheiten zu bevorzugen. „Die verschiedenen Klassen und Stände und selber die Individuen derselben bedürfen der Kunstausbildungsmittel der Zahl- und Formlehre durchaus nicht alle im gleichem Grade, die wenigsten von ihnen bedürfen derselben in einem ausgezeichnet hohen; und es wäre wirklich gut, wenn in allen Ständen nur diejenigen Kinder darin weit und auf einen hohen Grad geführt würden, die in den niedern Stufen der diesfälligen Ausbildung, welche unbedingt allen naturgemäß wohl zu erziehenden Kindern gegeben werden sollte, vorzüglich große Vorschritte machen und von denselben so eigentümlich und genialisch ergriffen und gleichsam begeistert würden, daß man offenbar daraus sehen müßte, daß eine höhere, entscheidende Grundlage, sich Geistes- und Kunstkräfte halber auszuzeichnen, in ihnen liegt" (S. XII, 344). Ganz entsprechend diesem Ideal schreibt er in „Ein Wort über den gegenwärtigen Zustand meiner pädagogischen Bestrebungen", daß er den Wünschen der Eltern bezüglich der künftigen Bestimmung ihrer Kinder gerne entgegenkommen wolle, „wenn die Anlagen und Kräfte des Kindes mit dieser (seiner) Bestimmung in Übereinstimmung ständen ... Indessen muß das, worin man einen solchen jungen Menschen zu einer vorzüglichen Auszeichnung zu erheben sucht, in jedem Fall mit der Eigenheit seiner Anlagen übereinstimmen, so daß man auch seiner Lust, sich darin anzustrengen, sicher sein kann" (S. XII, 123). Ebenso sollen die für den Lehrerberuf bestimmten Kinder, wenn sie „für die Bestimmung Erzieher und Erzieherinnen zu werden, nicht geeignet scheinen", in der Anstalt Gelegenheit finden, „sich zu andern, ihren Neigungen und Lagen angemessenen Berufen zu bilden oder wenigstens sich dazu vorbereiten" (S. XII, 94). Anlagen und Milieu sind für eine individualisierende Pädagogik also beide von Bedeutung.

Was die **Bildungsstätte** betrifft, so hält Pestalozzi an der Meinung fest, daß von allen Formen des Lebens das Familienleben von größerm Einfiuß auf die Bildung ist. „Die Wohnstube des Volks, ich sage nicht, die Wohnstube des Gesindels — das Gesindel hat keine Wohnstube — ich sage die Wohnstube des Volks ist gleichsam der Mittelpunkt, worin sich alles Göttliche, das in den Bildungskräften der Menschennatur liegt, vereinigt" (S. X, 553). Er verkennt aber nicht, daß vieles innerhalb der Familie dem Zufall überlassen bleibt und fordert daher, daß an die Seite der Familie, ihre Einwirkung ersetzend oder ergänzend und weiterführend, die Schule tritt, welche wie die Familie die Menschen- und Berufsbildung zur untrennbaren Einheit zu verbinden und zu verflechten hat und deshalb ständischen Charakter tragen soll.

Wir fassen die **Ergebnisse** unserer Untersuchung, soweit sie sich auf die letzte Schaffensperiode Pestalozzis erstreckt, zusammen: der Versuch, die pädagogischen Anschauungen aus den verschiedenen Entwicklungsstadien in einer Synthese zu vereinigen, ist auch in bezug auf das Individualitätenproblem fruchtbar gewesen. Die Unterschiede der einzelnen Erziehungsobjekte erscheinen jetzt von zwei Seiten bedingt; sowohl die Besonderheiten der Individuallage als auch die angeborenen Anlagenunterschiede bestimmen bei gleicher Wesensnatur alles Menschlichen die jeweilige individuelle Gestalt und soziale Eigenart des Zöglings. Beiden Gesichtspunkten suchen das Bildungsideal und das Bildungsverfahren gerecht zu werden, indem sie unter Berücksichtigung der Anlagebesonderheiten und der Individuallage zu einem quantitativ und qualitativ modifizierten Gleichgewicht der Kräfte und dadurch zu wahrer Sittlichkeit zu erziehen suchen. Das aus letzten sittlichen Forderungen heraus für notwendig erachtete Prinzip eines harmonischen Gleichgewichts der Kräfte verhindert allerdings die volle Auswirkung individueller Rücksichtnahme. So sind die Elementarentfaltungsmittel während der ersten Bildungszeit für alle Zöglinge gleich verbindlich. Erst nachdem diese ein bestimmtes Maß von Allgemeinbildung besitzen, soll in dem weiterführenden Unterricht der speziellen Begabung und den aus der Individuallage erwachsenden beruflich-ständischen Forderungen Rechnung getragen werden. Für die künftige berufliche Bestimmung der Kinder soll nicht nur die Individuallage und, soweit als innerhalb der durch die Individuallage gegebenen Grenzen möglich, die besondere Begabung maßgebend sein, — obwohl für die Mehrzahl der Menschen diese Regelung immer natürlich sein wird —, sondern in all den Fällen, in denen der künftige Beruf eine höhere Bildung voraussetzt, müssen Begabung und Neigung von ausschlaggebender Bedeutung sein. Niederers übersteigerter Individualismus und die Einseitigkeit der eigenen Lösung während der Zeit bis 1800, ferner der Gedanke einer allgemeingültigen Methode werden wesentlich abgeschwächt. Es entsteht das Gebäude einer einheitlichen, lebendigen, lebensfähigen Pädagogik, die ebenso fern ist von einem schrankenlosen Naturalismus wie auch von einem schroffen Idealismus.

Schluß.

Überschauen wir das Ganze unserer Ausführungen, indem wir die wesentlichsten Ergebnisse unserer Untersuchung zusammenfassen:

1. Es ist gar kein Zweifel, daß Pestalozzi für individuelle Eigenart ein entwickeltes Organ besaß, das ihm ermöglichte, eigenes und fremdes Sondersein, auch das von Kindern, klar zu erkennen und in Verbindung mit seiner sozialen Grundeinstellung auch positiv zu bewerten und mannigfach zu berücksichtigen.

2. Zwischen seiner praktischen und theoretischen Haltung in bezug auf das Individualitätenproblem bestanden mindestens bis Iferten größere Unterschiede. Während er in der Theorie in den Jahren bis 1800 nur Milieugegebenheiten für den individualisierenden Faktor seiner Pädagogik von Ausschlag sein ließ, und in der folgenden Periode bis 1803, infolge seiner Bemühungen um eine allgemeingültige Methode, überhaupt keine Rücksicht auf individuelle Besonderheiten kannte, trug er in seinem praktischen Tun in den Anstalten Neuhof, Stanz und Burgdorf den besondern Anlagen seiner Zöglinge weitgehend Rechnung. Die Armenanstalt in Neuhof und das Waisenhaus in Stanz waren außerdem berufsständisch orientiert.

3. Was seine theoretischen Ausführungen über die

Berücksichtigung der Individualität betrifft, so ließen sich vier Phasen der Entwicklung feststellen.

In der Zeit bis 1799 stand Pestalozzis unter dem vorwiegenden Einfluß seiner sozialpolitischen Anschauungen, die ihn zur Überschätzung aller durch die Geburt erworbenen gesellschaftlichen Verhältnisse und Umstände führten, so daß der Begriff der Individuallage zum zentralen Begriff aller individualisierenden Tendenzen seiner Pädagogik wurde. Der Gedanke der Notwendigkeit einer möglichst frühzeitigen wirtschaftlichen Selbständigkeit der heranwachsenden Menschen ließ ihn die Eigenart der kindlichen Entwicklungsstufe verkennen und im Kindesalter vorwiegend eine Vorbereitungszeit für den künftigen Erwachsenen erblicken. Die Anlagebesonderheiten sollten nur innerhalb der jeweils durch die Geburt bestimmten Stände für den spätern Beruf bestimmend sein, falls die Möglichkeit einer Wahl unter verschiedenen Berufen überhaupt gegeben war. Nur für besonders hervorragende Begabungen sollten die beruflich-ständischen Schranken fallen.

In der Periode von 1800—1803 (bzw. 1805) trat die Forderung nach individueller Rücksichtnahme auf die Zöglinge sehr zurück, weil die ganze Aufmerksamkeit Pestalozzis auf die Begründung einer allgemeingültigen, für alle Menschen gleich verbindlichen Methode konzentriert war. Doch mußte die Begründung der Erziehung und des Unterrichts auf Psychologie — wenn es sich auch zunächst nur um eine generelle Psychologie handelte — späterhin bedeutsam werden.

In den Jahren 1803—1817 erfolgte dann unter Führung Niederers die individualistische Ausgestaltung der Pestalozzischen Pädagogik. Die Individuen erschienen ihrer geistigen Gestalt nach nicht mehr als gleichartige und gleichwertige Kraftzentren wie in der vorangehenden Periode, sondern als höchst komplizierte Gebilde organischer Natur, die von innen heraus durch einen eigenen Entwicklungstrieb belebt und zu eigenartig bestimmter, von den konkreten Verhältnissen des Daseins nahezu unabhängiger Entfaltung reiner Menschlichkeit veranlaßt werden.

Nach der Trennung von Niederer versuchte Pestalozzi während seiner letzten Lebensjahre die verschiedenen individualisierenden Ansätze seiner Pädagogik, wie er sie in den verschiedenen Phasen geschaffen hatte, miteinander zu vereinen. Die Anlagebesonderheiten traten als gleichberechtigt neben die Individuallage. Bis zu einem gewissen Grade sollten die Elementarmittel der Sprache, Form und Zahl für alle Zöglinge ohne Rücksicht auf Begabung und Herkunft allgemein verbindlich sein. Der weiterführende Unterricht richtete sich dann nach beiden Gesichtspunkten. Für Berufe, die eine höhere Bildung voraussetzten, sollten aber allein Begabung und Neigung und nicht beruflich-ständische Erwägungen maßgebend sein.

4. Einer vollen Auswirkung der individualisierenden Tendenzen in Pestalozzis Pädagogik standen von Anfang an bis zuletzt bestimmte Anschauungen im Wege. Zunächst war es seine sozialpolitische Einstellung, die zu einer starken Berücksichtigung äußerer Besonderheiten führte. Später verbot der Gedanke einer notwendig allgemeingültigen Methode die Rücksichtnahme auf individuelle Gegebenheiten. Und in der letzten Periode konnte der Begriff des Gleichgewichts der Kräfte eine volle Entfaltung des Individualisierungsprinzips nicht zulassen. Für eine quantitative Differenzierung war zwar unbeschränkter Spielraum vorhanden, aber die qualitative Rücksichtnahme war doch nur bis zu einem gewissen Grade zugelassen.

Wir sind mit unsern Ausführungen am Schluß angelangt. Die verschiedenen Lösungen des Individualitätenproblems durch Pestalozzi vertragen nicht alle in gleichem Grade eine am pädagogischen Denken von heute orientierte Kritik; auch dürfen wir uns nicht verhehlen, daß es sich bei den diesbezüglichen Ausführungen Pestalozzis mehr um Ansätze zu Lösungen als um schlüssige, systematisch vorgetragene Lösungen handelt. Und doch erscheinen sie uns in doppelter Hinsicht bedeutsam. Einmal bedeuten sie eine Überwindung des Rationalismus und stellen das geistige Bindeglied dar zu der individualisierenden Pädagogik eines Schleiermacher und Fröbel und zu den Strömungen der Gegenwartspädagogik, die auf eine individualisierende und relativierende Psychologie gegründet sind, und zum andern geben sie jeder individualisierenden Pädagogik die Frage auf, ob nicht doch gegenüber der einseitigen Berücksichtigung der Schülerindividualitäten Gegengewichte zu schaffen sind. Die von Pestalozzi in seiner letzten Lebensperiode gefundene Lösung verdient jedenfalls auch in der Gegenwert ernsteste Beachtung.

Pestalozzis Vaterland.

Rede (1927) von

Prof. Dr. G. Guggenbühl, Küsnacht-Zürich.

I.

Es gibt kaum eine unter den vielen Schriften, namentlich unter den politischen Arbeiten Heinrich Pestalozzis, aus der nicht immer wieder und in mannigfacher Abtönung sich der „süße Name Vaterland" heraushöbe, zwar nicht als das entscheidende, aber als eines der vornehmsten Leitmotive im Wirken des Menschen, des Denkers, des Erziehers und des Politikers. Schon der ernste Ton des berühmten Briefes, mit dem der Einundzwanzigjährige um Anna Schultheß warb, läßt vermuten, daß ihm das Wort mehr war als nur ein schriftstellerisches Zierstück: „Ich werde nie aus Menschenfurcht nicht reden, wenn ich sehe, daß der Vorteil meines Vaterlandes mich reden heißt; ich werde meines Lebens, ich werde der Tränen meiner Gattin, ich werde meiner Kinder vergessen, um meinem Vaterlande zu nützen." Dieser Drang lag ihm das Leben lang in der Seele. Und aus schmerzlicher Erfahrung wußte er am Ende, was er als Jüngling nur geahnt hatte: daß sich mit Dornen krönt, wer solchen Dämonen der Leidenschaft verfällt.

Welches ist Pestalozzis Vaterland? Zürich? Die Eidgenossenschaft? Europa? Seine Schriften antworten mit einem dreifachen Ja. Verwurzelt im heimischen Erdreich, bekannte er sich doch als Weltbürger, suchte in Österreich ein Wirkungsfeld und rief Frankreich wie Deutschland als „Vaterland" an. Sein Geist strebte, wie er sich über gegebene staatliche Formen hinwegsetzte, auch über die eigenen engen Grenzen hinaus. Im Grunde endete Pestalozzis Vaterland erst da, wo die Menschheit aufhört. Was den Bürger mit seinem Lande am engsten verknüpft, all jene Wechselwirkungen, die durch den Begriff der Politik umschrieben werden, sind bei ihm letztlich an keinen Ort und an keine Zeit gebunden. „Der Anfang und das Ende meiner Politik ist Erziehung", schrieb er rückschauend gegen Ende seines siebten Jahrzehnts im Vorwort der Schrift „An die Unschuld". Erziehung! Sie kann schließlich nur zum Ziel haben, was Pestalozzi um die Jahrhundertwende in seinen „Nachforschungen" darlegte: den Menschen vom Widerstreit seines sinnlich-natürlichen und seines gesellschaftlich-rechtlichen Zustandes zu befreien und ihn zum sittlichen Wesen aus reinem Willen und aus innerer Kraft zu erheben.

Sosehr sich Pestalozzis Genie der Welt zuwandte, hat doch selten ein Herz wärmer für die Heimat geschlagen als das seine. Das Land seiner Väter war und blieb sein eigentliches und von seiner Sorge vor allem umhegtes Vaterland. Als Zürcher, als Schweizer kämpfte er gegen menschliche Gebrechen im eigenen Kanton und in der Eidgenossenschaft. In den trüben Zeitläufen seiner Mannesjahre bewies er den Opfermut, zu dem er sich als Jüngling in so ergreifender Weise bekannt hatte, durch die patriotische Tat. So ist sein Name mit allen entscheidenden Wendungen der damaligen Geschichte der Eidgenossenschaft aufs engste verknüpft: mit den Gärungen der vorrevolutionären Zeit, mit den Stürmen der Helvetik und mit den unruhigen Übergängen in die Jahre der Mediation wie der Restauration. Pestalozzis Eingreifen in die Politik war nicht immer frei von Irrtum, wurde vielfach mißverstanden und wird noch heute zum Teil mißdeutet. Eines jedoch kann ihm nicht abgesprochen werden: der sittliche Ernst, den er als Warner wie als Helfer im Streit des Tages entfaltete. Mehr aber als er die Richtung der Politik bestimmte, beeinflußten Gunst und Ungunst der wechselnden politischen Systeme den Gang seiner gesamten Lebensarbeit. Auf dieser Grundlage soll im Zusammenhang mit den Erinnerungsfeiern, die die ganze gebildete Welt zur hundertsten Wiederkehr seines Todestages veranstaltet, auch des Zürchers und Schweizers gedacht und zugleich gefragt werden, wie ihm für seine Hingabe ans Vaterland das Vaterland selber gedankt habe.

II.

Schon vor dem Werbebrief an Anna Schultheß hatte Pestalozzi unter der Einwirkung der Lehren Rousseaus davon geträumt, dereinst einen entscheidenden Einfluß auf die Geschicke seiner Vaterstadt und seines Vaterlandes zu erlangen. Doch fand er erst spät, ums fünfzigste Altersjahr herum, die erste große Gelegenheit zum politischen Handeln. Die französische Revolution erschütterte Europa. Auch das „väterliche Regiment“ in Zürich geriet während des ablaufenden Jahrhunderts ins Wanken. Die Verfassung des Vorortes und an Macht zweiten Kantons der Eidgenossenschaft hatte zwar die Rechtsgleichheit innerhalb der städtischen Bürgerschaft gesichert und die Entstehung einer patrizischen Familienherrschaft verhindert, immerhin aber zur typischen Zunftaristokratie mit dem politischen Übergewicht des zahlenmäßig vorherrschenden gewerbe- und handeltreibenden Mittelstandes geführt. Seine kleinbürgerliche Beschränktheit und Ehrbarkeit und seine zur polizeilichen Bevormundung gediehene Besorgtheit in der Verwaltung standen in merkwürdigem Gegensatz zum Bildungsbedürfnis und zur geistigen Empfänglichkeit Zürichs im 18. Jahrhundert.

Die Keime des Aufruhrs lagen im Verhältnis zur Landschaft. Diese wurde zwar von der Stadt gewissenhaft regiert, und einzelne Gebiete wie die Dörfer am Zürichsee erfreuten sich eines augenfälligen, von Reisenden oft und namentlich von Goethe gerühmten Wohlstandes. Doch weckte die engherzige Zurücksetzung zum wirtschaftlichen Vorteil der Stadt den Widerspruch der Landschaft. Hier begriff man im Zeitalter der Liberté und der Egalité nicht mehr, warum der ländliche Handwerker in seiner Berufstätigkeit zugunsten der Stadt beengt, warum dem Landzürcher der selbständige Betrieb eines Fabrikations- oder Handelsgeschäftes untersagt war. Warum sollte nur Städtern der Weg zum Studium und zu höheren militärischen Stellen offenstehen? Warum der Bauernstand durch unablösliche Grundlasten wirtschaftlich gefesselt sein? Diese Fragen führten zum Memorial- und Stäfnerhandel von 1794/95. Sein Verlauf ist bekannt genug. Im Kreise eines politisierenden Lesevereins am See wurde ein „Memorial“, das in der Form ehrerbietige „Wort zur Beherzigung an unsre teuersten Landesväter“ ausgearbeitet. Obwohl die Schlagwörter des Naturrechts und der französischen Revolution darin widerhallten, zielte es weniger auf Mitregierung und Volksherrschaft als auf die Beseitigung der wirtschaftlichen Vorrechte ab. Es verlangte eine Stadt und Land gleichmäßig umfassende Konstitution, beklagte den Mangel der Handels-, Gewerbe- und Studierfreiheit und die Zurücksetzung der Landleute im Militär und wandte sich schließlich gegen die einseitige Belastung der Landwirtschaft mit Zehnten, Grundzinsen und den Überbleibseln der Leibeigenschaft. Diese Denkschrift war die erste bedeutende Kundgebung des untertänigen Volkes der deutschen Schweiz seit dem Ausbruch der französischen Revolution. Den Konflikt, den sie hervorrief, legten die „teuersten Landesväter" mit obrigkeitlichen Gewalttaten bei, die nur noch durch Bluturteile überboten worden wären.

Es gab damals in ganz Zürich keinen Mann, der so viel Verständnis für das Landvolk aufbrachte und dermaßen zum Vermittler berufen war wie Pestalozzi. Verwandtschaftliche Beziehungen verbanden diesen Sproß eines regimentsfähigen Geschlechtes mannigfach mit der Landschaft, vor allem mit dem Seegebiet. Von der Mutter her floß in ihm das Blut der angesehenen Chirurgenfamilie Hotz in Richterswil. Häufige Aufenthalte bei den Verwandten gewährten ihm schon in früher Jugend Einblicke in die Beengtheit des gewerblichen, die Not des bäuerlichen Lebens. Stärker als das Herkommen förderte die Berufswahl das Verständnis für die Landschaft. Pestalozzi verzichtete auf die Laufbahn, die ihm die Ahnentafel seiner städtischen Vorfahren wies: auf den Staatsdienst, das geistliche Amt oder den kaufmännischen Beruf. Gegen familiäre Überlieferung und städtischen Brauch entschloß er sich für die Landwirtschaft und pflanzte auf dem Birrfeld — mit mehr Eifer als Erfolg — Krapp, Luzerne und Esparsette.

Allerdings lag das Lob des Landlebens im Zug der Zeit. Die Umwertung der landwirtschaftlichen Arbeit war in vollem Gange. Dem einst allmächtigen Merkantilismus, seiner einseitigen Betonung von Industrie und Handel und seiner Vernachlässigung der Landwirtschaft traten die Physiokraten entgegen. Im Kampfe gegen die merkantilistischen Auswüchse setzten sie sich für eine höhere Bewertung — und Überschätzung — der Urproduktion ein. „Pauvre paysan, pauvre royaume, pauvre roi": in dieser zugespitzten Formel lag eine der Grundlehren des neuen wirtschaftlichen Denkens. Die gebildete Welt stand im Banne des revolutionären Naturevangeliums Rousseaus. Auch in Zürich, dem stärksten Schallboden der europäischen Aufklärung in der deutschen Schweiz, fand der neue Geist einflußreiche Verkünder. Führende Männer der Wissenschaft, wie der Stadtarzt Johann Kaspar Hirzel, veranstalteten gemeinschaftliche Besprechungen mit klugen Bauern. Jakob Gujer, genannt „Kleinjogg", von Hirzel 1761 als „philosophischer Bauer" geschildert und nachmals von Goethe als „eins der herrlichsten Geschöpfe, wie sie diese Erde hervorbringt", zu beängstigender Berühmtheit emporgepriesen, war das vielbestaunte Bauernwunder Europas. Aus demselben Geiste heraus überzuckerte Salomon Geßner das Landleben mit seinen Idyllen. Was aber Pestalozzi vom Dichter und vom Philosophen scheidet, ist der Bauernkittel. Er zog ihn weder unter dem Zwang äußerer Umstände noch aus rasch verfliegender Schwärmerei an. Innere Neigung, verbunden mit dem dunkeln Glauben an seine vaterländische Sendung zur Reform des Landbaues und zur Förderung des Bauernstandes, führte ihn in die Kreise und zur Arbeit des niederen Volkes.

Pestalozzis Auflehnung gegen Überlieferung und Vorurteil beschränkte sich nicht auf seine persönlichen Verhältnisse. Schon früh wandte sie sich auch gegen die öffentlichen Zustände in Vaterstadt und Vaterland. Es war in den Jahren seines Glaubens an Rousseau und seiner Begeisterung für Bodmer, den „Vater der Jünglinge". Johann Jakob Bodmer, dessen Name mit all den Schnörkeln, die ihm anhaften, in die Literaturgeschichte übergegangen ist, war Pestalozzis Lehrer und das geistige Haupt der „Helvetisch-Vaterländischen Gesellschaft" zur „Gerwe". Dieser Kreis junger Patrioten schreckte nicht vor der Kritik des zürcherischen Regimentes zurück. Pestalozzi geriet, mehr als er es in einer späteren Rückschau billigte, unter dem Einfluß dieses politisierenden Klubs. „Der Schein der Tage blendete mich ganz; ich glaubte an die Menschen, die schön redeten, und an die Jünglinge, die meinen Bodmer Vater nannten." Schon im ersten Jahre des Bestehens der Gesellschaft zwangen die Patrioten die Regierung zur Verurteilung des ungerechten Landvogts Grebel. Als Mitglied dieses Kreises trat Pestalozzi selbst, kaum zwanzigjährig und noch vorsichtig tastend, mit politischer Kritik vor die Öffentlichkeit. Unter dem Bilde Spartas malte er in seinem Aufsatz „Agis" die verbesserungsbedürftigen Zustände des eigenen Landes. In der Wochenschrift der Patrioten erklärte er, er mache eine zu kleine Figur und dürfe daher nicht tadeln und verbessern wollen;

immerhin wünschte er mit andern den „Kleinstädtlern der großen Hauptstadt Zürich“ Menschenverstand, damit die Wickelkinder nicht mehr eingeschnürt, durch Wiegen betäubt und durch Mandelöl verstopft würden, sondern diejenige Freiheit besäßen, die einem Bürger von Zürich auch in den Windeln anständig sei. Bald darauf wurde er in eine Staatsaffäre verwickelt. Der Theologe Christoph Heinrich Müller, einer der jungen Patrioten, ergriff in seinem „Bauerngespräch“ für die widerspenstige Genfer Bürgerschaft Partei und warnte Zürich vor einer Hilfeleistung für die bedrängte patrizische Regierung. Er erregte damit das Mißfallen der Obrigkeit und mußte fliehen. Fälschlich verdächtigt, dem Verfasser der Schrift zur Flucht verholfen zu haben, saß Pestalozzi Ende Januar 1767 drei Tage lang in Haft auf dem Rathaus. Er rechnete in diesen ersten Jahren politischer Ketzerei mit dem Martyrium und soll sich oft bis aufs Blut gegeißelt haben, um den Qualen allfälliger Folter gewachsen zu sein.

Die französische Revolution, die zur Zeit der reifsten Mannesjahre Pestalozzis ausbrach, riß ihn von neuem in die Gedankengänge seiner Jugend hinein. „Ich nahm“, sagt er in einem damals nicht veröffentlichten Vorwort zu seiner Revolutionsschrift „Ja oder Nein?“ „an den Begegnissen der Zeit den wärmsten Anteil; die ganze Lebhaftigkeit meines Jugendinteresses für Menschenwohl und Menschenrecht erneuerte sich wieder in mir.“ Er hatte die Umwälzung als Reaktion gegen den Despotismus kommen sehen und verfolgte sie klareren Blickes als die meisten seiner schweizerischen Zeitgenossen. Man hat Pestalozzis Begeisterung über den Ausbruch der Revolution schon bezweifelt. Diese Frage ist unwesentlich, das Hauptproblem liegt anders. Pestalozzi unterschied zwischen der Gedankenwelt der Revolution und den Greueltaten ihrer Machthaber. In jener Welt erkannte er ein Stück seiner eigenen geistigen Heimat; diese widersprachen seinem gemütstiefen Gerechtigkeitssinn. „Die Untersuchung über das bürgerliche Recht der Menschheit ist von den Fehlern dieser Nation“, schrieb er über die Franzosen in dem schon erwähnten Vorwort, „so unabhängig als von den Fehlern einer jeden anderen.“ Grundsätzlich verurteilte er jeden Aufruhr und unterschied nicht, ob ein Rechtsbruch „durch die Dragoner der Krone oder die Pikenmänner der Anarchie“ geschehe, hoffte aber auf ein trotz allem „Revolutionsschwindel“ glückliches Ergebnis. Die

Sinnlichkeit, den Blutdurst, die Raserei der Völker im Freiheitskampf betrachtete er als Folgen überlebter, nicht aber als Kennzeichen erstrebter neuer Zustände. „Unser Zeitalter ist ein heißer Sommertag, an dem die Früchte der Erde unter Donner und Hagel zur Reife gedeihen. Das Ganze gewinnt, aber Teile werden schrecklich zerschlagen." Indem Pestalozzi das gewaltige Geschehnis geschichtlich zu verstehen und als Übergang in ein besseres Zeitalter zu werten vermochte, bekannte er sich zu Frankreich, das ihm schon im Sommer 1792 das Bürgerrecht verliehen hatte, als seinem zweiten Vaterland.

Nicht bloß Blut und Berufswahl, politische Ketzerei und Verständnis für die Gedanken der Revolution führten Pestalozzi auf die Seite der Gedrückten. Schon hatte er als „Retter der Armen" und als „Prediger des Volkes" den doppelten Lebens- und Leidensweg des praktischen Erziehers und des erziehenden Schriftstellers beschritten. Als Landwirt auf dem Birrfeld selbst arm geworden, gründete er die Armenerziehungsanstalt auf dem Neuhof. Nach ihrem Zusammenbruch schrieb er sein „Buch für das Volk". „Lienhard und Gertrud" ist nicht nur sein volkstümlichstes Werk, das ihn mit einem Schlage zum berühmten Manne machte. Gesättigt mit sozialpolitischen Ideen, steht der Roman im Mittelpunkt der gesamten vorrevolutionären Schriftstellerei Pestalozzis. Er fand das Interesse gerade auch jener Kreise, die im Rahmen der „Helvetischen Gesellschaft" als geistige Wegbereiter einer neuen Zeit auf gesamtschweizerischem Gebiete tätig waren. —

Dieser Bauer unter Bauern, dieser Arme unter Armen, dieser Pestalozzi, den geschautes und erlebtes Elend zwar nicht zum gewaltanbetenden Revolutionär, aber zum feuersprühenden Apostel sozialer und politischer Reformen machte, hätte sein Selbst auslöschen müssen, wenn er im Memorial- und Stäfnerhandel nicht die Gelegenheit zur vaterländischen Tat ergriffen hätte. Wie hatte er sie herbei gesehnt! „Ich würde", schrieb er, „den Abend meines Lebens segnen, wenn mich mein Vaterland nicht mehr unbrauchbar fände, und mich glücklich schätzen, meine letzten Tage auf irgendeine Art zum Wohl meines Vaterlandes verwenden zu können." Er stellte sich zwischen die Fronten. In der Woche nach dem Einzug der zürcherischen Truppen in Stäfa, als noch die übertriebensten Gerüchte über die Pläne der Aufständischen umgingen, wandte er sich „als zürcherischer und französischer Bürger" „an die Freunde der Freiheit am Zürichsee und der Enden". Wie er in der französischen Revolution zwischen Idee und Wirklichkeit unterschied, setzte er sich auch in diesem Aufruf bei aller Verurteilung verbrecherischen Aufruhrs für den Gedanken der Freiheit ein. Er bedauerte nur, daß die Landschaft auf die Erfüllung ihrer Wünsche nicht gewartet hatte, bis der europäische Kampf zwischen Revolution und Despotie beendet gewesen und „den Regierungsgrundsätzen des Weltteils allgemein eine neue Richtung" gegeben worden wäre. Er betonte, daß das größte Übel eines Dorfes dem Dorfe selber entquelle, und mahnte die Leute am See, die Wünsche nach Freiheit „in die Schranken wahrer Bedürfnisse" zu lenken und so dem „bekümmerten und erschrockenen Vaterland" die Möglichkeit zur Versöhnung zu geben.

Vor der Regierung, der er sich auf jede Gefahr hin zur persönlichen Beeinflussung der Untertanen anbot, machte er sich zum Anwalt der dringlichsten ländlichen Begehren. „Ich habe mein Leben", schrieb er an die Obrigkeit, „im Wirbel der niedern Stände verloren. Die Erfahrungen des Volks sind meine Erfahrungen, seine Gefühle sind meine Gefühle, seine Wahrheit ist meine Wahrheit, und ich muß hinzusetzen — es ist nicht anders möglich —, auch einige seiner Irrtümer, seiner Einseitigkeiten, seiner Schwächen sind auffallend die meinigen." Mit dem Verlangen nach besseren Schulen, besserer Erziehung und — was Pestalozzi aus eigener Anschauung und Erfahrung als wirtschaftliche Hauptforderung der Landschaft empfand — nach Handels- und Gewerbefreiheit verband er die Mahnung zur Milde gegenüber den Verirrten. Durfte er noch auf eine glücklichere Zeit hoffen, in der, wie sein Traumsinn glaubte, statt Laster zu bestrafen, Tugenden zu belohnen wären?

Pestalozzis Worte verhallten. Wie hätte es anders sein können? Die Regierung hatte die Macht und den Willen, die Macht zu gebrauchen. Es ist fraglich, inwieweit seine Zuschrift an die Obrigkeit überhaupt in den maßgebenden Kreisen bekannt wurde. Jedenfalls beanspruchten sie seine Vermittlung nicht, und so blieb auch sein Mahnruf an die Seegemeinden ungedruckt. Wie hätten ihm die Regenten überhaupt Vertrauen schenken und Dank wissen mögen? Sogar von Freunden wie Lavater eine Zeitlang verdächtigt, der Verfasser des Stäfner Memorials zu sein, von ihnen vor Sansculottismus gewarnt, verfemten ihn vollends die Herren und Oberen der Vaterstadt als abtrünnigen Sohn und als aufwiegelnden Jakobiner.

In den drei Jahren, die dem Stäfnerhandel folgten, spielte Pestalozzi erst recht die tragische Rolle des machtlosen Propheten. Er sah den Untergang des alten Staates kommen, ohne ihn verhindern zu können. Der revolutionäre westliche Wind steigerte sich zum Orkan und fegte mit unwiderstehlicher Gewalt über die ganze Eidgenossenschaft hin. In unaufhaltsamem Laufe vollzog sich von Herbst 1797 bis zum Frühling 1798 der Sturz der aristokratischen Stadtherrschaft. Wieder erhob Pestalozzi seine Stimme im Sturm. Wieder unterschied er zwischen der Idee und dem Ablauf der Bewegung. Wieder suchte er den Zwiespalt von Stadt und Land zu überbrücken. Er bezweifelte die Kenntnisse und die Wohlmeinung der damaligen Regierung nicht, fand aber, daß man „dem Schlendrian der Routine und dem Glück" zu sehr vertraut habe. Von neuem forderte er, lauter als je und mit einer Klarheit, die bei diesem als unnütz verschrienen Träumer überrascht, den Abbau der städtischen Privilegien in Handel und Gewerbe. Von einer vorsichtigen und allmählichen Umgestaltung im Geiste gegenseitiger Opferwilligkeit erhoffte er die Sicherung aller Vorteile einer Revolution ohne ihre Übel.

Wieder, wie wenige Jahre zuvor, verhallten Pestalozzis Worte. Wie hätte es auch diesmal anders sein können? Die Massen hatten die Macht und den Willen, die Macht zu gebrauchen. Revolution hieß die Losung. Doch weilte Pestalozzi während der entscheidenden Wochen der zürcherischen Umwälzung unter dem aufgeregten Volk am See. Nicht um die Rolle des revolutionären Führers zu spielen, wie Johann Gottfried Ebel, ein schweizerfreundlicher deutscher Arzt, der damals in Paris lebte, riet und hoffte. Er steckte eine Patriotenkokarde auf und setzte seine ganze Persönlichkeit zur Beschwichtigung der Leidenschaften ein. Seine Hoffnungen brachen bald zusammen. Pestalozzi kam sich unter den „Kraftmännern" der Revolution vor „wie ein kindlicher Greis, dem man noch die Hand bietet, weil er ehemal ein Mann war". Der im Stäfnerhandel als Haupträdelsführer verurteilte Säckelmeister Bodmer erwehrte sich schon seiner Umarmung. Die Zeit der „politischen Theaterkünstler" war vorüber. Es ging nicht bloß um „Kokarden und Kleinigkeiten". An eine schrittweise Umgestaltung war nicht mehr zu denken. Ohne die Anerkennung des „Freiheitsgrundsatzes in seiner ganzen Ausdehnung", schrieb Pestalozzi im Februar 1798 an Lavater, sei dem Vaterland unmöglich zu helfen. Und zwar müsse die Stadt freiwillig nachgeben. Aber im Zusammenbruch des Staates verhallte seine Mahnung: „Wenn ein jeder Schritt muß erzwungen sein, so wird der Eindruck dieser Wochen mit allem seinem Entsetzen — der Geist unserer neuen Verfassung sein und bleiben, und was wir in diesem Augenblick noch als einen schweren Stein mit Mühe heben könnten, wird dann wie ein Berg auf uns liegen, unter dessen ewigem Rücken Kinder und Kindeskinder vergraben liegen werden. Gott erbarme sich des Vaterlandes."

Eines ist ein besonderer Vorzug, aber auch eine besondere Schwäche Pestalozzis in dieser ganzen Periode der Gärung und Umwälzung: er war kein Parteimann, es sei denn, daß er, wie immer in seinem Leben, die Partei der Gerechtigkeit zu ergreifen suchte. Damit stellte er sich über die Zwietracht des Augenblicks in die Zeitlosigkeit absoluter Güte. Die aus Parteiströmung und Parteibildung hervorwachsenden Massen und Mächte standen nicht hinter ihm. Vergeblich rang seine Idee der Versöhnung, von beiden Seiten verdächtigt wie er selber, um Geltung zwischen zwei unvereinbaren Weltanschauungen. Die Losung der Zeitenwenden ist der Kampf. Das Wesen eines solchen Kampfes blieb diesem Kämpfer fremd. So stand Pestalozzi vereinsamt, als sein Vaterland zusammenbrach.

III.

„Gott erbarme sich des Vaterlandes!" Seit dem Frühling 1798 stand die revolutionierte Eidgenossenschaft unter der Militärdiktatur der Franzosen. Als „République helvétique une et indivisible" bildete sie einen Einheitsstaat nach französischem Vorbild. Ein fünfgliedriges Direktorium, unterstützt von einem kleinen Stab von Fachministern, führte die Regierung; die gesetzgebende Gewalt lag bei einem aus Großem Rat und Senat zweikammerig zusammengesetzten Parlament. Die Anhänger des Alten fehlten in den helvetischen Behörden. Die beiden darin vertretenen Parteien, die Reformer und die Revolutionäre, hatten mit dem untergegangenen Staatswesen gebrochen und bekannten sich zur einen und unteilbaren Republik. Jene suchten jedoch die aus dem Westen stammende revolutionäre Gedankenwelt den schweizerischen Bedürfnissen anzupassen und die neue Gesetzgebung mit vorsichtiger Beseitigung des Bestehenden und billiger Rücksicht auf Verhältnisse und Personen auszubauen. Diese hingegen erlagen den Schlagwörtern der Revolution und suchten schon vor der gesetzlichen Verankerung der neuen Zustände das Überlieferte ohne Erbarmen und ohne starke Bedenken vor drohender Rechtsunsicherheit zu beseitigen. Beide Parteien erschöpften sich bald in hartnäckigen Kämpfen. Seit etwa 1800 traten andere in den Vordergrund: die Föderalisten schritten zum Angriff auf die eine und unteilbare Republik und erstrebten mit der Wiederherstellung kantonaler Staaten auch die Restauration der Privilegien; die Unitarier verteidigten den Einheitsstaat als schönste Errungenschaft der Revolution und als stärkstes Bollwerk gegen die Zersetzung der eben gewonnenen Freiheit und Gleichheit. Zu den Parteiungen, die die Kräfte des Landes zermürbten, trat ein Unglück, wie es die Schweiz in diesem Umfang noch nie erlebt hatte: als Alpenfestung im Herzen Europas wurde sie 1799, am Anfang des zweiten Koalitionskrieges, zum Kriegsschauplatz fremder Heere. Abhängig von den Franzosen, von ihnen, von den Österreichern und Russen zertreten, durch Bürgerkrieg entnervt, entbehrte sie der Ruhe zum innern Ausbau. Der Kulturwille ihrer besten Köpfe erschöpfte sich in Plänen, bestenfalls in Experimenten.

Mit der Helvetik begann Pestalozzis zweite Periode aktiver Politik. Nie widmete er sich ihr so lebhaft wie in der kurzen Zeit, namentlich im ersten Jahr der Republik. Umbraust vom Kampfruf der Parteien, glaubte er an die idealen Grundsätze der helvetischen Revolution und hoffte, zu ihrer Verwirklichung beitragen zu können. So bezog er in zwei Streitfragen, die das Parlament schon in den ersten Monaten zur Arena machten, eine scharf ausgeprägte Stellung. Als die Revolutionspartei die Mitglieder der ehemaligen Regierungen zwingen wollte, den einst von ihnen Verfolgten eine sogenannte Patriotenentschädigung für die erlittene, nicht immer erhebliche Unbill auszurichten, freute sich Pestalozzi des erfolgreichen Widerstandes der Reformer. Mit ihnen wandte er sich gegen die juristisch groteske Forderung, die mehr dem Rachegefühl als dem Gerechtigkeitssinn entsprungen war, und verwies die Begehrlichkeit in die Schranken des Rechts. Mit besonderer Wärme appellierte er an die Menschlichkeit. „Patrioten!“ mahnte er in seinem „Wort an die gesetzgebenden Räte Helvetiens“, „wir sind jetzt Sieger, aber wahrlich nicht aus Verdienst der Werke, sondern aus Gnaden. Lasset uns den Sieg mit Bescheidenheit brauchen und gegen die besiegte Oligarchie handeln, wie wir wünschen, daß sie gegen uns gehandelt hätte, wenn wir ihrem Irrtum und ihren Ansprüchen unterlegen wären.“

Anderseits kam Pestalozzi der Revolutionspartei in dem folgenschwersten Kampfe des Parlamentes um die neue Gesetzgebung zu Hilfe. Die helvetische Verfassung von 1798 erklärte die Loskäuflichkeit der Zehnten und andern Grundlasten. Nun verhandelte das Parlament aber darüber, ob der Zehnte als privatrechtliches Schuldverhältnis oder als öffentlich-rechtliche Abgabeverpflichtung aufzufassen sei. Jenen Standpunkt vertraten die Reformer und folgerten daraus die Pflicht zur Entschädigung der bisherigen Zehntenberechtigten, diesen die Revolutionäre mit dem Verlangen nach einseitiger Abschaffung der Zehntenpflicht durch den Staat ohne Entgelt. Pestalozzi, der schon in „Lienhard und Gertrud“ das Grundlastenproblem aufgegriffen hatte, erklärte sich in seinem ersten „Zehntenblatt“ grundsätzlich für die Abgabenatur des Zehnten, beurteilte aber die Frage nicht nur von der juristischen Seite, sondern auch unter dem Gesichtspunkt des sozialen Ausgleichs. Er sah das Hauptziel darin, „das raffinierteste Aussaugungsmittel des Menschengeschlechts“, das die Feudalbauern einseitig belastende naturalwirtschaftliche System von Beitragspflichten für den Staat, die Kirche, Anstalten und Private, hinüberzuleiten „zu dem allgemeinen Mittelpunkt aller gesellschaftlichen Rechtlichkeit: zur allgemeinen, treuen und unverfänglichen Gleichheit in der Belastung des Volks“ durch eine alle treffende moderne Bargeldsteuer. Sein von Stimmungen beherrschter sozialer Sinn übersah aber die ungeheuere Schwierigkeit dieser wirtschaftlichen Umwälzung. Jede Lösung mußte bei Zehntenpflichtigen oder Zehntenberechtigten oder bei beiden zusammen Unzufriedenheit erregen. Pestalozzi zog zwar die letzte Folgerung aus der Theorie der Abgabenatur des Zehnten nicht. Indem er aber zum mindesten die volle Ersatzpflicht der bisher Belasteten ablehnte, machte er sich in den Augen der Geschädigten zum Vergewaltiger des Eigentumsrechtes.

Im November 1798, noch bevor sich ein neues Steuersystem

auswirken konnte, beseitigte das Parlament den Zehnten durch einen Kompromiß der Parteien. Die Pflicht zur Entschädigung wurde zwar anerkannt, der Betrag aber derart angesetzt, daß Kirchen, Schulen und Arme Schaden litten und der Staat als Hauptberechtigter leer ausging. Dies Schicksalsgesetz der Helvetik erwies sich rasch als undurchführbar. Die finanzielle Zerrüttung der Republik war eingeleitet. Pestalozzi erfuhr als Verfasser des ersten „Zehntenblattes" die schwersten Anfeindungen. Er fühlte sich gedrängt, 1799 seinen Standpunkt in einem zweiten — ungedruckten — „Zehntenblatt" genauer zu umschreiben. Er bedauerte darin die „oberflächliche Leichtigkeit" der ersten Schrift und die Unbesonnenheit des Parlamentes in der Art des Vorgehens, hielt jedoch an den wesentlichsten Gründen gegen die Beibehaltung des Zehnten fest. „Man . . . vermischt jetzt die Heiligkeit der Prinzipien mit der Dummheit der Ausführungsweise." Resigniert schloß er im Hinblick auf das Unrecht, das wie die Hydra neu emporwuchs: „Noch einmal, armer, belasteter, treuer Feudalbauer! Du hast das Vaterland Jahrhunderte mit deinem Unrechtleiden erhalten; erhalte es heute freiwillig durch deine Tugend. Das Vaterland hat dringende Bedürfnisse, und die bisher unbelasteten Stände zeigen wenig Neigung, denselben nach dem Maße ihrer wirklichen Kräfte abzuhelfen . . . Väter und Mütter, die ihr, erbunterdrückt, immer nur zahlt, beschämt heute noch einmal diejenigen, die, erbprivilegiert, immer nur nahmen; zehntet und zahlet und rettet das Land!"

Die Fehlgriffe der Revolution hinderten Pestalozzi nicht, sich von Anfang an zur Helvetischen Republik zu bekennen und ihr bis zu ihrem Zusammenbruch treu zu bleiben. Sie machte ihn zum Redaktor des freilich nur kurzlebigen „Helvetischen Volksblattes". Als solcher und in mehreren Flugschriften setzte er sich für ihren Bestand ein. Ratend, mahnend, warnend, beschwörend, auch in der Leidenschaft vom Feuer des Patrioten und sittlichen Menschen durchglüht, wurde er zum Wächter der von innen und außen bedrohten Republik. Er wandte sich gegen den Aufruhr der ehemaligen Landsgemeindekantone der Innerschweiz. „Ihr ließet euch", warf er im Herbst 1798 den verhetzten Nidwaldnern vor, „von Menschen gängeln, die in der einen Hand für euch den Rosenkranz, in der andern für sich den Voltaire hatten." Die Frage, ob das Vaterland oder die

Aufrührer unglücklich werden sollten, beantwortete er, indem er sie stellte, zugunsten der Republik.

Die sicherste Stütze des helvetischen Staates sah Pestalozzi in den Franzosen. Er hielt zu ihnen mit einer Hemmungslosigkeit, die sonst nur in den Kreisen der Revolutionspartei zu finden war. Zufrieden, vor Schlimmerem bewahrt worden zu sein, und im Vertrauen auf das „schwesterliche Gleichheitsgefühl" der westlichen Nachbarrepublik ergab er sich in die Preisgabe der überlieferten schweizerischen Neutralitätspolitik und begrüßte im August 1798 den Abschluß der Offensiv- und Defensivallianz mit Frankreich als Verkündigung eines heiteren Abends nach einem schwarzwolkigen Tage. Angesichts des zweiten Koalitionskrieges befürchtete er von einem Erfolg der verbündeten Österreicher und Russen die Wiederherstellung der alten Ordnung. In Frankreichs Sieg sah er die einzige Rettung der Helvetischen Republik. Als Befürworter französischer Werbungen unterstützte er die Kriegspolitik der Revolutionspartei und des von Laharpes Leidenschaft beherrschten Direktoriums.

Daß Pestalozzi, trotz allem Abscheu vor politischem Streit, während der Parteikämpfe zwischen Unitariern und Föderalisten mit dem Herzen auf seiten der Einheitsfreunde stand, ist nach seiner früheren Haltung nicht verwunderlich. Als Bonaparte im Herbst 1802 den Wirren ein Ende machte und seine Mediation ankündigte, bekannte sich Pestalozzi noch einmal in eindrucksvoller Weise zum Zentralismus, indem er die Wahl zum Mitglied der Konsulta annahm. Er gehörte zur unitarischen Mehrheit dieser über sechzig Köpfe stark in Paris zur Beratung einer neuen Verfassung zusammentretenden schweizerischen Körperschaft. Überzeugt, daß eine der Lage des Landes angepaßte Organisation nicht das Werk des Auslandes sein könne, sondern aus den „vereinigten Einsichten der edelsten und vaterländisch gesinntesten Helvetier" herausreifen müsse, hatte er seinen Mitbürgern kurz vor seiner Abreise als die vier Hauptpunkte einer Reform die Volksbildung, die Rechtspflege, das Militärwesen und die Finanzen bezeichnet.

Die politischen Erfolge, die der französische Ehrenbürger von 1792 um die Jahreswende 1802/03 in Paris errang, sind nicht der Rede wert. Bonaparte entschied zur Hauptsache gegen die Unitarier, und Pestalozzi konnte sowenig wie seine Gesinnungsfreunde den von Frankreich einst ins Leben gerufenen und nun von Frankreich verleugneten Einheitsstaat retten. Die Wiederherstellung kantonaler Republiken erfüllte ihn mit Besorgnis vor einer Restauration des vorrevolutionären Unrechts. Er bemühte sich, wenigstens die Ausarbeitung der zürcherischen Kantonsverfassung im Sinne sittlich berechtigter revolutionärer Grundsätze zu beeinflussen. So wandte er sich nicht nur gegen die Verstümmelung der Rechtsgleichheit durch einen engherzigen Wahlzensus und gegen die erschwerte Ablösbarkeit der wiederhergestellten Zehnten, sondern verlangte auch eine Reichtum und Armut versöhnende Verteilung der Steuerlasten und Fürsorge für die allgemeine Volksbildung.

Neuerdings verhallten Pestalozzis Worte. Wie hätte es wiederum anders sein können? Bonaparte hatte die Macht und den Willen, die Macht zu gebrauchen. Um eine trübe Erfahrung reicher, kehrte Pestalozzi schon vor dem Abschluß der Pariser Komödie in die Heimat zurück. Die Mediationsakte, die bald darauf fertiggestellt wurde und bis zum Sturz Napoleons das Grundgesetz der Gesamtschweiz und ihrer einzelnen Kantone bilden sollte, vertiefte seine Enttäuschung. War dieser magere Schluß das Wirrsal der Revolution wert? Galt nicht, was Pestalozzi den Franzosen vorwarf, auch den eigenen Landsleuten? „Die verfluchte Revolution hat die besten Menschen gegen alles, was Wahrheit und Recht ist, schüchtern gemacht wie Hunde, die von einem Meister, dem sie trauten und den sie liebten, auf den Tod geschlagen worden sind, — die verfluchte Revolution!“ —

Es gab Zeitgenossen, die Pestalozzi geradezu mit Robespierre verglichen, und auch nachmals wurde seine Politik, besonders seine offizielle Tätigkeit zur Zeit der Helvetik, oft verurteilt und jüngst wieder als „die einzige bemühende Epoche in seinen Leben“, als eine „Revolutionsverirrung“ hingestellt. Wie wenn alle Parteinahme den Menschen, wie wenn jeder tätige Anteil an der Tagespolitik gerade den Republikaner entwürdigen würde, wie wenn nicht auch die Stimme der Selbstlosigkeit im Widerstreit der Interessen zur Geltung gelangen, mit entscheiden und zum mindesten gehört werden dürfte, hat man ihm schlechthin den Parteimann vorgeworfen. Er war es — und war es doch wieder nicht. Er war es insofern nicht, als er sich gerade während seiner stärksten politischen Bindung, die mit den Kämpfen zwischen Reformern und Revolutionären zusammenfiel, weder

der einen noch der andern Partei verschrieb, sondern von Fall zu Fall entschied. Als er sich im Kampf um die „Patrioten-entschädigung" mit den Reformern gegen die Revolutionspartei auflehnte, fand er sogar warme und gerechte Worte auch für die „Oligarchen" des gestürzten „väterlichen Regiments". In der Zehntenfrage stärkte er unzweifelhaft den Standpunkt der Revolutionäre, verwahrte sich aber hernach mit Recht dagegen, damit alle ihre Parteigründe für die übereilte Lösung geteilt zu haben. Wenn ein namhafter Rechtsgelehrter wie Peter Ochs im Parlament bekannte, er habe seine Auffassung über die Rechtsnatur des Zehnten schon viermal gewechselt, und wenn einer der besten Kenner der helvetischen Gesetzgebung unter den modernen Juristen erklärt, daß für beide Ansichten — Schuld und Abgabe — gute Gründe vorgebracht werden konnten, so kann man Pestalozzis Standpunkt begreifen, ohne ihn durch ein Parteidogma erklären zu müssen. Übrigens scheute er sich nicht, den Zehnten auch nach dem Zusammenbruch der Helvetik vor dem patrizischen Amtsschultheißen von Wattenwyl, der an der Spitze einer bernischen Kommission in Burgdorf erschien, grundsätzlich und hartnäckig abzulehnen.

Insofern freilich war Pestalozzi Parteimann, als er unentwegt zum Einheitsstaat stand und den Föderalismus ablehnte. Man möchte zwar wünschen, er hätte verschiedentlich dann geschwiegen, wenn er glaubte, im Interesse der Republik zugunsten der Franzosen schreiben zu müssen. Aber abgesehen davon, befand er sich als Unitarier in der Gesellschaft der besten Köpfe der Helvetik. Mit ihnen teilte er den größten Irrtum des Zeitalters: daß die Schweiz trotz ihrer geschichtlichen Entwicklung, ihrer geographischen Gliederung, ihrer sprachlichen und konfessionellen Spaltung zu einer unteilbaren Einheit umgeschmolzen werden könne. Und müsse: da mit dem Verzicht auf die Einheit auch die Menschen- und Bürgerrechte der Willkür der Kantone preisgegeben und damit die Ideale, die Pestalozzi der Revolution zugute hielt, dem kleinlichen Eigennutz örtlicher Beschränktheit geopfert würden. Die Unitarier verkannten allerdings, daß zwischen ihnen und den Föderalisten ein mittlerer Weg zur Versöhnung der Bedürfnisse des ganzen Landes mit den Ansprüchen der Kantone führte. Doch sind sie — und unter ihnen auch Pestalozzi — immerhin die Vorkämpfer jener neuen Schweiz, die 1848 die alte Staatenherrlichkeit dauernd überwand.

Im ganzen läßt sich Pestalozzis Politik auch der helvetischen Zeit nicht schematisch deuten. Wo er als Parteipolitiker erscheint, stellte er sich letzten Endes nur in den Dienst der über persönlicher Begehrlichkeit stehenden Gerechtigkeit. Von allen angerufen, konnte sie keine absolute Geltung beanspruchen, ist aber, im Sinne der Überzeugung Pestalozzis, der entscheidende Maßstab zur ethischen Wertung seiner helvetischen Politik. Will man sie als Verirrung verwerfen, so wird man erwägen müssen, ob nicht überhaupt Pestalozzis gesamte politische Arbeit, mit Einschluß seiner politischen Schriftstellerei, eine Verirrung gewesen sei. Sie wich auch in diesen drangvollen Jahren kaum stark von der Linie seines ganzen — im besten Sinne revolutionären — politischen Denkens ab. Er selber fand freilich während der wachsenden Entartung der Republik scharfe Worte der Selbstkritik über den Idealismus, der ihn verblendet hatte, „mitten unter Vorkehrungen äußerer Gewalt und innerer Leidenschaft von dem bloßen Schall bürgerlicher Wahrheit und Rechtsbegriffe eine gute Wirkung auf die Menschen" seines Zeitalters zu erwarten, die meist „nur in Pausbackengefühlen lebten, Gewalt suchten und nach wohlbesetzten Tischen haschten". Er teilte die Verstimmung, der er übrigens in seinem politischen Denken und Handeln auch in der vorrevolutionären und in der nachhelvetischen Zeit immer wieder erlag, mit der ganzen kleinen Elite hochsinniger helvetischer Politiker. Sie hielt ihn aber nicht ab, 1802 in politischer Mission nach Paris zu reisen. Auf alle Fälle durfte Pestalozzi das Gewissen anrufen, nur das Beste gewollt und wenigstens, wie er inmitten auf ihn niederprasselnder Angriffe schon 1799 geschrieben hatte, den revolutionierten Staat nicht sich selbst überlassen zu haben, „ohne daß auch nur das Geringste getan wurde, um eine allmähliche sittliche und bürgerliche Emporhebung des Volkes anzubahnen". Eine Frage bleibt freilich auch bei dieser Wertung der Politik Pestalozzis noch offen: ob er auch die diplomatische Befähigung besaß, Widerwärtigkeiten und Hindernisse wegzuräumen und sicheren Schrittes dem Erfolge entgegenzugehen. —

Erst die Helvetische Republik erwarb sich den Ruhm, dem Vielverkannten, der bisher vergeblich den Dienst fürs Vaterland gesucht hatte, ein Wirkungsfeld zu bieten. Sie erschloß ihm Möglichkeiten, die ihm das alte Staatswesen versagt hatte und die ihm die späteren Zustände nie mehr in diesem Maße boten. Trotz aller Enttäuschung über Schlaue und Narren, erklärt er, von den „Novi homines" Helvetiens mehr Gutes als je von Menschen erfahren zu haben. Sie schenkten dem Schulmeister noch mehr Vertrauen als dem Politiker und gaben ihn dem Erzieherberuf zurück. Die Kreise um Minister Stapfer erwarben einen dauernden Ehrentitel mit dem Plan, die pädagogischen Einsichten des 18. Jahrhunderts dem Einheitsstaate in seinem ganzen Umfange dienstbar zu machen. Wie hätten sie den Verfasser von „Lienhard und Gertrud" übersehen können? Zum Leiter der Waisenerziehungsanstalt in Stans bestellt, machte er die menschlich ergreifendste Episode seines Lebens durch. Die Republik ermöglichte und förderte seine erzieherische Arbeit in Burgdorf, bemühte sich um die Verbreitung seiner Lehre und seiner Methode und schützte seine Werke gegen Nachdruck. Die Akten der wenigen Jahre der Helvetik zeugen von mehr Verständnis und von größerem Opferwillen des offiziellen Vaterlandes für Pestalozzi als die amtlichen Papiere der Tagsatzung und sämtlicher Kantone während des folgenden Vierteljahrhunderts. Durch Dienst wie durch Dank ist er mit keiner Spanne zeitgenössischer Geschichte enger verknüpft als mit dem Jahrfünft der helvetischen Revolution und der Einheitsrepublik.

IV.

Die zwei Dutzend Jahre des Greisenalters Pestalozzis umfassen die dritte Periode wechselseitiger Beziehungen zwischen dem Bürger und seinem Vaterland. Sie begann mit der Herrschaft der Mediationsakte und erstreckte sich über den Sturz Napoleons hinaus weit in die Restaurationsepoche hinein. An Stelle der Einheit trat die kantonale Vielherrschaft. Was die Mediation an Freiheit und Gleichheit noch rettete, vernichtete die Restauration. Der Schwung nationaler Bildungsbestrebungen ging verloren. Aber etwas glaubte Pestalozzi doch gerettet: die Revolution habe ein Herzensstück übriggelassen, die Erziehungstendenz. Diese zeigte sich, wenn auch in bescheidenem Rahmen und ohne übermäßige Opferwilligkeit, in den Reformbestrebungen einzelner Kantone, noch mehr aber und weiterhin sichtbar in den aufsehenerregenden privaten Unternehmungen Fellenbergs und Pestalozzis. Dieser hatte zwar unter den eigenen Mitbürgern und nicht zuletzt in seiner Vaterstadt eifrige Gegner, die ihn als Erzieher bemängelten und als Revolutionär haßten. Doch kann man nicht behaupten, daß der Prophet im Vaterlande gar nicht anerkannt wurde. Unter den Politikern bewahrten ihm die einstigen Führer der Helvetik andauernd, freilich nicht ohne kritischen Einschlag, ihr Verständnis und ihr Mitgefühl. Trotz manchen Anfeindungen drang sein Ruhm mächtiger als je auch über die schweizerischen Grenzen hinaus.

Wie aber stellten sich die neuen Machthaber zu Pestalozzi? Das offizielle Wohlwollen beschränkte sich im wesentlichen darauf, daß man ihn gewähren ließ. Immerhin war die Stimmung von Kanton zu Kanton verschieden. Das neue aristokratische Regiment in Zürich entfremdete ihn der Vaterstadt in wachsendem Maße. Bern war über den Verlust der Waadt und seines aargauischen Besitzes erbittert und gebärdete sich als Hochburg der patrizischen Restauration in der Schweiz. Von ihm konnte mehr als eine widerwillige Duldung des politisch verketzerten Volkserziehers nicht erwartet werden. Im Jahre 1804 mußte er das Schloß Burgdorf, das ihm die helvetische Regierung für seine Erziehungsanstalt zur Verfügung gestellt hatte, einem Oberamtmann überlassen, und nur sein wachsender Ruhm veranlaßte die bernische Staatsklugheit, ihm dafür das ehemalige Johanniterhaus zu Münchenbuchsee, vorläufig jedoch nur auf ein Jahr, zu überlassen.

In andern Kantonen, und zwar gerade in jenen, die durch die Revolution und auf Berns Kosten ein eigenes staatliches Dasein gewonnen hatten, fand Pestalozzi heimischen Boden. Als er 1806/07 beabsichtigte, auf Schloß Wildenstein eine Armenerziehungsanstalt zu errichten, nahm der Aargau den Plan so günstig auf, daß die Durchführung nur am Verzicht des Urhebers selber scheiterte. Im gleichen Kanton schloß er sein Leben ab; hier fand er auch die letzte Ruhestätte. Noch in später, politisch stürmischer Zeit ehrte der Große Rat des Aargaus die hundertste Wiederkehr des Geburtstages Pestalozzis, indem er 1846 das Denkmal zu Birr mit der berühmten, von Augustin Keller verfaßten Inschrift errichten ließ. Mit keinem Kanton aber war Pestalozzi in den letzten Jahrzehnten seines Lebens enger verknüpft als mit der Waadt. Eine vorerst fremde Welt, wurde sie ihm durch die Gunst der Behörden, die Dauer des Aufenthaltes und die Glanzzeit seiner Lebensarbeit zur neuen Heimat. Er nahm das Angebot eines der waadtländischen Städtchen an, die schon beim Gerücht, Pestalozzi müsse Burgdorf verlassen, mit Einladungen gewetteifert hatten, und verließ Münchenbuchsee nach kurzer, unerfreulicher Zusammenarbeit mit Fellenberg. Yverdon beherbergte den „Erzieher der Menschheit" während zwanzig Jahren und erwarb sich damit einen Ehrenplatz in der Kulturgeschichte, wie ihn nur wenige Kleinstädte aufzuweisen vermögen. Auch die waadtländische Regierung förderte Pestalozzis Anstalt von Anfang an in einem Maße, das ihrer Unbefangenheit gegenüber dem kantonsfremden und anderssprachigen Menschenfreund das schönste Zeugnis ausstellt.

Die Tagsatzung, die oberste Behörde der in Kantone zersplitterten Eidgenossenschaft, tat in der Mediations- wie in der Restaurationszeit so gut wie nichts für Pestalozzi. Abgesehen von der Ohnmacht der Tagsatzungsherren in gemeineidgenössischen Angelegenheiten, war auch in ihren Kreisen die Abneigung gegen den unbequemen Weltverbesserer mit seiner eigenwilligen politischen Einstellung weitverbreitet. Als Pestalozzi im Jahre 1803 um die Fortsetzung der materiellen Unterstützung ersuchte, die ihm die Helvetische Republik gewährt hatte, begnügte sich die Tagsatzung zur Hauptsache damit, sein Unternehmen mangels einer „allgemeinen Staatshaushaltung" dem Wohlwollen der Kantone zu empfehlen. Auch die Hoffnung auf bloßen moralischen Beistand erfüllte sich nur in geringem Maße. Auf Pestalozzis Gesuch ließ zwar die Tagsatzung 1809 die Anstalt zu Yverdon durch Sachverständige prüfen, um festzustellen, ob und wie die neue Methode dem Vaterlande nutzbar gemacht werden könne. Doch fiel der Befund im ganzen derart kritisch aus, daß Pestalozzi darin mehr Grund zum Ärger als zur Genugtuung fand. Das höchste Ergebnis dieser offiziellen Bemühungen war schließlich ein Kompliment, zu dem sich die Tagsatzung 1811 aufraffte. Es erschien um so billiger, als Fellenberg, dessen Anstalt kurz vorher auch untersucht worden war, zur höchsten Anerkennung hinzu noch ein beträchtliches Geldgeschenk zur Verteilung an seine Mitarbeiter erhalten hatte. Im Verlaufe der Zeit erfuhr Pestalozzi immer deutlicher, wie wenig er von den Regenten seines Gesamtvaterlandes erwarten durfte. Während die

Tagsatzung der beginnenden Mediationszeit 1803 den Schutz der Schriften Pestalozzis gegen Nachdruck aufrechterhalten hatte, erklärte sich diejenige der eben restaurierten Schweiz 1816 zu einem entsprechenden Entscheid nicht befugt und überließ ihn mit angemessener Empfehlung den Kantonen. —

Die verhältnismäßig sturmfreien Jahre der Mediation und der Restauration boten Pestalozzi immerhin ein Unschätzbares: die äußere Ruhe zur Durchführung seiner Erziehungspläne und die Möglichkeit zur Beschränkung auf sein eigenstes Gebiet. Der politische Geist der Zeit war aber gegen ihn. Nur als der Sturz Napoleons 1814/15 zur Neugestaltung Europas führte und die Schweiz den aufregenden Übergang von der Mediation zur Restauration vollzog, ergriff das politische Fieber den fast siebzigjährigen Pestalozzi noch einmal. Obwohl gehässige Streitigkeiten seine Jüngerschaft unheilvoll entzweiten und die einst blühende Anstalt in Yverdon dem Untergang entgegentrieben, blickte er über den eigenen Bezirk hinaus. Predigend wandte er sich in den Apostrophen seiner letzten großen politischen Schrift, „An die Unschuld, den Ernst und den Edelmut meines Zeitalters und meines Vaterlandes", an die Schweiz, an Deutschland, an Europa. Nach dem dreifachen Erlebnis der „Schlendriansschwäche" des absolutistischen Zeitalters, der „sansculottischen Volkswut" der Revolution und der „buonapartischen Heillosigkeit" der Verstaatlichung des Menschen erkannte er mehr als je die Erziehung des einzelnen zum sittlichen Wesen als Notwendigkeit: „Es ist für den sittlich, geistig und bürgerlich gesunkenen Weltteil keine Rettung möglich als durch die Erziehung, als durch die Bildung zur Menschlichkeit, als durch die Menschenbildung!" Die Erfüllung seiner Forderung sah er freilich erst in der Ferne späterer Generationen: „Wir müssen unsre Kinder besser erziehen, als wir erzogen worden sind."

Pestalozzi brachte Wegleitung und Zielsetzung seiner Schrift, deren philosophischer Tiefsinn variationenreich immer wieder über den Bereich der Heimat hinausgreift, in enge Verbindung mit der Tagesfrage der Umgestaltung der Schweiz. Aus diesen Darlegungen wie aus seinen andern gleichzeitigen Äußerungen, namentlich auch aus einem Brief an den Freiherrn vom Stein, spricht die vaterländische Besorgnis so lebhaft wie aus irgendeiner der früheren politischen Schriften Pestalozzis. Noch galt ihm das Wesen mehr als die Form. Sein republikanisch-demokratisches Vaterlandsgefühl hinderte ihn nicht, auch die monarchische Verfassung anderer Staaten zu billigen, vorausgesetzt, daß eine königliche Regierung „königlich gut" sei, wie die republikanische „republikanisch gut" sein müsse. Noch immer stand er zum unitarischen Bekenntnis der Helvetik. Die Einheit sollte zwar nicht auf Kosten der Eintracht erkauft werden, aber das „Wort seines Herzens" blieb: „Eine vereinigte Eidgenossenschaft."

Davon war man freilich entfernter als je seit der Revolution. Die Restauration begann im Zeichen eines verstärkten Föderalismus. Die Umgestaltung der Grundgesetze der Kantone und der Eidgenossenschaft ließ Schlimmes erwarten. Besorgt durchlebte Pestalozzi die „Geburtsstunde der Verfassungen". Er mißbilligte, daß sie als Staatsgeheimnis unter Ausschluß jeder öffentlichen Beeinflussung bearbeitet wurden. Um so mehr befürchtete er eine von Selbstsucht beherrschte „Staatskünstelei" und „in allen ihren Teilen schwache und blöde Konstitutionsfabrikarbeit". Sein demokratischer und sozialer Liberalismus sträubte sich gegen die drohende Verstärkung des aristokratisch-patrizischen Regimentes. Ohne ein im einzelnen klar und genau umschriebenes Programm aufzustellen, bekannte er sich von neuem zu den revolutionären Grundgedanken der Freiheit und der Gleichheit. Als die mißtrauisch verfolgte Arbeit der Politiker zu Ende war, glaubte er feststellen zu können, daß nach dem Wortlaut der neuen Verfassungen alle Schweizer frei und vor dem Rechte gleich seien. Doch mahnte er, wie wenn er die Wirkungen des „Gvätterliwerks" der Restauration vorausgeahnt hätte, über den äußeren Formen nicht das Wesentliche zu verkennen: daß alles Recht der Bürger in Republiken wie in Königreichen ohne innere, sittlich und geistig gebildete Bürgerkraft zum Unrecht ausarte. „Laßt uns Menschen werden, damit wir wieder Bürger, damit wir wieder Staaten werden können!"

V.

Pestalozzis Verhältnis zum Vaterland ergibt sich aus seiner politischen Einstellung und aus den zeitgeschichtlichen Zuständen. Die Unzulänglichkeit alles Menschlichen mußte ihm vor allem im beschränkten Umkreis der Heimat fühlbar werden.

Sie war das Ackerfeld seiner Politik. Diese deckte sich in den grundlegenden Gedanken mit den Bestrebungen der Besten seiner Zeitgenossen. Von der Gegenwart oft verkannt, hatte sie die Zukunft für sich. Doch liegt über ihr, und zwar in ihrer Gesamtheit, der Schatten jener Tragik, die das ganze Lebenswerk des Menschenfreundes verdüsterte. Von Jugend auf, wie er selbst sagt, der Narr aller Leute, mit grauen Haaren noch ein Kind, stand der Beherrscher eines unendlichen geistigen Reiches unbeholfen in aller Wirklichkeit von Menschen, Sachen und Formen. Will man die Zwiespältigkeit seines Lebens aufdecken, so ist sie nicht nur in seiner helvetischen Politik, sondern in seinem ganzen politischen Handeln und überhaupt in seiner gesamten praktischen Tätigkeit zu finden. Er predigte der Menschheit sittliche Vollkommenheit, ohne auch nur das eigene Volk erlösen zu können. Das Unglück, das alle seine Gründungen verfolgte, trug ihm schon früh das an sich begreifliche, jedoch nur im Munde des Spießers letzte und entscheidende Wort ein, er möge zuerst bei sich Ordnung machen, bevor er es bei andern tun wolle.

In persönlicher Hinsicht ergab sich Pestalozzis Politik aus einer stark entwickelten Empfindlichkeit für Recht und Unrecht. Eine seltsame Mischung frauenhafter Gefühls- und jugendfrischer Idealpolitik führte ihn zur Kritik des Unvollkommenen und zum Verlangen nach Besserem. Doch zeigte er eher Ziele, als daß er Wege wies. „Er war ein ewiger Tadler alles Bestehenden, ohne Plan und Absicht . . .“, urteilte der Sängervater Hans Georg Nägeli, „politisch wußte er nie, was er wollte, denn er war ein geschworener Formenfeind. Er wollte nur, was heutzutage alle Vernünftigen wollen, daß unter allen Verhältnissen die Menschen einander etwas nachzufragen haben; nie aber ging er darauf ein, wie sie dafür verbindlich zu machen seien; über Formen und Garantien ließ er die Rechtsgelehrten brüten.“ So war er als Politiker fast einflußlos. Wenn er hervortrat, zerschellten seine Ideen am realpolitischen Machtwillen anderer. Auch bei geringeren Widerständen hätte er scheitern müssen. Er war nicht geschaffen zum Karrieremachen, nicht befähigt zur Herrschaft. Für die erzieherische Kraft der Wohnstube hatte er ein größeres Verständnis als für den Kampf im Ratsaal. Gerade wenn die äußeren Bedingungen zum Aufstieg am günstigsten waren, wie während der Helvetik, versagte und verzichtete er. Er paßte in kein anderes als in das Wunschland unbegrenzten Vertrauens des Menschen zum Menschen. Dem Träumer fehlte der Sinn für die Gebundenheit praktischen Wirkens, dem Stimmungsmenschen die Beharrlichkeit zur Bemeisterung äußerer Widerstände, dem Idealisten der Geiz nach politischem Erfolg, dem Propheten die Beschränkung auf das Erreichbare.

Trotz ihrer geringen Durchschlagskraft möchte man Pestalozzis politische Wirksamkeit nicht missen. Sie rundet das Bild dieser einzigartigen Persönlichkeit nach einer wesentlichen Seite. Wie sich der Erzieher Pestalozzi nicht auf den Bau von Wolkenschlössern beschränkte, sondern — freilich mit spärlichem persönlichem Erfolg — auch in der Schulstube wirkte, so drängte es den Politiker, das Wort durch die Tat zu unterstreichen. Immer wieder — als Reformer im alten Zürich, besonders kräftig in den Sturm- und Drangjahren der Helvetik und, wenn auch in den hintern Gliedern, beim Zusammenbruch der napoleonischen Schutzherrschaft. Und mit hemmungslosem Mute — ähnlich wie er schon als Knabe bei einem Erdbeben allein in das von allen verlassene Schulhaus zurückgegangen war, um die Mützen und Bücher der Kameraden zu holen.

Pestalozzi lebte von der Idee. Sein Werk erwuchs aus seiner Sendung. Die Aufdeckung der zeitgeschichtlichen Bedingtheit ist aufschlußreich, aber nur von relativer Bedeutung. Auch unter der Voraussetzung einer andern Umwelt lassen sich die Grundzüge seines Wesens nicht wegdenken. Selbst unter glücklicheren Sternen hätte er unter dem Zwiespalt zwischen Wollen und Vollbringen gelitten. Seine politischen Ideen bleiben davon unberührt. Sie lassen sich in jedes Zeitalter transponieren. Pestalozzi war der Exponent des uralten Kampfes gegen jene Unaussterblichen, die das Recht in der „Mistgrube der Gnade" verscharren. Seine Wahrheiten sind zum Leben verdammt, solange dem menschlichen Geschlecht die Tore Edens verschlossen bleiben. Sie haben auch nach ihm neue Verkünder gefunden und werden immerfort neue finden. Pestalozzi leuchtet unter ihnen durch seine Leidenschaft ohne Haß. Laßt uns ihm danken für seinen Glauben an die göttliche Kraft jener Liebe, die wahrhaft ist und das Kreuz nicht scheut! Laßt uns ihn selig preisen, der reinen Herzens war!

Nachweis der wichtigsten Zitate.

Die Bezeichnung „P. s. W." mit Band- und Seitenzahl bezieht sich auf Pestalozzis sämtliche Werke, herausgegeben von Dr. L. W. Seyffarth (12 Bände, 1899—1902).

Abschnitt I. Werbebrief: P. s. W. II, 39. — „An die Unschuld": P. s. W. XI, 639.

Abschnitt II. Goethe über Gujer: Briefe Goethes an Sophie La Roche und Bettina Brentano, hg. von G. von Loeper (1879), S. 108. — „Der Schein der Tage. . .": Pestalozziblätter X (1889), S. 54. — „Kleinstädtler": Pestalozzi, Sämtliche Werke, hg. von Artur Buchenau, Eduard Spranger, Hans Stettbacher, Bd. I (1927), S. 334. — Vorwort zu „Ja oder Nein": Schriftliche Mitteilung von Herrn Stadtbibliothekar Dr. E. Dejung in Winterthur. — „Unser Zeitalter. . .": P. s. W. I, 311. — „Ich würde den Abend. . .": P. s. W. VIII, 99. — „An die Freunde der Freiheit": P. s. W. VIII, 105 f. — „Ich habe mein Leben. . .": P. s. W. VIII, 94. — „Kraftmänner" und die folgenden Zitate: Pestalozziblätter XIII (1892), S. 60 ff.

Abschnitt III. „Patrioten!. . .": P. s. W. VIII, 172. — Erstes Zehntenblatt: P. s. W. VIII, 288. — Zweites Zehntenblatt: P. s. W. VIII, 300, 302, 349 f. — An die Nidwaldner: P. s. W. VIII, 162. — „Vereinigte Einsichten": P. s. W. VIII, 394. — „Die verfluchte Revolution. . .": P. s. W. I, 390. — „Revolutionsverirrung" usw.: Max Konzelmann, Pestalozzi (1926), S. 102 f. — Peter Ochs usw.: Eduard His, Geschichte des neuern schweizerischen Staatsrechts, Bd. I (1920), S. 543. — „Vorkehrungen äußerer Gewalt": P. s. W. IX, 20. — „Sittliche und bürgerliche Emporhebung": P. s. W. VIII, 302. — „Novi homines": P. s. W. IX, 20.

Abschnitt IV. „Herzensstück": P. s. W. I, 322. — „An die Unschuld": P. s. W. XI, 28, 48, 64, 74, 101, 148, 150. — „Staatskünstelei" usw.: P. s. W. I, 73. — „Laßt uns Menschen werden. . .": P. s. W. XI, 27.

Abschnitt V. Hans Georg Nägeli: Pestalozziblätter XXI (1900), S. 27.

Zu Pestalozzis Reise nach Deutschland.

Von

Käte Silber.

Ein neuer Brieffund.

Nur zweimal hat Pestalozzi seine Heimat zu größeren Reisen verlassen: 1792 besuchte er seine einzige Schwester in Leipzig, und 1802 sandte ihn die zürcherische Tagsatzung als einen der Abgesandten der helvetischen Republik zur Consulta nach Paris. Der Zweck seiner Deutschlandreise war wohl in erster Linie die Regelung von Erbschaftsangelegenheiten nach dem Tode der Tante Weber, einer Schwester seiner Mutter, bei der ein schweizerischer Verwandter anwesend sein sollte; und da Pestalozzi am ehesten abkömmlich und damals am wenigsten zu versäumen schien, hatte man ihn dazu ausersehen.

Über seinen Aufenthalt in Leipzig lag bisher nur ein einziges Dokument vor, eine Abschrift Pestalozzis von Geschäftsbriefen mit einem Begleitschreiben an Dr. Hotz (vom 23. April 1792) [1]), die nur von den — uns heute ja wenig interessierenden — Erbschaftsangelegenheiten berichten, über Pestalozzis sonstige Erlebnisse in Deutschland aber nicht das Geringste aussagen. Um so erfreulicher ist daher der glückliche Fund eines bisher unbekannten Briefes Pestalozzis aus dieser Zeit an Frau Franziska Romana von Hallwil, der in dem kürzlich zugänglich gewordenen Hallwil-Archiv zum Vorschein gekommen ist [2]) und über seine persönlichen Eindrücke in Deutschland nähere Auskunft gibt.

Es kann nicht verwundern, daß Pestalozzi gerade der Frau von Hallwil so ausführliche Mitteilungen macht, wenn man

---

1) Pestalozzi-Blätter XVII, Zürich 1896, S. 57 ff.

2) Hallwil-Archiv im Staatsarchiv Bern, Ms. 3753 Nr. 44. 4 Seiten 4°, eigenhändig, Wasserzeichen: Wappen mit Krone, Text, s. u.

weiß, wie hoch er das „edle Weib" verehrte und in wie naher Freundschaft und tiefer Dankbarkeit er ihr verbunden war. Ihr Leben ist dem seinen an außergewöhnlich schweren Schicksalsschlägen fast gleich gekommen [1]), und dadurch hatte sie die Fähigkeit gewonnen, auch anderer Leiden verständnisvoll aufzunehmen. Pestalozzi schätzte ihr Urteil in der Erörterung sozialer Probleme außerordentlich hoch und ließ sich besonders über das Wesen der Adligen und Großen von der klugen, vorurteilslosen Frau belehren [2]).

Aus dem Brief geht nun also hervor, daß Pestalozzi sich nicht nur in Leipzig aufgehalten, sondern an die geschäftliche Fahrt auch eine Erholungsreise in das Erzgebirge angeschlossen hat. Ein Besuch noch anderer Orte, vor allem von Halle, wie er plante, ist zweifelhaft, nach seiner ganzen ablehnenden Haltung den deutschen Verhältnissen gegenüber aber kaum wahrscheinlich; am wenigsten kommen Besuche bei den großen deutschen Dichtern in Frage, wie sie (im Anschluß an Blochmanns Pestalozzi-Biographie [3])) längere Zeit angenommen wurden [4]). Pestalozzi hatte durchaus keine rein literarischen Interessen, und die Welt Goethes und Schillers lag ihm recht fern. (Man denke an seine Äußerungen in der „Abendstunde" und den Briefen an Iselin!) Dagegen bemerkt man eine gewisse Hinneigung zu Friedrich Heinrich Jacobi und dem Kreis der Gefühlsphilosophen, denn dessen Buch „Aus Eduard Allwils Briefsammlung", das gerade 1792 in 2. Auflage erschien, erstreckte die Wirkungen eines tiefen Eindrucks bis in das große Werk der 90er Jahre hinein.

Die Nachforschungen über den natürlichen, gesellschaftlichen und sittlichen Zustand der Menschheit beschäftigten Pestalozzi schon zur Zeit seiner Leipziger Reise, und so waren es in erster Linie Fragen gesellschaftlicher Art, die ihn in Deutschland interessierten und deren von der Schweiz auf-

---

[1]) Vgl. A. E. Fröhlich: Franziska Romana von Hallwil. In: Schweizerisches Jahrbuch für 1857. Luzern 1856.

[2]) Vgl. die „Bemerkungen zu gelesenen Büchern" 1793/94 in dem demnächst erscheinenden Band X der Sämtlichen Werke Pestalozzis, hg. von Buchenau, Spranger und Stettbacher.

[3]) Karl Justus Blochmann: Heinrich Pestalozzi. Züge aus dem Bilde seines Lebens und Wirkens. Leipzig 1846.

[4]) Vgl. besonders Karl Muthesius: Goethe und Pestalozzi. Leipzig 1908. S. 32 ff.

fällig verschiedene Lagerung ihn zum Vergleich reizten, wenn man auch immer wieder den Eindruck gewinnt, als hätte er im Grunde wenig gesehen und das meiste und beste zur Lösung aus dem eigenen Innern geschöpft. Es ist interessant, daß er sogar akademische Vorlesungen hören will, um sich „statistische Kenntnisse", d. h. die empirische und historische im Gegensatz zur philosophischen (naturrechtlichen) Staatslehre anzueignen, die tatsächlich, wie ihm gut berichtet wurde, aus Göttingen hervorgegangen ist, wo August Ludwig von Schlözer, der Schüler Gottfried Achenwalls, des „Vaters der Statistik", sie damals vertrat. Wahrscheinlich ist aber nichts daraus geworden, da die Leipziger Professoren, deren Bekanntschaft er gemacht hat, ihm alles andere als Sehnsucht nach ihren auswärtigen Kollegen eingeflößt haben. Der schlechte Eindruck scheint jedoch auf Gegenseitigkeit beruht zu haben, denn die gelehrten Herren: August Wilhelm Ernesti, der Neffe und Nachfolger des Altphilologen, Karl Heinrich Heydenreich, der in den Xenien angegriffene vielumstrittene Dichter und Popularphilosoph, besonders aber Ernst Platner trauten dem Volksschriftsteller wissenschaftlich nicht das mindeste zu und behandelten ihn wie einen Quintaner [1]).

Aber nicht diese persönlichen Demütigungen erregen ihn. Er ist sie gewohnt und findet sie am Ende selbst berechtigt. Die Leiden des Volkes, soziale Ungerechtigkeiten, künstliche Aufgeblasenheit und unechte Scheinkultur lassen ihn für die Zukunft das Schlimmste befürchten. Die Verwirrung und Ratlosigkeit, den Zwischenzustand der Gärung und Unruhe, in dem sich Deutschland in den Jahren nach der französischen Revolution befand und von dem niemand wußte, wohin er führen würde, die erregte „fin du siècle"-Stimmung hat Pestalozzi in den wenigen, so subjektiv empfundenen und doch so wahren Sätzen eindrucksvoll geschildert. Absolutismus, Adelsvorherrschaft und Aufklärung hatten ausgespielt; die neue Humanitätsidee aber war noch nicht zu vollem Leben erwacht. Pestalozzi, selbst ein Erwecker der freien, autonomen Persönlichkeit, stand hier an der Pforte seiner eigenen neuen Entdeckungen, die er selbst noch kaum ahnte; er sah nur mit Abscheu, daß es so nicht weiter gehen könne, und es wurde ihm plötzlich bewußt, was für ein guter Schweizer er war.

[1]) Vgl. Pestalozzi-Blätter XXII, 1901, S. 33.

Denn die bürgerliche und calvinistisch-strenge Heimat hatte allerdings Parks nach Versailler Muster, wie sie ihm in Lichtenwalde (bei Chemnitz) [1] gezeigt wurden, nicht hervorgebracht. Er verkehrte zwar auf den alten Bergschlössern seiner aargauischen Nachbarschaft und fühlte sich bei der bescheidenen Freundin in der jahrhundertealten Wasserburg am Hallwiler See wohl und zu Haus, aber derartige Springbrunnen und Wasserwerke, Arkadenstücke, terrassierte Parterres und Schneckengänge waren ihm noch nicht vor Augen gekommen. Mit welchen Gefühlen der gerade Schweizer den verschnittenen Bäumen und gestutzten Hecken, der gesamten künstlichen Schöpfung eines weit und breit berühmten Hofgärtners der sächsischen Könige gegenüberstand, hat er deutlich genug ausgedrückt: die Unnatur machte ihn rasend. Er wird froh gewesen sein, sich wieder der heimatlichen Geborgenheit anvertrauen zu können.

So negativ also die Eindrücke, die er in Deutschland empfangen hatte, zu sein scheinen, trugen sie doch das ihre dazu bei, ihn in dem Bohren und Suchen nach neuen *natürlichen* Mitteln zur Hebung der Volkssittlichkeit zu bestärken. Ob die Reise ihren eigentlichen Zweck erfüllt und finanziellen Erfolg gehabt hat, ist nicht bekannt; uns jedenfalls bedeutet sie einen Antrieb mehr zu den „Nachforschungen über den Gang der Natur in der Entwicklung des Menschengeschlechts".

Pestalozzi an Franziska Romana von Hallwil. 29. Mai 1792.

Teure, edle Freundin!

Meine Reise geth zuende. In ca. 14 Tagen reise ich mit meinen Geschwisterten nach der Schweiz. Von meiner Bergreise bin ich sehr vernügt zurukgekomen. Ich war an der Bomischen Grenzen und aß würklich einen Bomischen Karpfen, aber weiter konte ich nicht komen. Briefe aus Zürich, mein Geschäft betreffend, hinterten mich sogar, den Rükweg über Dresden zu machen wie unser Plan, ⟨ab⟩ und ich sehe nicht voraus, daß ich weiter (wieder?) hieher komen werde. Ich habe also nur wenig Großes gesehen, und alles, was ich sah, ekelte mir beynahe.

---

[1] Vgl. Arno Roßberg: Lichtenwalde, der Harrasfelsen im Zschopautal und die Stiftskirche zu Ebersdorf in Geschichte, Sage und Gedicht. Frankenberg i. S. 1920.

Ich glaubte nicht, daß ich ein so guter Schweizer sye, als ich würklich bin. In Lichtenwald[e] sah ich einen Garten, der dem Grafen Vizdum [1]) gehört und den die ganze Nachbarschaft lobt -- ich hatte todt lange Zeit. Das ekkelhaft Mühselige solcher Kunstwerke konte mich rasend machen und das Ganze der abgeschwächten Hoffmenschen — Gott bewahr mir die schlechtesten Donnersbuben von Birer Bauren — es ist mir nach 1000 mahl behaglicher unter ihnen. Der Graf ritte by uns vorby und fragte, ob wir auch alles gesehen. Das heißt meine Geselschaft hochgnädig. Und sein Gärtenknecht, der uns herumführte, klopfte uns Bürgern wie seinesgleichen auf die Achsel, wen er uns ⟨mit⟩ ungebeten mit seinem Maul nach einen ekkelhaften Zusatz zu dem gab, was wir vor Augen sahen. Gott bewahr! welch ein Aufwand von Mitteln zu einem geschmaklosen Zwekk. Aber es ist wahr, es ist leichter, daß ein Kameel durch ein Nadelöhre eingehe, als daß ein großer Herr nicht ein Narr werde. Verziehen Sie, dies ist unhöflich, aber doch auch gewiß ⟨die große⟩ *eine* Lobrede auf die Gräffin von Hallweil. Aber diese ellende Beschaffenheit der Großen verderbt auch den Bürgerstand. Jeder Bube, der pfipfig ist, kan sie betriegen. Daher die Schurkery in der Nehe der Großen *vast so* allgemein *ist* als im Berngebieth. Indem die Großen allenthalben nichts thun und alles genießen wollen, verlieren sie gewohnlich ihre fünf Sinnen sehr früh, und es ist mir auffallend, daß sie hier gemeiniglich nicht so allt werden als unsere Rathsherrn. Doch diese sind würklich ungenierter als selbst Premierminister, und das ist für Gesundheit und Alter dienlich. Überhaupt hilft auch dies vielen Menschen zu einem gesunden Alter, wenn sie sich über gar nichts mehr schemen.

Aber was diese Großen die Franzosen hassen! Selbst in diesen Gärten, wo Millionen verwandt sind, ⟨*mit*⟩ Versalliener Kunstwerke⟨n⟩ in einer abgottisch⟨en⟩ *betelhafften* affery nachzuahmen, dorfen die Knechte jetz keine *Garten*party mehr mit

[1]) Vitzthum von Eckstädt, uradliges Geschlecht seit dem 12. Jahrhundert, durch Kriegs- und diplomatische Dienste in der sächsischen Geschichte ausgezeichnet. Zu Pestalozzis Zeiten war Graf Friedrich August (1765—1803), kursächsischer Kammerherr und Obersteuereinnehmer, Majoratsherr auf Lichtenwalde.

Vgl. Wissenschaftliche Beilage der Allgemeinen Zeitung Chemnitz vom 20. Juli 1911.

dem alten französischen Nahmen belegen, und der Nahmen eines Franzosen ist im *ihrem* Mund ⟨dieser ?⟩ ein wahres Ungeheuer, und die Großen selbst scheinen in ⟨ungeheurer⟩ *äußerster* Verlegenheit wegen der näheren und fehrneren Zukomft. Sie möchten für sich das Franzosenleben gern in allen Theilen *ganz heidnisch* forttreiben und sehen nach nicht ein, ⟨wel⟩ wj sie dem Volk das Cristenthum und den *blinden* Gehorsam gegen alle Forderungen, zu welchen ihre Heidengelüste sie und ihre Kinder veranlassen möchten, genugsam und mit vollkomen beruhigender Sicherheit belieben könen. H[au]ptsächlich förchten sie sich vor *Aufklerung by der* der Armee, und ihre Weisheit wird sie dahin bringen, die Krafft des Kriegerstand aus Forcht vor demselben nach und nach schwach werden zu lassen. Man schmeichelt den Soldaten, und die besten Krieger sagen, das sy der erste Schritt zur Auflosung der Armee — kurz, wen man ⟨dies das⟩ den jetzigen Zustand unseres Erdballs ins Aug faßt, so *er*scheint er einem nicht anders als ein Ameisenhaufen, in dem ein Bube zum Spiel seinen Stokk herumgetreht, und das Wirbeln der zerrütteten Thieren tringt einem den Gedanken mit Gewalt auf, der Haufen seye nur dan in einem guten Zustand, wenn man von allen diesen Thieren k[ein]s sieth — *und* den jamert einen der armen Völkerrevolutionen, wo die Menschen also zu Hauffen aus ihren Löcheren hervorkriechen, um am Ende sich wieder Löcher zu machen, die schlechter sind als diejenigen, die sie vorher hatten.

Die ⟨unsere⟩ Fryheitsbegriffe ⟨sind⟩ unserer Zeit sind schlechter, als ich sie glaubte. Da, wo sie sich in Teutschland zeigen, scheinen sie ⟨mit⟩ *von* Undelicatesse, Pretensionengeist und derber Anmassungssucht zusammengesetzt zu syn. H[au]ptsächlich ist der mir immer verächtlicher werdende Gelehrten- und Philosophenstand von einer solchen Fryheitsderbheit angestekt. Allenthalben mangelt ihm Manheit und Wirthschaft so stark als Delicatesse. An gefühlvolle Liebe und reinen, hohen Sin ist nicht zu denken. ⟨Es⟩ *Sie* sind Handwerksleute, die für ihr ⟨Brdd⟩ Brod philosophieren und, wen sie mit ihrer Kunst ein ⟨Stük Brod⟩ *Stük* mehr als ihre Mitmeister verdienen, damit Hofarth ⟨fg⟩ trieben wie wir Bürgerlichen mit einem adelichen Wappen. Ich habe so genug bekomen mit dem wenigen, was ich sah, daß ich mir vast förchte, mehr zu sehen. Bald glaube ich, alles, was auffelt, taugt *nichts*, ⟨und sage mit⟩ und Weisheit und Tugend ist nur da, wo niemand das Heiligthum ihres Nahmens ausspricht. Ich muß auf meiner Hut syn, daß ⟨mich⟩ meine Mentschenverachtung nicht grenzenlos werde. Ich konte mich bald freuen, wenn ⟨das⟩ *mich die* Mentschen ⟨?⟩ mich ⟨d⟩ ganz verkenten, *und* ich sehe den 1000feltigen ⟨spiele⟩ Spielen ⟨mit⟩ ihres Trugs mit wahrem Hohn zu. Aber der Mensch ist gewiß nie so sehr in Gefahr, selbst schlecht zu werden, als wenn die Verachtung seiner Mitmentschen bey ihm vast allgemein wird. Sie werden denken, ⟨daß⟩ das ist ein schwarzes Zeugnis vom schwarzen Mann? Aber es ist Wahrheit: das Gefühl innerer Würde geth verlohren, wo Menschenverachtung zu tief einreißt, und in dieser Rüksicht war die Erscheinung von Allweils Briefen, von denen ich Ihnen in meinem lesten redte, mir wichtig. Gott gebe mir Redlichkeit genug, den gantzen Eindruk, den dieses Buch auf mich machte, in mir ganz zu erhalten. Und nun werde ich bald wieder heimkomen und meine Geschwisterte mitbringen, vorher aber gewiß nach auf Halle gehen. Vorläufig höre ich hier allgemein, für Edelleute und stattischtische Kentnise sy Halle nichts weniger als vorzüglich, Göttingen sy hiefür der beste Orth, nach ihm dan Jena, aber ich will hierüber mich nach genauer informieren.

Ich habe Hofnung, Freundin, dieser Brief kome just eben an, wen sie in der Kirche Birr zu Gevatter stehen und einen schonen Jung [1]) ⟨z⟩ auf den Armen *haben*. Ich danke Ihnen für die Müh, die Sie diesfals genohmen, und bitte Sie, helfen Sie, daß der Junge besser erzogen werde als sein Ättj. Doch Scherz bysit, mein ganzes Herz thut diese Bitte mit einer Threne im Aug. Verziehen Sie uns alles und werden Sie des Gemisches von Gutem und Bösem, das in uns ist, nicht müde.

Grüßen Sie mir die byden edlen Usterinen [2]) und syen Sie immer gewogen

Ihrem Ihnen ewig verpflichteten
und ewig dankbaren P.

den 29. May 1792.

---

[1]) Im Mai 1792 wurde Pestalozzis Sohn Jakob und seiner Frau Anna Magdalena Frölich ein toter Knabe geboren (Tagebuch der Frau Pestalozzi, Manuskript im Pestalozzianum, Zürich.)

[2]) Freundinnen der Frau von Hallwil, Schwestern des Dichters Martin Usteri, die bei ihr auf Hallwil lebten.

Ich schrieb auch an Battier [1]).

Die Derbheit, womit hie und da Fryheitsbegriffe in Deutschland sich äussern, behagt mir nicht. Gott bewahr uns vor Egoisme in der Fryheitskappe, vor Professoren, die den Adel heruntermachen, um selber mehr als adelich zu brillieren, und vor Erziehern, die, durch diese Begriffe verleitet, allen Sinn für Bescheidenheit und anmaßungslose Güte verlieren. Diese sichtbare Würkung der neuen Fryheitsbegriffe auf viele Stende thut mir weh, und ich *förchte*, wir müssen große Wunden, die uns die Fryheit schlagen wird, wieder durch Gehorsam heilen.

---

[1]) Felix Battier aus Basel.

Ein Vorläufer der Pestalozzibewegung in den Vereinigten Staaten.

Von

Jakob W. Keller.

I.

Johann Heinrich Pestalozzis Namen begegnen wir in der neuen Welt zum erstenmal in einem Zeitungsartikel anfangs Juni 1806. Es war zu einer Zeit, da ein allgemeines Interesse für freie öffentliche Schulen in den neu konstituierten Vereinigten Staaten von Amerika erwachte und philanthropisch denkende Bürger die ersten Volksschulgesellschaften gründeten. Ein reicher Schotte, William Maclure, der die demokratischen Ideale der neuen Republik ergriffen hatte und schließlich in Philadelphia sich niederließ, wurde zum Bahnbrecher für das Pestalozzische System in den Staaten. Er war es, der den Artikel im „National Intelligencer" [1]) inspirierte, der am 6. Juni 1806 erschien unter dem Titel „Pestalozzi".

Der Zweck jenes Zeitungsartikels war zunächst der, ein allgemeines Interesse für den Pestalozzischen Erziehungsplan zu wecken und hierfür eine nationale Bewegung ins Leben zu rufen. Maclure hielt sich zu jener Zeit in Paris auf, wo er von der Regierung der Vereinigten Staaten zu diplomatischen Diensten verwendet wurde. Durch seine Lektüre von Pestalozzis Schriften „war sein Interesse so sehr geweckt worden, daß es ihn nach Burgdorf führte [2]), wo er durch eine sehr eingehende Untersuchung von den überlegenen Vorzügen des Pestalozzischen Systems überzeugt wurde" [3]). Mit einem seltenen Instinkt für das Außerordentliche erfaßte er die Bedeutung der Pestalozzischen Erziehungsanstalt, welche, wie

[1]) Washington D. C.

[2]) Also vor der Verlegung des Institutes nach Yverdon.

[3]) Nach dem „National Intelligencer" zitiert.

er sich ausdrückt, „nach Grundsätzen geführt wird und mit einem Erfolg, die eine neue Ära in den Annalen der Erziehung eröffnen".

Im weitern wird das System analysiert. Ausgewählte Abschnitte aus einer Schrift von Dr. Chavannes werden in nachfolgenden Artikeln beigefügt. Ja noch mehr sollte getan werden. Maclure gibt dem Wunsche Ausdruck, die Werke von Pestalozzi zu übersetzen. In einem seiner Briefe von Paris sagt er, daß die Bemühungen dieses Mannes „zu den wenigen Dingen gehören, die wert sind, auf dieser Seite des Ozeans nachgeahmt zu werden".

Der zweite und vielleicht unmittelbarere Zweck des Artikels bestand darin, die Ankunft von Joseph Neef vorzubereiten. „Begierig, die Wohltat des Systems von Pestalozzi in die Vereinigten Staaten zu verpflanzen, hat Herr Maclure einen seiner Professoren, Herrn Neef, gewonnen, um eine Erziehungsanstalt in diesem Lande zu gründen. . . . Herr Neef hat sich nach Philadelphia eingeschifft, wo sein Institut wahrscheinlich eröffnet werden wird. . . . Herr Neef gilt als guter Mathematiker und versteht vollkommen Französisch, Deutsch, Italienisch und Latein. Er liest auch Englisch, aber er spricht es nicht."

Mit einem Optimismus und einer Gründlichkeit, die kaum zu überbieten sind, machte sich Maclure daran, sein Projekt zu verwirklichen. Es war ein bewunderungswürdiger und außerordentlich vielversprechender Anfang für den Einzug von Pestalozzis Methoden in die Vereinigten Staaten.

Aber gerade der Umstand, daß Volksschulgesellschaften ins Leben gerufen worden waren und ihren Einfluß bereits für ein System einsetzten, das scheinbar noch größere Erfolge erzielte, das Monitoren-System, war geeignet, die Ausbreitung der Pestalozzischen Ideen zu verhindern. Ein einflußreicherer Mann als Maclure auf dem Gebiete des Erziehungswesens, der spätere Gouverneur von New York, De Witt Clinton, verkündete: „Ich gestehe, daß ich in Lancaster den Wohltäter der Menschenrasse erkenne. Ich halte dafür, daß sein System eine neue Ära herbeiführe auf dem Gebiete der Erziehung, als einen Segen vom Himmel gesandt, um die Armen und Elenden dieser Welt zu erlösen aus der Macht und Herrschaft der Unwissenheit."

Heute wissen wir, daß nicht die Prophezeiung des prominenten

Gouverneurs von New York sich erfüllt hat, sondern diejenige des vorurteilslosen Weltbürgers von Philadelphia. Heute sind der Name von Lancaster und sein Monitoren-System auch im amerikanischen Volke vergessen, und der Gebildete schaut darauf zurück als auf eine Modetorheit der Zeit, da der Aufstieg der Maschine in allen Lebenslagen den Schritt markierte, während Pestalozzi mit seinen Erziehungsgrundsätzen eine Quelle geöffnet hat, zu welcher die besten Erzieher immer wieder zurückkehren. Aber es brauchte, nach einem Ausspruch Hinsdales, mehr als zwanzig Jahre, bis das Volk begriff, daß „gute Erziehung weder mechanisiert noch wohlfeil gemacht werden kann [1]."

2.

Der Mann, den Maclure auserkoren hatte, um Pestalozzis Erziehungssystem nach Amerika zu bringen, Joseph Neef, war ein gebürtiger Elsässer, geboren im Jahre 1770. Er war für das katholische Priesteramt bestimmt. Als er 21 Jahre alt war, gab er den Gedanken auf, in den Dienst der Kirche zu treten, „da er seinem Geschmack gar nicht entsprach [2]." Er trat in die französische Armee ein, in der er einen hohen Grad erreichte. In Bonapartes Kampagne gegen Österreich, 1796, erhielt er eine schwere Kopfwunde und mußte aus der Armee austreten.

Neef lernte Pestalozzi um das Jahr 1800 kennen, „etwa ein Jahr nach Errichtung seiner Schule in Burgdorf". Er erteilte hier den Unterricht in Französisch, Musik und Turnen. Im Juli 1803 verehelichte er sich mit der Schwester seines Kollegen Buß. Bald darauf wurde er nach Paris gesandt, um auf das Gesuch von Jullien und anderen französischen Pestalozziverehrern eine Pestalozzischule zu führen. Doch wollen wir Neef selbst sprechen lassen: „Die Philanthropische Gesellschaft von Paris hatte von Pestalozzis Unterrichtsmethode gehört. Um mit einem so wichtigen Gegenstand innig vertraut zu werden, ersuchten einige der aufgeklärtesten Mitglieder jener Gesellschaft Pestalozzi, einen Lehrer seiner Methode nach Paris

[1] Hinsdale, Horace Mann and the Common School Revival in the U. S. New York 1913.

[2] Diese Angaben sind dem „Popular Science Monthly", Vol. XLV, pp. 373—375, Juli 1894, entnommen.

zu senden. Da ich sowohl mit der deutschen und französischen Sprache, wie mit den Grundsätzen des neuen Systems völlig vertraut war, war ich die hierzu ausersehene Person" [1]).

In Paris begegnete Maclure im Vorfrühling des Jahres 1805 Neef und bestimmte ihn, „seines Meisters Apostel in der neuen Welt zu werden".

Darüber kann kein Zweifel bestehen, Neef war ein gut ausgerüsteter Schüler Pestalozzis für eine solche Unternehmung. Er hatte die Gabe, sich in neue Situationen hineinzustellen und neue Probleme frisch anzugreifen. Er hatte den Geist von Pestalozzis Methode erfaßt und sich zu eigen gemacht, obwohl er ihr stark sein eigenes Temperament aufdrückte. Seine theoretischen und praktischen Kenntnisse, sein offener Sinn für Natur und Geisteswelt waren eine gute Mitgift für die Pionierarbeit in einem neuen Lande. Er hatte den Geist eines Soldaten: wohldiszipliniert und geradlinig, mit einer praktischen Lebensphilosophie und einem immer guten Humor.

Aber gerade seiner Soldatenkarriere sind wohl auch einige Züge zuzuschreiben, die weniger im Einklang mit seinem Berufe standen. Robert Owen [2]) beschreibt ihn in seiner Autobiographie als einen Mann „von derber und ungeschminkter Art und einer kurz angebundenen Redeweise, die hin und wieder mit einem Fluch bekräftigt wurde, eine mißliche Gewohnheit für einen Lehrer, die er wohl — so glaubt Owen — vergeblich sich abzugewöhnen versuchte". „Doch mit all seiner Rauheit", fährt Owen weiter, indem er von seinen spätern Jahren spricht, „war der gute alte Mann der allgemeine Liebling unter den Kindern wie unter den Erwachsenen."

Ein ähnliches Zeugnis gibt uns Ramsauer, der frühere Schüler und spätere Biograph Pestalozzis, in bezug auf Neefs frühere Jahre: „In Burgdorf war er der Liebling der Schüler, trotz der Rauheit seines Äußern. . . . Er war kein Pädagoge, er hatte nur das Herz eines Pädagogen [3])."

---

[1]) Neef, Sketch of a Plan and Method of Education. Philadelphia 1808.

[2]) 1771—1858. Begründer des englischen Sozialismus, sowie der englischen Kleinkinderschulen. Vgl. unten.

[3]) Wir entnehmen diese Angaben einer eingehenden Studie über Maclure u. Neef v. Will S. Monroe, History of the Pestalozzian Movement in the United States. Syracuse, N. Y. 1907.

3.

Als Neef nach Philadelphia kam, brachte er die ersten drei Jahre hauptsächlich mit dem Studium der englischen Sprache zu. Jedenfalls beschäftigte ihn aber auch während dieser Zeit das Erziehungsproblem, die Anwendung und Durchführung der Pestalozzischen Grundsätze in seiner neuen Umgebung. Denn aus dieser Zeit reifte ein Buch, das unsere besondere Aufmerksamkeit verdient. Sein vollständiger Titel lautet in der Übersetzung:

„Entwurf zu einem Erziehungsplan und einer Methode,
gegründet auf eine Analyse der menschlichen Anlagen
und der praktischen Vernunft,
angemessen für die Nachkommen eines freien Volkes
und für alle vernünftigen Wesen.
Von Joseph Neef,
weiland Mitarbeiter von Pestalozzi
an seiner Schule bei Bern in der Schweiz.
Philadelphia. Gedruckt für den Autor. — 1808 [1]).

Das kleine Buch in 12mo umfaßt 168 Seiten, in welchen Neef seine Ideen über den Unterricht der verschiedenen Unterrichtsgegenstände entwickelt. Es ist jedoch weniger eine methodische Didaktik, als vielmehr ein Umriß der Grundsätze,

---

[1]) SKETCH
of
A PLAN AND METHOD
of
EDUCATION
founded on an
Analysis of the Human Faculties,
and
Natural Reason,
suitable for
The Offspring of a Free People,
and
For all Rational Beings.
—
By Joseph Neef
Formerly a Coadjutor of Pestalozzi, at his
School near Berne, in Switzerland.
—
Philadelphia: Printed for the Author. — 1808.

auf welche er im Begriffe steht, seine Schule zu gründen. Es ist ein Programmbuch und ein pädagogisches Bekenntnis.

„Der Stil dieses Buches ist merkwürdig klar und kräftig", gibt auch Neefs Biograph, Will S. Monroe, zu, indem er daran erinnert, daß „das Englische für Herrn Neef eine Fremdsprache ist." Wenn man in Betracht zieht, daß dieses Büchlein das Temperament, den Charakter und die Persönlichkeit des Schreibers wiederspiegelt, dazu eine geistvolle und fesselnde Kraft der Darstellung aufweist und nicht zuletzt wertvolle Ideen in einer originellen Form darbietet, so darf es mit all seinen Exzentrizitäten als ein wirkliches Stück Literatur, im engern Sinne des Wortes, bezeichnet werden. Oft gebraucht Neef die sokratische Form des Dialogs, worin er die Einwände seiner Leser vorwegnimmt, um seinen eigenen Standpunkt um so klarer und überzeugender zu gestalten. Dabei entfaltet er eine schneidende Dialektik, vermischt mit Humor und einer ganzen Stufenleiter rhetorischer Mittel, Ernst und Spott, Ironie und Würde; hier spricht er in treffenden Gleichnissen, dort in anmutigen Allegorien. Und doch erweckt alles den Eindruck außerordentlicher Spontaneität; nichts scheint auf bloße Effekte berechnet zu sein. Es ist nicht der geläuterte Stil des Schriftstellers, wohl aber die impulsive Sprache eines begabten Praktikers.

(In gewisser Beziehung fordert dieses Buch — das erste, das in den Vereinigten Staaten in englischer Sprache über Unterrichtsmethoden geschrieben worden ist — zu einem Vergleiche heraus mit Rousseau. Der Schreiber, der sich als Naturforscher (natural philosopher) bezeichnet, befindet sich „oft, wenn nicht immer, im Widerspruch mit den Gelehrten", seine Unterrichtsmethode ist „das gerade Gegenteil von dem, was diese lehren", wie er mit Humor, aber nicht ohne Sarkasmus zugibt. Neef ist durch und durch Individualist. Als selbständiger Denker beschränkte er sich nicht auf eine bloße Übertragung Pestalozzischer Grundsätze. Er machte sie zu einem Teil seiner eigenen Lebensphilosophie und reihte sie in ein Gedankensystem ein. Darin verrät er auch den Mathematiker. So stellte er sich namentlich auch unter den Einfluß von Condillac, von dem Gustave Lanson sagt: „Les opérations de sa pensée sont une algèbre, dont les mots sont les signes." Von welcher Bedeutung der Einfluß Condillacs auf Neef war, verrät am besten das Schriftchen, das 1809 in Philadelphia erschien: „Die Logik von Condillac, übersetzt von Joseph Neef, als eine Illustration zu dem Erziehungsplan, eingeführt an seiner Schule bei Philadelphia [1])." Neben Pestalozzi hatte wohl Condillac den größten Anteil an der geistigen Einstellung Neefs. Und beide verbinden Neef mit Rousseau.)

Es ließe sich nun erwarten, daß die bloße Existenz von Neefs „Entwurf zu einem Erziehungsplan" ein allgemeines Interesse hervorgerufen hätte, und daß schließlich die Methode in den verschiedenen Teilen des Landes bekannt geworden wäre. Es ist jedoch nicht erwiesen, daß Neefs Büchlein Gegenstand öffentlicher Diskussion war außerhalb des Kreises von Gönnern in und bei Philadelphia. Für diese merkwürdige Tatsache gibt es namentlich zwei Gründe. Es gab zu der Zeit, da das Buch erschien, in den Vereinigten Staaten noch keine pädagogische Zeitschrift, die sein Erscheinen in Berufskreisen hätte anzeigen können. Sodann hatte Neef seine Arbeit nicht auf den Markt getragen; sie war gedruckt für den Autor". So konnte der „Entwurf zu einem Erziehungsplan", was auch seine pädagogische Bedeutung oder sein literarisches Verdienst gewesen sein mag, nicht die ihm gebührende Aufmerksamkeit auf sich ziehen.

4.

Neef eröffnete seine Schule früh im Herbst des Jahres 1809. Ein Einwohner von Philadelphia, Mr. Gardette, der einen Verwandten unter Neefs Obhut hatte, überliefert den genauen Ort, wo sich die Schule befand: an den „Schuylkill Fällen", etwa fünf Meilen von der alten Stadt Philadelphia entfernt. „In jenen Tagen waren an diesem Punkte wirkliche Fälle," so erzählt unser Gewährsmann [2]). „Das Getöse der Stromschnellen wurde auf eine Meile und weiter gehört." — Heute „gleitet dort der Fluß sanft vorüber. Es ist ein stiller Ort, so stille, daß wir an seinem Ufer einen Ruheplatz für unsere Toten angelegt haben."

---

[1]) „The Logic of Condillac, translated by Joseph Neef, as an Illustration to the Plan of Education established at his school near Philadelphia." 12 mo. 136 pp.

[2]) Gardette, C. D., „Pestalozzi in America", in „The Galaxy" Vol. 4, pp. 437 ff. August 1867.

„Das Neef-Schulhaus saß auf einem steil abfallenden Hügel, direkt über den Fällen und kaum eine halbe Meile darüber hinaus. Auf einem benachbarten und niedrigeren Höger standen zwei andere Gebäude, die als Wohnung und Dormitorium dienten."

Die Gebäude „waren alle von einfachster Bauart, aus rohem, festem Material, doch trocken, gesund und gut ventiliert und sogar mit bescheidenem Komfort".

Das war der Ort, wo Neef begann seine Pläne zu verwirklichen. Die Schule hatte ohne Zweifel eine günstige Lage. Sie war von der Stadt aus bequem erreichbar: ein wichtiger Umstand für eine Privatschule, die mit einer fortschrittlich gesinnten Stadtbevölkerung in Verbindung bleiben muß. Sie erlaubte aber auch reichliche Bewegungsfreiheit in einer außerordentlich romantischen Umgebung, ein Punkt, auf den Neef mit seinem Erziehungsplan und seinen persönlichen Neigungen besonderes Gewicht gelegt haben wird.

„Wir wurden zu allen körperlichen Übungen ermutigt," so schreibt der Vetter von Mr. Gardette, „wir waren große Schwimmer und Schlittschuhläufer, Fußgänger und Turner. Bei schönem Wetter gingen wir zweimal in den Schuylkill baden, mit Neef an der Spitze, der ein vollendeter Schwimmer war."

Aber auch die Schulzeit wurde zum großen Teil im Freien zugebracht. So berichtet unser Gewährsmann: „Unser Meister, barhaupt wie wir, führte uns auf langen Märschen durch das benachbarte Gebiet, sprach im Gehen über Landwirtschaft, Botanik, Mineralogie und dergleichen in angenehmer und belehrender Weise und wies uns auf die besprochenen Gegenstände hin, die sich dem Auge boten in Kornfeldern, Gärten, Felspartien und Flüssen. . . . Wohin wir auch gingen, überall erkannte man uns an den unbedeckten Köpfen und am verwegenen Wesen als ‚die Neefbuben von den Fällen'."

Bei einer solchen Lebensweise und dem gewöhnlich derben Ton, der dabei herrschte, ist es nicht verwunderlich, daß „zwischen Neef und seinen Schülern eine so große Freiheit bestand, die zuweilen nicht ganz im Einklang war mit guter Lebensart oder mit der schuldigen Ehrerbietung der Schüler gegenüber dem Lehrer. Doch schien das zum System zu gehören", entschuldigt sein ehemaliger Schüler, „und Herr Neef war ein durch und durch gutmütiger, ungekünstelter und liebenswürdiger Mann, ohne ein Atom falschen Dünkels oder schulmeisterlichen Wesens".

Im ganzen gedieh die Schule an „den Fällen". Die besten Familien aus Philadelphia und Umgebung vertrauten Neef ihre Söhne an. Das Pestalozziinstitut war auf bestem Wege festen Fuß zu fassen.

Doch war es auch der Kritik ausgesetzt. Wie hätte es anders sein können bei Methoden, die als das gerade Gegenteil von allem, was bisher üblich war, ausgegeben wurden. Besonders war das Ringen und der militärische Drill von den Mitgliedern der „Gesellschaft der Freunde", von den Quäkern, verurteilt worden.

Ob solche Kritik Neef bewog, die Schule an einen abgeschiedeneren Ort zu verlegen, kann nicht mehr festgestellt werden. Es ist durchaus möglich. Tatsache ist, daß Neef vor dem Ende des vierten Jahres mit seiner Schule von „den Fällen" wegzog in das benachbarte Delaware County. In einem kleinen Dörfchen, Village Green bei Chester, richtete er sie neu auf.

5.

„Neefs Schule gedieh nicht in Village Green, und er hatte bald Ursache, seinen Wegzug zu bedauern", so berichtet Mr. Gardette weiter. Jedoch wurde sie noch etwa drei Jahre fortgeführt bis 1816.

Es mag erwähnt werden, daß während dieser Zeit der spätere Admiral David Glasgow Farragut unter der Obhut Neefs stand. In seinen spätern Jahren zeugte der Admiral „für die Vortrefflichkeit des Pestalozzischen Unterrichtssystems", wie es durch Neef gehandhabt wurde, indem er ausführte: „Ich habe nie etwas vergessen, was ich an jener Schule lernte, und die Kenntnisse, die ich dort erworben habe, sind mir bis auf den heutigen Tag geblieben [1])."

Im übrigen wissen wir wenig von Neefs Tätigkeit in Village Green. Wieweit seine ländlichen Nachbarn beitrugen, seine Schule zu verunglimpfen, ist nicht leicht zu untersuchen. Jedenfalls konnte Neef die Erfahrung machen, daß ein „Natur-

[1]) Nach einer redaktionellen Anmerkung der Monatsschrift „The Galaxy", August 1867.

philosoph" am wenigsten verstanden wird unter einer Bevölkerung, die mit der Natur aufs engste verwachsen ist. Er wurde beschuldigt, seinen Knaben atheistische Ideen einzuimpfen.

Den wesentlichsten Grund für den Niedergang der Anstalt erblicken wir jedoch in der Entfernung von einem kulturellen Zentrum wie Philadelphia, das allein Neef hätte in die Lage setzen können, sein Experiment durchzuführen.

Aber Neef, der „keine gesellschaftlichen Neigungen hatte", wie wir von unserm Gewährsmann wissen, hatte die Abgeschiedenheit vorgezogen. Auf eine Anregung eines Herrn von Louisville, Kentucky, der zwei Knaben in seiner Schule hatte, verlegte er seine Anstalt nach Louisville, das damals nur etwa 5000 Einwohner zählte. Es zeigte sich, daß dieser Wechsel noch schlimmer war als der erste. Nach ein paar Jahren gab Neef den Lehrerberuf auf und kaufte sich eine Farm etwa 25 Meilen (40 km) von Louisville entfernt.

So schien das vielversprechende Unternehmen, Pestalozzis Methoden in die Vereinigten Staaten zu verpflanzen, zu enden, fast wie Neef es selbst vorausgeahnt hatte, als er das Finale seines Programmbuches schrieb: Er, der der Apostel seines Meisters hätte werden sollen, lebte das Leben eines unbekannten Mannes, den Augen der Welt verborgen.

6.

Noch einmal sollte es für Neef eine Gelegenheit geben, Pestalozzis Erziehungsmethoden in die Tat umzusetzen. Im Jahre 1825 erhielt er einen Ruf von seinem alten Gönner William Maclure, um sofort die Schulen der neugegründeten sozialistischen Gemeinschaft New Harmony in der Nähe des Wabash im Staate Indiana zu übernehmen.

Die New Harmony Gemeinde war ein Experiment von Robert Owen von New Lanark in Schottland, des Begründers des englischen Sozialismus, in pädagogischen Kreisen namentlich bekannt als der Gründer der englischen Kleinkinderschulen. In dieser Gemeinschaft wurde der Volkserziehung besondere Aufmerksamkeit geschenkt. Maclure, der sich an ihr stark beteiligte mit seiner finanziellen und moralischen Unterstützung, war zum Leiter des Erziehungswesens ausersehen.

Nach Owens eigenen Erklärungen war es „Maclures offen bekannte Absicht, New Harmony zum Zentrum der amerikanischen Erziehung zu machen durch Einführung des Pestalozzischen Unterrichtssystems" [1]).

Neben der Forderung der wissenschaftlichen Studien war eine gewerbliche Schule im Sinne Pestalozzis vorgesehen. Maclure äußert sich dazu: „Das Pestalozzische System hat für alle gewerblichen Schulen einen großen Vorteil; denn es werden dadurch nicht nur neben Wissen gleichzeitig auch Werte erzeugt, sondern es gewöhnt namentlich auch an gleichzeitiges Arbeiten und Denken" [1]).

Neef war bestimmt, Maclures Erziehungsziel auszuführen. Maclure selbst und ein ganzer Stab von amerikanisierten Pestalozzi-Jüngern nahmen an der Arbeit des Unterrichts teil. Während Maclures Stellung mit derjenigen eines amerikanischen Superintendenten verglichen werden mag, entsprach die Aufgabe von Neef ungefähr derjenigen eines Schuldirektors.

Es war eine ungewöhnliche Gelegenheit, dem amerikanischen Volk die Erziehungsideale, für die Maclure und Neef eintraten, vorzuführen. Die New Harmony-Unternehmung hatte in der Tat weit herum Aufsehen erregt. Besonders der Erziehungsplan war ein Gegenstand des Interesses. Im Juni 1826 veröffentlichte Russell in seinem „American Journal of Education" einen Brief, der seinen Bericht über die Schule folgenderweise schloß: „Nach den Talenten der Instruktoren und der Überlegenheit von Organisation und Ausstattung dürfte dieser Ort wahrscheinlich der erste in der Union sein für eine brauchbare Erziehung."

Die New Harmony Community konnte der Welt jedoch nicht den Erfolg zeigen, der allein zur Annahme von neuen Grundsätzen führt. Schon nach zwei Jahren wurde die Gemeinschaft aufgelöst und mit der Auflösung schwand auch die Erziehungsreform dahin, die dort so vielversprechend unternommen worden war.

Maclure erwarb sich eine Strecke Landes in der Nähe von New Harmony und setzte seine erzieherischen Versuche in gewerblicher und landwirtschaftlicher Richtung fort. Aber

---

[1]) Monroe, Will S., „History of the Pestalozzian Movement in the U. S." 1906.

er hatte die Aufmerksamkeit der Außenwelt verloren, trotz seiner Artikel über Erziehung, die er weiterhin veröffentlichte. Es scheint, als ob mit dem Zusammenbruch der Gemeinschaft, mit der sein Name nun unzertrennlich verknüpft blieb, seine Absichten als undurchführbar und unpraktisch betrachtet worden sind. Das Vertrauen in ihn war verloren. Das spiegelt sich auch in den Worten seines Biographen Monroe wieder: „Die Einrichtungen für die Erziehung und den Unterricht dieser interessanten Familie waren reichlich vorhanden, und es schien als würde dem Erfolg des Versuches kein Hindernis im Wege liegen, — wenn der Grundsatz nicht mit einem angeborenen Gebrechen behaftet gewesen wäre." — Mit dem sozialistischen Unternehmen fiel auch der Pestalozzische Erziehungsplan.

Auch Neef fuhr fort, Schule zu halten, zuerst in Cincinnati, dann in Steubenville, Ohio. Über diese Periode seiner Laufbahn wird uns nichts berichtet. Wie der Name Maclures, so war auch der seinige beeinträchtigt durch seine Beziehung mit jener Unternehmung, die nach einer volkstümlichen und sehr weit verbreiteten Auffassung den Atheismus lehrte. Im Jahre 1834 kehrte Neef nach New Harmony zurück, wo seine Tochter verheiratet war. Hier verbrachte er den Rest seines Lebens. Er starb am 8. April 1854.

Der Bericht über Leben und Laufbahn dieses ungewöhnlichen Mannes mag hier beschlossen werden durch eine Charakterisierung, die Monroe in seiner verdienstlichen Biographie anführt. Joseph Neef war „ein Mann von ungewöhnlichen Fähigkeiten mit einem exzentrischen Charakter, ein gründlicher Gelehrter, ein tiefer und eigenartiger Denker, ein durchdringender Philosoph und ein rechtschaffener Mann."

7.

Die Tätigkeit, die Joseph Neef in Pennsylvanien für die Ideen und Grundsätze Pestalozzis entfaltete, darf als Prolog einer Pestalozzibewegung in den Vereinigten Staaten angesehen werden. Gemessen an dem wirklichen Erfolg in der Entwicklung der Erziehung nach der Richtung jenes neuen Ideals erscheint sie jedoch nur nebensächlich. Es mag gesagt werden, daß die Zeit der Ausbreitung solcher Ideen wenig günstig war.

Mit Recht bemerkte der Verleger des „Akademikers" in seiner Einführung zu einem Essay über Pestalozzi im Jahre 1819: „Methoden, die ihren Aufstieg bloß zufälligen Ursachen verdanken, haben ein Übergewicht angenommen", und es besteht die Wahrscheinlichkeit, daß „der Volksruf zugunsten irgend einer besondern Form", nämlich des Lancaster-Systems, „die Aufmerksamkeit von Pestalozzi ablenken werde [1])." — Schließlich kann es auch nicht verwundern, daß bei dem Mangel an guten Verbindungen und auch an pädagogischen Zeitschriften Neef und sein Werk außerhalb seiner engern Umgebung tatsächlich unbekannt blieb [2]).

Einige Gründe, und vielleicht die wichtigsten, für das Mißlingen des Versuchs hängen aber zusammen mit der Persönlichkeit Neefs. N. A. Calkins, der das Werk Neefs bespricht, sagt von ihm: „Er versagte, weil er die Notwendigkeit nicht begriff, das System zu amerikanisieren, statt es bloß zu verpflanzen [3])." Dieser summarische Satz hat auf den ersten Blick etwas Bestechendes. Neef hatte die Unterrichtsmethode, die er befolgen wollte, sorgfältig entworfen; aber er machte keinen Versuch, weder ein soziales, den anders gearteten Verhältnissen entsprechendes, noch nur ein organisatorisches Verfahren festzulegen, das ihn befähigt hätte, seine Mission erfolgreich durchzuführen. Er glaubte aufrichtig, seine Pflicht erfüllt zu haben, wenn er die Knaben, die ihm anvertraut würden, erzöge. — Es sollte jedoch bemerkt werden, daß die angeführte Erklärung von Calkins weder die einzige noch auch nur die wichtigste Ursache von Neefs Mißlingen trifft. Calkins, der ein Anwalt der Anschauungsunterricht-Bewegung von Oswego war, einer englischen „Anpassung" von Pestalozzis Anschauungsunterricht, war natürlich geneigt, jene besondere Form zu betonen, in der er allein den Schlüssel des Erfolges sah.

Es verlohnt sich der Mühe, eine tiefer gehende Erklärung

---

1) „The Academician", Vol. I, No. 16, 1819.

2) Der Mangel an guten Verbindungen und die dadurch gezeitigten Erscheinungen werden trefflich illustriert durch die Tatsache, daß es fast 20 Jahre dauerte, bis im Staate New Jersey das berühmte Kopfrechenbuch von Warren Colburn, das 1821 in Boston erschienen war und allgemeine Verbreitung gefunden hatte, eingeführt wurde.

3) N. A. Calkins, „The History of Object Teaching" in Barnard's „Journal of Eduction", Vol. XII, 1863.

für den Mißerfolg von Neefs Unternehmen zu suchen. Wenn auch keine Aufzeichnungen vorliegen, die die genauen Gründe für Neefs Wegzug von Philadelphia angeben — und nach allem war es dieser Wegzug, der das Schicksal von Neefs Werk besiegelte —, so sind diese Gründe offensichtlich für den, der auf eine psychologische Charakteranalyse abstellen mag. Sie dürfen wohl in Neefs persönlicher Neigung für die Einsamkeit gesucht werden. „Obwohl er angenehme Manieren und Bildung besaß, hatte er keine gesellschaftlichen Neigungen", schreibt Mr. Gardette, der einen Vetter in Neefs Schule hatte. Die Flucht aus der Gesellschaft war die verhängnisvollste Ursache für das Mißlingen von Neefs Unternehmung. Die Worte, mit denen er sein Programmbuch schließt, sind nicht nur außerordentlich pathetisch; es liegt in ihnen auch eine große Bedeutung: „Hört es, ihr Menschen der Welt! Ein unbekannter, brauchbarer Landschullehrer zu werden, das ist die höchste Höhe meines weltlichen Strebens."

Diese Haltung von Neef kann vielleicht seinem Leben in der Armee zugeschrieben werden, wo er gewohnt war, seine Pflichten zu vollziehen unter der Führung und dem Befehl von verantwortlichen höhern Offizieren. Das war nicht der Boden, um jene Weite des Blickes und jene Stetigkeit in der Verfolgung eines Planes zu entwickeln, die zur Ausführung einer Mission von der Art Neefs nötig sind. Was Neef unternahm, das tat er gewissenhaft. Es aus Gehorsam zu tun, und aus keinem andern Grunde, war tief in seinen Charakter gepflanzt.

Seine spätere Tätigkeit in New Harmony erweckte Interesse als Kollektivwerk, dem sie sich einordnete. Sie hörte auf mit dem Verschwinden jenes Unternehmens.

So hatte Neef keinem Erziehungsunternehmen einen wirklichen Antrieb verliehen.

Und doch entzündete er, was bisher unbekannt geblieben war, die Tätigkeit jenes jungen Harvard Graduierten, dessen Bücher eine neue Ära im Arithmetikunterricht der Vereinigten Staaten eröffneten: Warren Colburn.

Gräfin Maria Theresia Brunszvik.

Ein Bild ihres Lebens, Charakters und Wirkens.

Von

Franz Kemény, Oberstudiendirektor i. R. in Budapest.

Ein guter Mensch in seinem dunkeln Drange
Ist sich des rechten Weges wohl bewußt. —
(Der Herr im Prolog zum „Faust").

Die Zentenarien Pestalozzis und Beethovens haben die Aufmerksamkeit der gesamten Kulturwelt auf eine Frauengestalt gelenkt, die mit den beiden unsterblichen Großen in unmittelbarem Verkehr gestanden. Hat die Gräfin Therese Brunszvik[1]) (Gf. Th. Br.) im Leben Beethovens nachweislich eine entscheidende Rolle gespielt, so war Pestalozzi für sie von nicht geringerer Auswirkung. Dort Anregerin und Spenderin, hier Angeregte und Beschenkte. Inmitten dieser beiden Pole verlief ihr langes Leben als Empfängerin und Geberin zum Heile des Vaterlandes und der Menschheit. In der Tat war das Leben der Gräfin zwischen diesen beiden Genies aufgeteilt. Poetisch edel und doch der Wahrheit entsprechend, drückt dies La Mara (I. 39) so aus: „War Beethoven die strahlende Sonne am Jugendhimmel Therese Brunszviks, so blieb ihr späteres Leben der Caritas geweiht. Aus der Liebe zu dem Einen, dem sie vor der Welt nicht angehören durfte, blühte ihr die Liebe zur Menschheit auf. Sie zu betätigen, wies ihr Pestalozzi den Weg"[1]). Durch Beethoven wurde sie zur „unsterblichen Geliebten" geweiht, durch Pestalozzi zum „unsterblichen Schutzengel" der Kinderwelt: dort von der Glorie der Dichtung umwoben, hier im Lichte der Wahrheit erstrahlend. Während nun das Problem „Beethoven-Brunszvik" im Auslande eine ungemein ausführliche Behandlung erfuhr und eine

---

[1]) Die fortlaufenden Zahlen verweisen auf die Anmerkungen im Anhange.

reiche Literatur im Gefolge hatte, wurde das (für uns) klar zutageliegende Verhältnis „Pestalozzi-Brunszvik" dort nur nebenbei gestreift, im eigenen Vaterlande jedoch um so früher und eingehender gewürdigt [2]). Diesem an Versäumnis mahnenden Mangel begegnet man auch in den ausländischen Sammelwerken. Schlägt man beispielsweise in einem deutschen Konversations-Lexikon nach, so findet man unter dem Stichwort „Brunswick" die Auskunft, daß dieser Name die französische und englische Form von „Braunschweig" und in amerikanischen Städtenamen anzutreffen sei, und des weiteren hie und da einiges über das Haus Braunschweig; von der Gräfin Theresia Brunszvik jedoch, sehr mit Unrecht, keine Spur [3]). Hieran dürfte der Umstand schuld sein, daß ihre Briefe an Pestalozzi bisher nicht aufgefunden wurden, während man hierzulande von den Briefen Pestalozzis an die Gräfin, durch Vermittlung der letzteren, unmittelbar und zeitgerecht Kenntnis erhielt [4]).

Über Haus und Familie Brunszvik mögen die folgenden kurzen Angaben orientieren. Der Überlieferung nach führen die Brunszviks ihren Ursprung auf Herzog Heinrich von Braunschweig (1139—95) zurück, der mit seinen beiden Söhnen nach dem Heiligen Lande zog. Einer derselben soll hernach in Ungarn verblieben und der Stammvater des ungarischen Zweiges (der von Korompa) geworden sein. Aus der Ehe eines Grafen Anton Brunszvik mit der hübschen, aber armen Baronesse Anna von Seeberg, der bevorzugten Hofdame Maria Theresias (1774), entstammen vier Kinder: Therese, Patenkind Maria Theresias (27. Juli 1775 Preßburg bis 17. September 1861 Pest) *), Franz (1777—1852), Josefin (1779—1821), nachmals Gräfin Deym und nach dessen Tod Baronin Stackelberg, und Karoline-Charlotte (1782—1853), später Gattin des siebenbürgischen Grafen Emerich Teleki. (Wir geben die von Czeke-Révész S. 7 angeführten richtigen Jahreszahlen, die von denen La Maras I. 37 mehrfach abweichen.) Josefin hatte aus der ersten Ehe vier, aus der zweiten drei Kinder. Die Gräfin Teleki hatte zwei Töchter: Blanka und Emma. Jene wurde wegen ihrer Beteiligung an der ungarischen Freiheitsbewegung

*) Nach Viktor Papp (Beethoven-Programm-Album 1927 S. 53), ist sie am 17. Sept. in Martonvásár gestorben und ebenda beerdigt worden. Nach Czeke-Révész im Oktober 1861 in Duka gestorben, nach Stephan Havas am 24. Sept. 1861 ebenda.

von den Österreichern zu zehnjähriger Festungshaft verurteilt, 1857 jedoch begnadigt, lebte dann körperlich gebrochen in Dresden und widmete sich nach dem Vorbild ihrer Tante Therese dem Erziehungswesen. Sie starb 1862 bei ihrer Schwester Emma. Diese heiratete den französischen Edelmann und Schriftsteller Auguste de Gerando, der in französischer Sprache zahlreiche Werke über Ungarn veröffentlichte und auch zum Mitglied der Ungarischen Akademie der Wissenschaften gewählt wurde. Bis zu dessen Tod (1849) lebte Emma in Paris, hernach als Witwe in ihrem siebenbürgischen Schloß Pálfalva. Sie war in ungarischer Sprache emsig und erfolgreich literarisch tätig, verfaßte mehrere Jugendschriften, starb jedoch (1893), ehe sie die geplante Herausgabe einer Biographie ihrer Tante, der Gräfin Therese, auf Grund ihrer Tagebücher verwirklichen konnte. Sie hinterließ zwei Kinder: Antonina (geb. 1845 in Paris) und Attila (geb. 1847 in Pest, gest. 1897 in Pálfalva). Antonina erwarb sich in Paris das Professorendiplom, unterrichtete zuerst in Budapest, wurde dann Direktorin der höheren Töchterschule in Kolozsvár (Klausenburg) und entwickelte insbesondere auf dem Gebiete der Mädchenerziehung eine rege literarische Tätigkeit. Auch Attila bestand in Paris die Professorenprüfung, wurde als Professor der französischen Sprache an die Kolozsvárer Universität berufen, dankte jedoch alsbald ab, um sich ausschließlich der literarischen Tätigkeit und geographischen Studien zu widmen, worüber er in französischer und ungarischer Sprache zahlreiche Abhandlungen und Werke veröffentlichte. Die verwitwete Attila de Gerando wohnt noch heute inmitten des Reliquienschatzes der Gräfin Therese im Schlosse zu Pálfalva, das seit der Annexion durch die Rumänen Paŭleszti heißt. — Derart entrollt sich uns ein bemerkenswertes Beispiel literarisch-pädagogischer Vererbung innerhalb der Adelsfamilie Brunszvik-De Gerando. Die ungarische Linie der Brunszviks ist mit dem 1899 verstorbenen k. u. k. Kämmerer und Oberhausmitglied Géza Brunszvik erloschen. Eine übersichtliche Darstellung des genealogischen Stammbaumes der Brunszvik findet sich bei Czeke-Révész (37).

I.

Um eine verläßliche geistig-seelische Grundlage für das Lebenswerk der Gräfin Therese zu gewinnen, wollen wir zunächst die Erziehung betrachten, die sie genossen hat. Diese war, gleichwie die der Kinder des ungarischen Hochadels jener Zeit, ausgesprochen deutsch. Im Gegensatze zur deutschen Mutter, die keine sonderliche Meinung von der Pädagogik hatte, bekundete der Vater einen hochentwickelten Sinn für das Erziehungswesen, war Berichterstatter desselben in der Regnikolarkommission und widmete sich mit Vorliebe der Erziehung seiner Kinder. Väterlicherseits vererbte sich auch die musikalische Begabung, die bei sämtlichen vier Kindern in hervorragendem Maße hervortritt. Therese begann bereits mit 3 Jahren Klavier zu spielen und tritt als Sechsjährige in einem öffentlichen Konzert auf. Auch für die Malerei hatte sie ausgesprochene Anlage und bekundete besondere Vorliebe für die Natur (Pflanzen, Blumenpflege). Bei zarter körperlicher Beschaffenheit war sie geistig vorzüglich veranlagt. „Ihren Lehrern schob sie oft das Pensum zurück mit der Äußerung: Das ist mir zu leicht, geben Sie mir etwas Schwereres" (Akademie-Handschrift). Sie lernte leicht, besonders Sprachen, von denen sie das Deutsche, Französische, Englische und Italienische beherrschte. Ihre eigentliche Muttersprache, das Ungarische, erlernte sie erst im späteren Alter, denn diese war zu jener Zeit in den adeligen Kreisen noch wenig verbreitet und im amtlichen Verkehr durch das Lateinische ersetzt. Eine weitere natürliche Erklärung für diesen (heute) auffallenden Umstand, dem man auch bei dem Gf. Stephan Széchenyi begegnet, bieten, nebst ihrem längeren Aufenthalt in Wien und Mähren, ihre wiederholten ausgedehnten Reisen im Auslande. Sie las viel und fand besonderes Gefallen an Klopstock, Mathisson, Salis; ihre Lieblingshelden sind Washington und Benjamin Franklin. Bei einer solchen geistig-seelischen Anlage erscheint es nur zu begreiflich, wenn sie selbst bekennt: „Ich war kaum (im Geiste nie) bei jugendlichen Unterhaltungen." Einen tiefen Einblick in das so frühzeitig entwickelte Geistes- und Seelenleben der Gräfin liefern die nach dem Tode ihres Vaters im Alter von 18 Jahren unter dem Titel „Theresens Ideal"[5]) niedergeschriebenen Bekenntnisse, die von einer verblüffenden und schier beängstigenden Frühreife zeugen. Mit schwärmerischer Liebe hing sie an ihrem Vater, ließ in ihrem Gärtchen im großen Garten einen Grabhügel aufwerfen und eine Pyramide aus rotem Marmor setzen mit der einfachen

Inschrift: „Dem besten Vater, seine Tochter Therese." Sie schreibt: „An diesem grünen Hügel saß ich stundenlang und phantasierte. Als ich 16 Jahre alt war, weihte ich mich an dieser Stelle feierlich zur Priesterin der Wahrheit und beschloß, mich nie zu vermählen."

Um unserer Aufgabe voll gerecht zu werden und dem Leser ein erschöpfendes Bild des Lebens, Charakters und Wirkens der Gräfin zu bieten, wollen wir nun ihren Entwicklungsgang hintereinander nach zwei Richtungen von Schritt zu Schritt verfolgen: ihre geistig-seelische Entfaltung Hand in Hand mit der pädagogischen ins gehörige Licht stellen. Für die erstere benützen wir auszugsweise die vortreffliche Studie der Dr. Révész (29—37): Charakterisierung der Gräfin Brunszvik vom Standpunkt der Vererbungs- und Seelenkunde. Als augenfällige Erscheinung stellt Frau Révész fest, daß die bei der Gräfin in gesteigertem Maße sich offenbarenden hervorragenden Eigenschaften bei einzelnen Mitgliedern ihrer Familie in auf- und absteigender Linie in geringerem Grade anzutreffen sind. Großvater und Vater (Anton I., Anton II.) gehören zur kompliziert-spaltenden (schizoiden) Menschengruppe mit besonders ausgeprägten Anlagen für Organisation, Aktivität, Künste (Musik) und Erziehung. Mütterlicherseits begegnen wir dem zweiten (zyklischen) Menschentypus, dessen Handlungen sich den Umständen und eigenen Interessen anpassen, der sich für höhere Ideale weniger begeistert und mehr für praktische Betätigung veranlagt ist. In der Gräfin Therese vereinigen sich diese beiden Richtungen in glücklicher Weise zu einer geistigen Beweglichkeit, ideellen Freiheit, Unvoreingenommenheit und Ausdauer in der Ausführung. In Form der aufgeteilten Vererbung findet sich die musikalische Begabung auch bei ihrem Bruder Franz und ihrer Schwester Josefin. Das vierte Brunszvik-Kind, Karoline, ist zwar keine hervorragende Persönlichkeit; die in ihr schlummernden erblichen Anlagen treten indes in ihrem Kinde (Gräfin Blanka Teleki) und in ihrer Nichte (Antonina de Gerando) wieder hervor. Nach den einleitenden vererbungskundlichen Ausführungen entwirft Frau Dr. Révész das folgende charakterologische Bild von der inneren Entwicklung der Gräfin: 1. Jugendzeit bis zur Bekanntschaft mit Pestalozzi (1775—1808). Diese verhältnismäßig lange Zeitspanne ergibt sich aus der langsamen, wenngleich stetigen Entwicklung ihrer Persönlichkeit, wozu auch die schwächliche körperliche Veranlagung beitragen mochte. Die Erscheinungen der Reife und die ersten Liebesregungen fallen bei ihr bereits in das 2. Lebensjahrzent. Am frühesten meldet sich die musikalische Veranlagung: sie singt, deklamiert und spielt bereits mit 6 Jahren vorzüglich Klavier. Ihr Wissensdrang ist vielfältig und von großem Umfang: neben Sprachen und Literatur bevorzugt sie Naturwissenschaften und Geographie. Der Zeitstimmung entsprechend, ist ihre Gefühlswelt sentimental-romantisch und abstrakten Idealen zugeneigt. Um diesen inneren Energien eine Bahn zu öffnen, bedurfte es einer kräftigen äußeren Einwirkung. Als solche erweist sich die Bekanntschaft mit Pestalozzi, womit der zweite, volle 40 Jahre (1808—1848) währende Zeitraum ihrer Wirksamkeit anhebt. Nun verschmelzen sich die gefühlsmäßigen, geistigen und handelnden Energien und treten in harmonischer Auswirkung in Erscheinung. Die komplizierten Typen eigene symbolisierende Neigung offenbart sich in den Aufzeichnungen „Theresens Ideal", die ein edles Selbstbekenntnis darstellen. (Der geehrten Verfasserin ist hier ein Irrtum unterlaufen, da diese Aufzeichnungen zeitlich in das Jahr 1793 zurückreichen. K.) Der Buchstabe L (Liebe, Licht, Leben) verkörpert für sie den Inbegriff der Welt. Im Alter von 45 Jahren erwacht in ihr eine rein sphärische Liebe für Ludwig Migazzi; zu gleicher Zeit weist sie den Heiratsantrag Karl Podmaniczkys zurück. (Nicht zu vergessen des Freundschaftsverhältnisses zu Beethoven, das sich viel früher gemeldet hat. K.) Dieses rege Gefühlsleben gepaart mit vielseitiger Tätigkeit bewahrt sie vor Einseitigkeit. Sie ist patriotisch und zugleich kosmopolitisch gesinnt; religiös, ohne in ihren Unternehmungen das entscheidende Wort der Geistlichkeit zu gewähren; voller Güte den Mitgliedern ihrer Familie gegenüber und zugleich von Liebe und Opferfreudigkeit für die ganze Menschheit erfüllt. Ihre Zielsetzung wird durch die höchsten sittlichen Motive geleitet. Von den Reformgedanken der 30er Jahre durchdrungen, beschließt sie, unter dem Einfluß des persönlichen Zaubers von Pestalozzi, sich im Wege der Erziehung der armen Kleinkinder der sittlichen Hebung des Volkes zu widmen. Hierbei bekundet sie starke Begabung für Organisation, Propaganda und Beobachtung; Geschick in der Wahl ihrer Mitarbeiter; praktischen Sinn und bis ins

Einzelne reichende Genauigkeit. In ihrem Erziehungssystem geht sie nicht von oben und holt nicht von weitem aus, sondern beginnt von unten und aus eigener Erprobung, Erfahrung (unterrichtet die Kinder ihrer Schwester und andere junge Verwandte). Die heimischen Mißerfolge, so die Auflösung ihres Vereins, kränken, doch entmutigen sie nicht: sie setzt ihre Arbeit mit ungeschwächter Energie und erfolgreich im Ausland fort. — In der dritten Periode, Zeit des Alters (1848—1861), treten die bestimmenden Eigenschaften ihres Charakters stark in den Vordergrund. Unter dem nachhaltigen Eindruck des ungerechten Schicksals der Blanka Teleki erwacht in ihr der revolutionäre Geist gegen die Unterdrückung. Ihr Wirken beschränkt sich fast ausschließlich auf die Familie. Als reifste Frucht menschlicher Vervollkommnung empfindet und verkündet sie das Gefühl der Verantwortung. Ein in ihrem Papierkorb aufgefundener Zettel bezeugt dies mit den folgenden klassischen Worten: „Je höher wir im Range stehen, desto wichtiger sind unsere Handlungen."

II.

Nun wollen wir das vorangehende Entwicklungsbild vom pädagogischen Gesichtspunkte ergänzen und somit in einen erweiterten Rahmen rücken, zugleich aber für unser Sondergebiet einschränken. Zum besseren Verständnis der pädagogischen Bestrebungen jener Zeit sei indes daran erinnert, daß im 18. Jahrhundert das allgemeine Interesse sich den Fragen der Erziehung zuwendet. In der anfänglich utilitaristischen Richtung vollzieht sich unter dem Einflusse der deutschen Aufklärer und des Neuhumanismus ein Wechsel, indem neben nützlichen Kenntnissen und der Erziehung zu guten Bürgern auch das sittliche Moment, Gefühls- und Charakterbildung, zur Geltung kommen. Diese Strömung fand bei Maria Theresia und noch mehr bei Josef II. günstige Aufnahme und verbreitete sich vom Hofe in die Kreise des österreichischen und ungarischen Hochadels, so auch in die Brunszviksche Familie (Czeke 13).

In der pädagogischen, richtiger volkserzieherischen Tätigkeit der Gräfin Therese ist eine mehrfache Gliederung (Differenzierung) am Platze. Hand in Hand mit ihrem auf Selbsterziehung und -bildung gerichteten Streben und den durch äußere Umstände hervorgerufenen Einwirkungen kann man in zeitlicher Reihenfolge vornehmlich die folgenden Perioden unterscheiden: 1. Im Anfang sind die humanitären, menschenfreundlichen Motive vorwiegend und reifen zu einem förmlichen Gelöbnis. Die pädagogischen Kräfte sind noch gebunden (latent) und höchstens für die innere pädagogische Selbstentfaltung tätig. Im inneren Selbstanschauen (intuitiv) nähert sich die Zeit der Wehen und mündet in eine durch berufliche Neigung und inneren Drang hervorgerufene, gelegentliche erzieherische Tätigkeit, die noch als Dilettantismus anzusprechen ist, im günstigsten Fall als willkommene Amateur-Beschäftigung. Sie widmet sich zuerst der Erziehung der beiden 5- und 6jährigen Söhnlein der Gräfin Deym. Dieser enge pädagogische Familienkreis weitet sich jedoch stetig, um schließlich die ganze Menschheit zu begreifen. „Erziehung des Menschengeschlechts" wurde in der Folge ihr Leitgedanke und Lebensziel.

2. Das Jahr 1808 bildet einen entscheidenden Wendepunkt im Leben und Streben der Gräfin. Diese Wendung scheint unmittelbar und mittelbar durch zwei Tatsachen hervorgerufen worden zu sein. Erstens erwies sich die Lehrerwahl für die beiden Deym-Söhne als wenig gelungen, dann aber mochte die Gräfin in ihrer Erziehungspraxis auch gewissen Schwierigkeiten begegnet sein. Infolgedessen entschloß sich die Gräfin Deym, mit ihren Kindern zu Salzmann nach Schnepfenthal und Gotha zu reisen. Die Gräfin Therese begleitete sie. „Eine neue Welt war uns aufgegangen." Von dort ging es über Frankfurt a. M., Weimar nach Schaffhausen zu Prof. Joh. Georg Müller, und auf dessen Rat nach Yverdon zu Pestalozzi. Über dies gewaltige Erlebnis berichtet die Gräfin ausführlich in ihren Memoiren, die bei La Mara (I. 84—135) nachzulesen sind. Wir begnügen uns mit der Wiedergabe der folgenden bedeutsamen Stelle: „So ward der sechswöchentliche Aufenthalt in Yverdon abermals eine Kette unausweichlichen Geschickes, das der Lenker der Seelen uns vorbestimmt hatte. Dort lernte ich kennen, was mein Geist bedurfte: Wirkung auf das Volk. Das Wort war gefunden. Von da an hörte alle egoistische Selbstbildung auf; dem Vaterland weihten wir uns als Erzieherinnen seiner Massen. Ihnen Kräfte, Zeit; dem künftigen Geschlechte Liebe!" — In der Handschrift der Akademie heißt es diesbezüglich: „1807 [berichtigt!], wo

die beiden Schwestern zu pädagogischen Zwecken eine Reise durch Deutschland machten — nach Yverdon zu Pestalozzi kamen, ward ihr das Verständniß ihres eigentlichen Lebensberufes klar: Sie sollte der Erziehung der Massen in ihrem Vaterlande sich widmen — und es ward, sich hiezu tüchtig zu machen, von dem Augenblick der Erkenntniß ihr einziges feurigstes Streben. Sie kämpfte — sie siegte — sie unterlag — aber eines stand ihr fest: Es muß sein — sie muß es durchführen, daß das Zauberwort Erziehung, das alle Rätsel löst, durch alle Classen der Gesellschaft und alle Gauen des Vaterlandes ertöne." Dies war für die Gräfin Therese die pädagogische Weihe. Nun wird sie sich in tiefster Seele der ihr von der Vorsehung bestimmten Lebensaufgabe bewußt. Hier liegt der Schlüssel zur Frage, wieso die Gräfin (!) zu den Kleinen, zu den Armen kam. Das Beethoven-Erlebnis wird in einen verborgenen Seelenwinkel zurückgedrängt, begraben (?), und von nun an soll all ihr Hoffen und Sehnen, ihr ganzes Denken und Handeln dem Wohle der Kleinen und durch diese hindurch dem Wohle des Vaterlandes und der Menschheit gewidmet sein. Gleichwie Beethoven in der neunten Symphonie das Hohelied der Verbrüderung der Menschheit erklingen läßt, gestaltet sich ihr Leben und Wirken fortan als ein einziges in Tat umgesetztes Werk der Menschenliebe.

Wie richtig sie schon damals über Pestalozzis Lehre dachte, beweist überzeugend die folgende bemerkenswerte Stelle aus dem Jahre 1814: „L'excellence de la méthode de Mr. Pestalozzi me paraît surtout consister en ceci, qu'elle commence par le develloppement de tous les sentimens naturels de l'homme et fond sur ceux-ci ces principes de sorte que toutes les facultés morales de l'homme étant éveillées ou excitées graduellement et d'après leur ordre naturel l'homme moral entier reçoit une culture totale et non partielle comme jusqu'ici où une faculté était cultivée aux dépens de l'autre et toujours dans l'ordre inverse de celui de la nature. Voilà ce qui doit amener [? unleserlich] le Triomphe de cette méthode etc." An einer andern Stelle (1813) tadelt sie mit scharfen Worten den ungarischen Gelehrten Folnesics, der gegen Pestalozzi Stellung genommen hat.

Als die beiden Gräfinnen aus der Schweiz über Italien heimkehrten und Therese ihre dort empfangenen Eindrücke in die

Tat umsetzen wollte, fand sie hiefür keine günstige Stimmung vor. Man zieh sie der Schwärmerei, der Überspanntheit. Sie begab sich mit ihrer Schwester auf deren Gut nach Wittschap in Mähren und widmete sich ganz der Erziehung ihrer Kinder, denen sie auch Unterricht im Schreiben und Lesen erteilte. Nach ihrer Übersiedlung nach Wien (1812) setzte Therese diese Tätigkeit fort, ja sie lernte Griechisch und übersetzte mit den Knaben, zu denen wöchentlich einmal ein Lehrer kam, Xenophons Anabasis. Auch die Wartung der inzwischen geborenen Minona Stackelberg übernahm sie. 1814 übersiedelten sie nach Martonvásár (Ungarn), allwo an der Seite eines ungarischen Lehrers die Gräfin nach einer praktischen Methode auch den Unterricht in den lebenden Fremdsprachen erledigte.

3. Im Jahre 1819 vollzieht sich eine gelinde Abschwenkung. Unter dem zwingenden Druck der in der Heimat infolge mehrfacher Mißernten ausgebrochenen Hungersnot wendet sich die Gräfin mit ganzer Kraft der karitativen Tätigkeit zu. Der Anblick der aus allen Teilen des Landes nach der Hauptstadt strömenden hungernden Bevölkerung erschüttert sie in tiefster Seele und — um ähnlichen künftigen Heimsuchungen zuvorzukommen — entschließt sie sich, einen wohltätigen Frauenverein ins Leben zu rufen. Dieser soll sich nicht darauf beschränken, das tiefe Elend mittelst augenblicklicher Hilfeleistungen zu mildern, sondern soll im Wege bleibender Einrichtungen, von Arbeiterheimen, Armenhäusern und Kindergewerbeschulen, dauernd heilsamen Wandel schaffen. Mit Hilfe gleichgesinnter Edelfrauen gelingt ihr auch dieses Werk. In der Folge häufen sich die Mißstände in der eigenen Familie, was eine Steigerung ihrer philanthropischen Betätigung nach sich zieht.

Pro captu lectoris habent sua fata libelli: Dies Wort hat sich auch mit Bezug auf die Gräfin Brunszvik in entscheidender Weise erfüllt. Im Jahre 1819 hatte der Schotte S. Wilderspin, von hervorragenden Gesinnungsgenossen unterstützt, im Londoner Spitalfields die erste moderne Kleinkinderbewahranstalt errichtet und das dort befolgte Unterrichts- und Erziehungssystem in einem Werke niedergelegt, das, von dem Wiener Wertheimer ins Deutsche übersetzt, den folgenden Titel führt: „Über die frühzeitige Erziehung der Kinder und die englischen Klein-Kinderschulen, von S. Wilderspin; aus dem Englischen übersetzt von Joseph Wertheimer. Zweite sehr verbesserte, und vermehrte Auflage. Wien 1828. XXIV und 410 Seiten mit einer Tabelle" *). Diesbezüglich setze ich aus der Handschrift der Akademie die folgende Aufzeichnung der Gräfin hierher: „Das von Joseph Wertheimer [6]), einem jungen Mann, der eine Schwester in London verheurathet hatte, übersetzte und mit Zusätzen herausgegebene Büchlein wurde mir durch Heinrich Thugut **, noch warm von der Presse nach Budapest gebracht." In Wilderspins Anstalt und Buch fand sie nun im Geiste Pestalozzis den Weg zu ihren eigenen Bestrebungen klar vorgezeichnet, was sie in ihren Memoiren auch unverblümt bekennt. Wilderspins sogenannte schottische Erziehungsmethode vermochte in einem Saale 100—200 Kleinkinder zu beschäftigen.

4. 1827, das Jahr des Unheils, mit dem Hinscheiden Beethovens und Pestalozzis, diesen schweren Heimsuchungen, bedeutet für die Gräfin den herbsten Schicksalsschlag und zugleich die Wende zu ihrer letzten und ausgereiftesten Periode, als ob ihre Seele, des nagenden Zwiespaltes ledig und aller Fesseln frei, sich nun aufraffte und einem einzigen hohen Ziele zusteuerte. Die beiden früheren, parallel laufenden Richtungen verschmelzen sich jetzt in eine höhere harmonische Einheit: die pädagogisch-philanthropische Welt- und Lebensanschauung gelangt zum Durchbruch und wird zur Tat. Schon nach Jahresfrist, am 1. Juni 1828, ersteht ihre erste Schöpfung, das Heim für Kleinkinder in dem gräflich Brunszvikschen Familienhaus zu Ofen, Ecke Mikó-Gasse (Hausnummer 1), dem sie den bezeichnenden Namen „Engelsgarten" (ung. Angyalkert) verleiht. Ursprünglich für 50, nach Rapos für 40 arme Kinder bestimmt, stieg deren Zahl von 11 später auf 150—180 (Briedl-Beély 299). Der vom Schicksal bestimmte organische Zusammenhang von 1827 und 1828 ist unverkennbar. „Diese Anstalt ward nach der Stifterin Theresienschule genannt und zählte bald über 180 Kinder beiden Geschlechtes" (Akademie-Handschrift). Diese Anstalt war, gleichwie die damalige Ofner Bevölkerung, noch deutsch; ihr erster Leiter war Matthias Kern, den

*) Die erste Auflage erschien nach der dritten englischen im Jahre 1826 in Wien bei Carl Gerold (310 S.).

**) Hervorragender akademischer Maler; unterrichtete im Malen die Gräfin Blanka Teleki, die später nach München zu Peter von Cornelius gelangte.

die Gräfin aus Würzburg mitgebracht hatte. Die Kinder erhielten während der Monate November—Februar täglich 1½ Seitel Rumforder Suppe.

In Österreich und Süddeutschland gab es damals noch keine Bewahranstalten. Hingegen wurde im selben Jahre die erste Bewahranstalt in Brüssel und Lausanne errichtet. Schon früher gab es solche in Detmold (1802), New York (1815), Philadelphia (1817), Baltimore (1817), London (1819), Berlin (1819), Liverpool (1824), Bristol (1825), Cassel-Hessen (1825) und Genf (1827). Rapos, dem wir diese Daten entnehmen, bietet (79—161) eine ins Einzelne gehende chronologische Aufzählung und Beschreibung der in Ungarn von 1828 bis 1867 gegründeten Kleinkinderbewahranstalten mit fortlaufenden Hinweisen auf einschlägige Einrichtungen des Auslandes. Schon im folgenden Jahre (1829) entstehen in Ungarn vier neue Bewahranstalten ebenfalls auf Betreiben der Gräfin Brunszvik, von ihr mit Möbeln und Lebensmitteln geschenkweise reich ausgerüstet: zwei Anstalten in Ofen und je eine in Bistritz und Pest (in dieser kam die ungarische Sprache gleich von Anbeginn in Gebrauch). In einer der Ofner Anstalten erhielten die Kinder zu Ostern mit Sprüchen beschriebene rohe Eier. Die Eltern wurden mit gedruckten Lehranweisungen bedacht. Im Zeitraume 1828—67 sind in Ungarn insgesamt 173 Bewahranstalten entstanden; davon wurden inzwischen mehrere aufgelassen. Besondere Erwähnung verdient die seitens des Gf. Leo Festetics im Jahre 1835 in Belac errichtete, 1836 nach Tolna, 1843 nach Pest überführte Muster-Bewahranstalt, die der Bewahrerinnen-Bildungsanstalt des Vereins als praktische Übungsschule diente und aus der die jetzige Übungsschule der staatlichen Bildungsanstalt hervorgegangen ist.

Wie reich die von der Gräfin ausgestreute Saat in die Halme geschossen ist, erhellt aus den folgenden Angaben. Im Jahre 1867 gab es 97 Bewahranstalten mit 45 geprüften Bewahrerinnen; im Jahre 1876 bereits 215 Anstalten mit 315 Bewahrerinnen und 18 624 Kindern; 1890 Zahl der Anstalten: 703. Im Schuljahr 1909—10 (ohne Kroatien-Slavonien): 2722 Anstalten (und zwar 1315 städtische, 853 staatliche, 143 gesellschaftliche, 74 private, 239 römisch-katholische); Zahl der geprüften Bewahrerinnen 2353, der geprüften Ammen 412, der ungeprüften 1368, der Kinder zu Jahresbeginn und -schluß 260 000 und 241 000 (und zwar 127 000 Knaben und 114 300 Mädchen). Unmittelbar vor dem Weltkriege hatten wir 2958 Bewahranstalten, wovon 729 ständige und Sommer-Kinderheime; ferner 9 Bildungsanstalten (davon 7 mit Internaten) für Bewahrerinnen mit 277 Zöglingen. — Der Weltkrieg und die infolgedessen erfolgte Verstümmelung des Landes haben auch hier klaffende Wunden zurückgelassen. Mitsamt den entrissenen Gebieten stellen sich unsere Verluste wie folgt: 1474 Anstalten (das sind 61% des früheren Besitzes) mit 1619 Bewahrerinnen (59%) und 60 000 ungarischen und über 30 000 deutschen Kindern, ferner vier Bildungsanstalten für Bewahrerinnen, sind unter fremdes Joch geraten. Für Rumpf-Ungarn verblieben: 943 Anstalten (39%) mit 1138 Bewahrerinnen (41%) und von den bewahrschulpflichtigen 3—5-jährigen Kindern bloß 40%. Diese traurigen Zahlen, denen sich aus sämtlichen anderen Gebieten ähnlich krasse anreihen, verkünden aller Welt eindringlich den Geist des grausamen Friedensdiktates von Trianon.

An den Namen der Gräfin Therese und des Grafen Leo Festetics knüpft sich auch die 1834 erfolgte Gründung des „Vereins zur Verbreitung der Kleinkinderbewahranstalten in Ungarn". Die Gräfin trug sich bereits im Jahre 1829 mit diesem Plan, doch mußte ihre erprobte Willenskraft und Begeisterung auch hier zuerst mannigfache Schwierigkeiten aus dem Wege räumen, bis endlich im August 1834 die Gründungsurkunde ausgestellt und als erste von der Gräfin als Stiftdame unterfertigt werden konnte. Auch der Weise des Vaterlandes, Franz Deák, ist dem Vereine als Gründer beigetreten, wobei er den klassischen Ausspruch tat: „In der Reihe der pilzartig hervorschießenden Vereine und Anstalten gibt es kein einziges so edles und heiliges Unternehmen, das des Allgemeininteresses derart würdig wäre, wie dieser Verein." Die hervorragendsten Mitglieder der Ungarischen Akademie der Wissenschaften folgten seinem Beispiel. Die Geschichte, Entwicklung und Tätigkeit des Vereins von 1836—67 findet sich bei Rapos (162—461) ausführlich und systematisch aufgearbeitet. Dieser Verein war gleichsam die Wiege des im Jahre 1873 erstandenen Landesvereins der Kinderbewahrer (Kisdednevelök Országos Egyesülete), der unter dem Titel „Kisdednevelés" (Kleinkindererziehung) eine monatlich erscheinende Fachzeitschrift herausgibt.

5. Lehr- und Wanderjahre. Die bahnbrechende Wirksamkeit der Gräfin gelangte, dem damaligen primitiven Verkehrs- und

Nachrichtendienste zum Trotz, gar bald auch zur Kenntnis des Auslandes, und es erging daher von mehreren Seiten der Ruf an sie, sich auch dort zu betätigen. Diesem ehrenden Ansuchen konnte sie umso eher willfahren, da sie dank der heiligen Begeisterung für die Sache ihr Werk in der Heimat vorläufig zum Abschluß gebracht hatte und dessen Fortsetzung in erprobten Händen wußte.

Der erste Ruf kam aus Wien, von wo die niederösterreichische Regierung Josef Wertheimer und den Pfarrer Lindner nach Pest entsandte, um die dortigen Bewahranstalten in Augenschein zu nehmen. Am 4. Mai 1830 wurde am Rennweg, „in der ungarischen Vorstadt Wiens", die erste Wiener Bewahranstalt eröffnet, die bald 300 Kinder zählte und zu deren Leiter Matthias Kern, der früher bereits an der Bistritzer Anstalt gewirkt hatte, nach den Worten Wirths „als erfahrener Mann, als gewandter Erzieher" berufen wurde. Kern bildete dann die Lehrer für die Vorstädte, für Linz, Graz, Laibach usw. „Das erste Mal ahmte Wien uns Ungarn nach", bemerkt die Gräfin in ihren Memoiren. Im Jahre 1834 (Herbst 1833?) finden wir sie in München, wohin sie sich auf Einladung des „geistreichen Fräulein Tschebulz" begab und wo sie mit Unterstützung des Königs und der Königin die Bewahranstalt und den Bewahrverein gründete. Auch die Anstalten in Augsburg, Regensburg, Laibach und Wels sind unter ihrer Mitwirkung entstanden. Im Jahre 1835 wendet sich die Vorsitzende des Pariser Asyle d'enfants brieflich um Ratschläge an sie, und ihr zu Ehren wird eine Festsitzung veranstaltet (siehe Anhang I).

Es war zu gewärtigen, daß die unter den damaligen Verhältnissen doppelt bedeutsamen Bestrebungen der Gräfin früher oder später auch seitens ausländischer Fachkreise anerkennend gewürdigt werden mußten. Nach Rapos (33, 37) finden sich solche Zeugnisse in dem von Wertheimer übersetzten Werk Wilderspins „Über die frühzeitige Erziehung"; in dem „Theor.-prakt. Leitfaden für Lehrer in Kinderbewahranstalten" (1832) von Chimani; in den Werken von J. G. Wirth „Anleitung für die Erziehung in Kleinkinderbewahranstalten" (Augsburg 1858) und „Mittheilungen über Kleinkinderbewahranstalten" (1840). Im letzteren Werke heißt es S. 298: „Auch nennt die Geschichte der Bewahranstalten Wiens unter den Gründern derselben die verdienstvolle und fürs Gute liebreich thätige Gräfin Therese von Brunswick, ein Name, welcher der Geschichte europäischer Anstalten dieser Art angehört." In seiner Abhandlung über die Geschichte der Kleinkinderbewahranstalten (Tudománytár 1841, IX. Bd. S. 298) führt Fidel Briedl-Beély die folgende Äußerung eines preußischen Schriftstellers aus dem Jahre 1835 an: „Auf diesem Gebiete hat, wie es scheint, das meiste jenes Land geleistet, von dem wir es kaum glauben und im Hinblick auf den niederen Stand seiner Volksbildung auch kaum erwarten würden. Dieses Land ist nämlich Österreich *). In demselben Jahre, wo die Niederlande ihre erste Kinderbewahranstalt gegründet haben, ersteht eine ähnliche Anstalt in Ofen, errichtet von der Gräfin Brunzwick . . . und zwei Jahre später befolgt das schöne Beispiel Wien, das in kurzer Zeit fünf, Ungarn zwölf solche Anstalten zählt usw."

Die Gräfin begnügte sich jedoch nicht mit ihrer gottbegnadeten beruflichen Eingebung, mit dem ihr angeborenen natürlichen Talent, sondern trachtete unablässig nach weiterer Ausbildung und Vervollkommnung in der Theorie und Praxis der Erziehung. Wo anders hätte sie dieses Bedürfnis stillen können, als in den vorgeschrittenen westlichen Staaten? Hiermit beginnt in ihrem ereignisreichen Leben eine neue fünfjährige Epoche (Nov. 1835 bis Aug. 1841), die sie — überall für die heilige Sache der Kindererziehung wirkend — vorwiegend in Italien, Deutschland, der Schweiz und England verbracht hat, wo sie etwa 200 Anstalten in Augenschein nahm. 1839 besucht sie die vom trefflichen Wilderspin geleitete Anstalt; in Italien wird sie mit dem prächtigen Menschenfreund und päpstlichen Staatssekretär Lambruschini bekannt und pflegt mit ihm einen mündlichen und schriftlichen Gedankenaustausch über Erziehungsfragen. Im Jahre 1840 richtet sie aus London an den Vorsitzenden des ungarischen Vereins einen Brief, worin sie mitteilt, daß der englische Bewahrverein sich bereit erklärt habe, die dahin zu entsendenden ungarischen Zöglinge kostenlos auszubilden. In den dreißiger Jahren machte sie auf der Insel Ischia bei Neapel die Bekanntschaft des Generaladjutanten des Kaisers Nikolaus, der sich im Gespräche ihr gegenüber also äußerte: „Sie wissen doch, daß alle slavischen Comitate in Ungarn meinem Kaiser gehören und er sie nur aus Gefälligkeit dem Ihrigen läßt? Denn

*) Die verhängnisvolle Verquickung Ungarns mit Österreich!

alles, was unsere Sprache redet, gehört uns." Hierzu bemerkt die Gräfin in ihren Memoiren: „Damals war mir eine solche Voraussetzung so neu, daß ich gute Lust verspürte, ihn auf das kecke Maul zu schlagen. Jetzt gewöhnen uns die panslavistischen und illyrischen Umtriebe an die Idee der Möglichkeit . . ." Und diese Möglichkeit ist ein Jahrhundert später zur Wirklichkeit geworden . . .

Als sie 1841 in die Heimat zurückkehrt, findet sie ihre Ideen im Mittelpunkt des politischen Interesses in Form einer scharfen Polemik zwischen dem Grafen Stephan Széchenyi und Ludwig Kossuth. Dieser unterstützte die Bestrebungen der Gräfin begeistert, war auch Mitglied des zur Verbreitung der Bewahranstalten ins Leben gerufenen Vereins und hatte die Absicht, Wilderspins Werk ins Ungarische zu übersetzen. Auch Gr. Nikolaus Wesselényi, Br. Josef Eötvös (Unterrichtsminister) und der Schriftsteller Andreas Fáy leisten ihr kräftigen Beistand. 1841 gründet sie noch eine Bewahranstalt und findet hernach, von zahlreichen Mißlichkeiten der Familie heimgesucht, in den Besuchen ihrer liebgewordenen Anstalten Trost und Entschädigung. Sie gedenkt auch Pestalozzis und der Angriffe, denen er selbst nach seinem Tode ausgesetzt ist; jedoch — ruft sie aus — „ewig lebt der Name Heinrich Pestalozzi und auch sein Wirken, seine Gedanken und Wünsche entwickeln sich und sind Gemeingut der Menschen geblieben, die er so sehr geliebt!" Den Sommer verbrachte sie in der Regel in Martonvásár. Aus späterer Zeit dürften die folgenden Worte ihrer Memoiren stammen: „Mit achtzig Jahren überblicke ich die Zeit und mein Leben und finde die Empfindungen und Ansichten des Königs David nach beinah 4000 Jahren überall bestätigt, wie wenn die Psalmen gestern und für uns geschrieben worden wären! . . ."

III.

Um die, zumindest in ihrer Heimat bahnbrechenden, Anregungen der Gräfin richtig einzuschätzen, muß man sich vergegenwärtigen, daß Kinderschutz und Kleinkinderbewahrwesen zu Ende des 18. und zu Beginn des 19. Jahrhunderts noch ziemlich unbekannte Begriffe waren. Ihre grundlegende Wichtigkeit voll erkannt zu haben, ist das Hauptverdienst Pestalozzis und seiner Nachfolger. Zu jener Zeit steckte das Bewahrwesen auch bei uns noch in den Kinderschuhen, um sich in langsamer Entwicklung stetig emporzuringen. Auch hierzulande erschöpfte sich die Bewegung anfangs im karitativen Kinderschutz, der ausschließlich die ärmere Volksschicht im Auge behielt. Dann wieder gab es eine Zeit, in welcher das andere Extrem vorherrschte und die Verabreichung nützlicher Kenntnisse zur Hauptsache wurde *). Überhaupt kommt so ziemlich allgemein das Vorgehen in Erscheinung, wonach Unterrichtsreformen von oben in Angriff genommen werden, während die sogenannte Volkserziehung und der Kinderschutz in modernem Sinne erst später zu Worte kommen. Das Unlogische, Widerspruchsvolle dieser Handlungsweise erkannt zu haben, ist eines der bleibenden Verdienste der Gräfin und zeugt von ihrem klaren, weitausblickenden Denken.

Nichts beweist schlagender den heiligen Eifer, womit die Gräfin Therese ihrem apostelhaften Beruf oblag, als der Umstand, daß sie ihrem Werke nebst den geistigen und seelischen Kräften auch ihr ganzes Hab und Gut opferte. „Jahre hindurch widmete sie ihre gesamte Zeit und ihr ganzes Einkommen dem Kinderbewahrwesen" (Rapos 69). Sie errichtete die zwei ersten Anstalten ganz aus eigenen Mitteln und gab zu deren Unterhaltung noch ein bedeutendes Darlehen. Sie bot ihre selbstverfertigten Handarbeiten zum Kaufe an und strickte für die verarmten Greise Strümpfe. Gelegentlich des Pozsonyer Landtages 1843 trat sie mit zwei anderen Damen des Hochadels an die dort versammelten Abgeordneten heran und erbat sich Liebesgaben für die Bewahranstalten. In ihren Memoiren heißt es: „Die großartige Ausstellung von Industrie -und Kunstprodukten, die erste der Art in Ungarn, brachte den Kinderschulen 4000 Fl. brutto" ... „Ich verkaufte Silber, Schmuck, Wägen, Pferde, Möbel und Alles, was nicht strict nothwendig war, gab mein Ausstaffirungskapital 10 000 fl. W. W. für die Gewerb- und Dienstbothenschulen!" (La Mara I, 131—32.) In dem Schlußwort seines Buches: „Beethoven-Vie intime" (Paris, 1926, 215 S.) schreibt André de Hevesy: „La charité devint sa passion. Toute sa fortune y passa. Elle n'avait plus de ménage. On lui

*) In dem hauptstädtischen Archiv fand ich ein Sitzungsprotokoll des Ofner Wohltätigen Frauenvereins vom 7. Sept. 1837, der an die Lehrer und Lehrerinnen der Kleinkinderbewahranstalten ein Rundschreiben erließ, worin es diesen ernstlich untersagt wird, den Kindern systematischen Unterricht im Lesen, Schreiben und in den weiblichen Handarbeiten zu erteilen.

apportait ses repas d'une auberge ... En été, elle retournait régulièrement à Martonvásár (175).

Das Schicksalswort vom „Propheten im Vaterlande" ging zeitweilig auch an ihr in Erfüllung, gleichwie sie das im Gefolge von Neuerungen stets auftretende Widerstreben auf Schritt und Tritt erfahren mußte und mit ihrer bewunderungswürdigen Tatkraft unablässig auf der Hut war, um Widerstände und Schwierigkeiten aus dem Wege zu räumen. Sogar vom Spotte blieb sie nicht verschont: ein Gutsbesitzer verstieg sich so weit, eine „Gegenbewahranstalt" für Hunde in einem Prachtbau mit einem wohlbezahlten Aufseher einzurichten. Bezeichnend für das seitens der hohen amtlichen Kreise ihren Bestrebungen entgegengebrachte Mißtrauen ist ihr folgender Klageruf aus ihren Aufzeichnungen (Akademie): „Fabulos klingt auch die Äußerung des Palatins Joseph bei der Übergabe der ersten Rechnungslegung: Was nennen Sie diese Anstalten Bildungsanstalten: das Volk braucht keine Bildung!... Im Gegensatz zum Palatin brachte seine Gattin, die Erzherzogin Maria Dorothea, den Bestrebungen der Gräfin volles Verständnis entgegen und unterstützte sie tunlichst. Sie spendete für die Bewahranstalten jährlich 52 Gulden, für die Pester Leopoldstädter das doppelte, weil in dieser von Anbeginn Ungarisch unterrichtet wurde. Mißtrauische Leute raunten dem Erzherzog ins Ohr: Wissen Sie was der enthousiasm für diese neue Schule bedeutet? Man erzieht ihnen kleine Carbonari." Und ebenda heißt es später: „Der Kaiser von Österreich und König von Ungarn [Ferdinand V.] äußerte gegen Therese Brunswick in echtem Wiener Dialekt gutmütig: „Na schauns nur daß die Kinder a recht g'horsam werden, daß i a was davon hab." Rückblickend auf ihre 1836 angetretene fünf Jahre währende Auslandsreise ruft sie aus: „So unverstanden ich in Ungarn war, ging hier alles con fiocchi [wunderbar]." Und wieder: „1840 im Spätherbst war ich in Pesth und agitierte, fand bei meinen Blutsverwandten ebensowenig Gehör, Theilname und Beistand als früher! Fremde nahmen die Sache ernst auf."

IV.

Um das von der Gräfin Therese vollbrachte Werk nach Gebühr würdigen zu können, wollen wir nun der Reihe nach jene Richtlinien feststellen, die, sich in ihrer intuitiv-vorausschauenden

Tätigkeit offenbarend, bis auf den heutigen Tag bewähren und als moderne Errungenschaften angesprochen werden können. Solche sind

1. Reform des Erziehungswesens von unten auf. In diesem Belange legte sie den Grund zur Reform des mittleren und höheren Unterrichts.

2. Die von ihr angebahnte Bewegung beschränkte sich nicht auf das Kleinkinderbewahrwesen, sondern wollte von diesem Keim ausgehend die gesamte heimische weibliche Erziehung entwickeln und umgestalten.

3. Dadurch, daß sie die Mädchen in die Praxis der Kleinkindererziehung miteinbezog, förderte sie zugleich die häusliche Erziehung. Die Kleinkindererziehung war ihr Mittel und Stufe zur Familienerziehung. „Sie versammelte heranwachsende Mädchen um sich, mit denen sie die Bewahranstalt Kerns aufsuchte, damit sie dort nach ihren Anweisungen die Kunst des Bewahrwesens erlernen und dereinst auch im Kreise ihrer Familien anwenden können."

4. Sie war Bahnbrecherin und Verfechterin dessen, was man heute unter „Sozialerziehung" versteht. „Nicht Kerker und Spitäler: moralische Möglichkeit, daß das Volk nicht verderbe im Schlamm der Unwissenheit und Niederträchtigkeit" (Memoiren). Auf Anraten des Engländers E. Reed gründete sie auch eine Dienstbotenschule, die jedoch wegen Mangels an Teilnahme bloß ein Jahr bestand. Dieses Problem harrt indes noch heute der Lösung.

5. Sie erkannte die entscheidende Wichtigkeit der Lehrerbildung. „Es schien mir das Wichtigste, Lehrer und Lehrerinnen zu bilden, an denen das Kind sich bilden läßt" (Memoiren 125). In einem Briefe an Schober heißt es: „Die Veredlung der schon bestehenden Anstalten ist gewiß eine Hauptaufgabe der Frauen. Die Lehrer müssen erzogen, gebildet werden. Warum nur die Candidaten? Alle. Man muß die Mittel ersinnen" (La Mara I, 50).

6. Nicht minder ließ sie sich die Auswahl der Lehrkräfte angelegen sein. Mit seltener Menschen- und Sachkenntnis ausgerüstet, trachtete sie mit der größten Umsicht und Umschau, für ihr Erziehungswerk stets die besten Kräfte zu gewinnen, und berief diese, wenn nötig, aus dem Auslande.

7. Sie erkannte die Wichtigkeit des Handfertigkeitsunter-

richtes und der häuslichen Industriearbeit. In der Handschrift der Akademie lesen wir diesbezüglich: „Die ersten Gewerbeschulen errichten: Tuch[end]schuhe, Blumen und aus vaterländischem Stroh verfertigte Arbeiten. Maria Dorothea bei Darreichung der feinen Hüte für sie und den kleinen Erzherzog, sagte: künftig werden ungrische Damen nur aus solchem Stroh in Ungarn verfertigte Hüte auf ihren Köpfen tragen." (Man merke auch hier die patriotische Note!)

8. In Übereinstimmung mit ihrer christlichen Weltanschauung befürwortete sie in Wort und Schrift die sittlich-religiöse Erziehung. Diesbezüglich heißt es in ihren Memoiren: „Ich hatte wie Christoph Stackelberg die Bibel kennen gelernt, den Geist des Evangeliums, die Gnade des Herrn, und meine Tendenz blieb christlich-biblische Volkserziehung" (La Mara I, 126).

9. Nicht zuletzt wirkte sie durch ihre unablässig nach Selbstvervollkommnung strebende Persönlichkeit und unermüdliche Tatkraft zum schlagenden Nachweis dessen, welch hohe Wichtigkeit diesen Tugenden in der Erzieherarbeit zukommt.

10. Vaterländische Erziehung. Besonders und etwas eingehender müssen wir eines Zuges in der pädagogischen Mentalität, um nicht zu sagen: im pädagogischen System und Ideal der Gräfin gedenken, einer Note, die in ihren Worten, Schriften und Handlungen stets wiederkehrt. Wir meinen den Gedanken der nationalen, patriotischen Erziehung. Von dem nur scheinbaren Kosmopolitismus ihres Meisters Pestalozzi abweichend, verfocht sie von Anbeginn den Grundsatz der nationalen Erziehung, was wegen ihrer mangelhaften Kenntnis der ungarischen Sprache und der damals vorherrschenden und selbst im Salonleben von Martonvásár üblichen „német világ" (so in ihren eigenen Aufzeichnungen bei La Mara I, 134; Czeke 106; heißt: „Deutsche Welt") doppelt hoch anzuschlagen ist. Sie gelangte vom Kosmopolitismus zum Patriotismus, von der Humanität zum Bürgertum. Für sie war die gründliche nationale Bildung vor allem maßgebend. „Den Ungarn kann man von der Erde nicht ausrotten", bekannte sie in Zeiten schwerster nationaler Bedrängnis (Rapos 36, 73, 75). Interessant ist diesbezüglich auch die folgende Stelle eines an die Gräfin im Jahre 1830 gerichteten Briefes *) des englischen

*) Der Wortlaut dieses hochinteressanten Briefes findet sich bei Rapos (64—67) vollinhaltlich mitgeteilt.

Geistlichen Eduard Reed, der 1828 in Pest war und auf Grund seiner einschlägigen Erfahrungen in England schreibt: „Ich empfehle Ihnen, Ihr Heil nur in der ungarischen Sprache zu suchen, die jetzt noch unter Druck leidet, und in der Gründung eines großen Nationalen Vereins. Das erwachende nationale Gemeingefühl wird Ihr Unternehmen fördern." In der Handschrift der Akademie fand ich die Stelle: „Der Zweck dieser Anstalten ist nicht Unterricht, sondern Erziehung ... Liebe untereinander — Liebe und Gewöhnung zur Ordnung und Reinlichkeit. Wahrheitsliebe, Vaterlandsliebe und vor allem gründlich die Sprache, (in Ungarn) die deutsche nur als Behelf. Die Aufsicht über diese Stätten der Unschuld sollen nur patriotische Frauen führen." Eine eigenhändige Aufzeichnung aus dem Jahre 1814 lautet: „Schon der Knabe im Vaterhaus muß an das Vaterland denken, was ihr habt und genießt, seid ihr dem Vaterland schuldig usw." In Szinnyeis biographisch-bibliographischem Lexikon ist auch die folgende noch nicht aufgefundene Schrift der Gräfin erwähnt: „Statuten des Nationalen Vereines zur frühzeitigen Erziehung der Kleinkinder mittelst Vormunds- und Bildungsanstalten (Pest 1830)." In dem in der ungarischen Modezeitung „Honderü" erschienenen Aufruf (1846) bezüglich der Errichtung einer für Mädchen des Hochadels bestimmten nationalen weiblichen Bildungsanstalt demokratischen Geistes, die sie mitsamt der Gräfin Blanka Teleki angeregt hat, heißt es wörtlich: „Auch die weibliche Erziehung muß auf nationaler Grundlage ruhen." Und hiermit im Zusammenhang steht in ihren Memoiren: „Ja wenn mein Vaterland reif gewesen wäre, dieses von dem Schöpfer uns Gegebene zu würdigen, nach 50 Jahren wären wir das entwickeltste Volk der Erde gewesen." —

Da die soeben angeführten Ziele und Züge mit denen Pestalozzis übereinstimmen, kann man mit vollem Rechte behaupten, daß die Gräfin mit ihrer unbegrenzten, alles überwindenden und allmächtigen Liebe zu dem Kinde zu den überzeugungstreuesten Jüngern und arbeitsbegeistertsten Aposteln des großen Lehrmeisters zählt. Eine einzige Ausnahme zeigt sich im Hinblick auf die nationale Erziehung, worin sich die Gräfin zumindest vorausblickend erwiesen hat.

In ihrem engeren Vaterlande wird das Gedächtnis der Gräfin Therese hoch in Ehren gehalten, wenngleich sie diese Wertschätzung sich durch eine Lebensarbeit erkämpfen mußte. An der Längsseite des einstigen Brunszvikschen Familienhauses, einem schmucklosen einstöckigen Bau, Ecke Attila-utca 44 und Mikó-utca 1 in Ofen, findet sich über dem Tore inmitten einer wappengeschmückten Steinverzierung eine im Jahre 1899 enthüllte schwarze Marmor-Gedenktafel und darauf in vergoldeten Buchstaben die folgende (aus dem Ungarischen übersetzte) Inschrift:

IN DIESEM HAUSE
ERÖFFNETE DIE ENGELHAFTE
GRÄFIN THERESE BRUNSVIK DEN ERSTEN ENGELSGARTEN
ZUM SCHUTZE DER KLEINKINDER IM JAHRE 1828.
DIE HAUPT- UND RESIDENZSTADT ERRICHTETE DIESE TAFEL, ZU VERKÜNDEN IHRE DANKBARKEIT DER ERLAUCHTEN BAHNBRECHERIN, DEREN IDEAL DER LANDESVEREIN DER KLEINKINDERBEWAHRER AUFGEGRIFFEN HAT. SIE VERKÜNDE DEN AUS HERZEN
QUELLENDEN GROSSEN GEDANKEN:
DEN TRIUMPH DES SCHUTZES DER KINDER
GEHEILIGT DURCH DAS GESETZ UND VERVOLLSTÄNDIGT
DURCH DIE NATIONALE BEGEISTERUNG.

Anläßlich der im Jahre 1927 im ganzen Lande abgehaltenen Beethoven-Feierlichkeiten sind der Gräfin in ihrer Heimat neue Ehrungen zuteil geworden. Der Festausschuß hat beschlossen, eine Bronzenachbildung der in der staatlichen Bildungsanstalt für Kinderbewahrerinnen aufgestellten Marmorbüste an einem öffentlichen Platze der Hauptstadt aufzustellen; eine Straße nach ihrem Namen zu benennen und ihre in Martonvásár befindliche Grabstätte gelegentlich der dort am 22. Mai stattfindenden Beethoven-Schlußfeier zu bekränzen. Die Gedenkfeier der ersten hundert Jahre (1828—1928) ungarischen Kinderbewahrwesens hat sich zu einer würdigen Huldigung für „die größte Tochter des ungarischen Vaterlandes" gestaltet.

*

Zum Schlusse wollen wir, das Bisherige zusammenfassend, frei von jedweder patriotischen Voreingenommenheit, eine gerechte Würdigung der Persönlichkeit und Lebensarbeit unserer Heldin versuchen; denn „Heldin“ war sie in des Wortes edelster Bedeutung. Ihr Bild bedarf keiner künstlichen Idealisierung, denn die Analyse ihres Denkens und die Synthese ihrer Handlungen ergeben von selbst das höchste Ideal.

Aus vornehmem Geschlechte stammend, mit Glücksgütern und noch mehr mit vielseitigen Geistesgaben gesegnet, verschmähte sie es, sich eitlen weltlichen Genüssen hinzugeben, wie es in jenen Kreisen von jeher üblich war. Vielmehr verwaltete sie das ihr von der Vorsehung reichlich anvertraute Erbe in fruchtbringendster Weise: opferte nicht allein ihre Geisteskräfte, sondern auch alles, was sie an materiellen Gütern entbehren konnte. Sie widmete sich der Pflege der Kinderwelt, der Erziehung der Jugend, der Unterstützung der Armen, dem Troste der Leidenden und Vergessenen. Sie ist keine Ehe eingegangen; denn nur so vermochte sie, sich treu zu bleiben und all ihr Denken, Fühlen und Handeln in den Dienst des großen Werkes zu stellen: durch das Gemeinwohl hindurch dem Vaterlande und der Menschheit zu dienen, diesen drei organisch miteinander verknüpften Einheiten, die sich bei ihr zu einer harmonischen Einheit höherer Ordnung verschmolzen. Sie war von Beruf keine Erzieherin, doch zum Erziehen berufen. Darum begnügte sie sich nicht mit dem Dilettantismus, sondern trachtete in die tieferen Geheimnisse der Menschenbildung einzudringen. So wurde sie zur Bahnbrecherin der modernen Sozialerziehung, Begründerin des Kleinkinderbewahrwesens in Ungarn, Priesterin und Verkünderin Pestalozzischer Lehren, der keine Ebenbürtige gegenübergestellt werden kann. Und indem sie das Feld ihrer segensreichen Tätigkeit weit über die Grenzen des eigenen Landes ausdehnte, hat sie sich auch den Dank der übrigen Völker verdient. Alles in allem: eine ihrer Zeit weit vorauseilende adelige und edle Ausnahmeerscheinung, erhabenes und erhebendes Musterbeispiel wahrhaft weiblicher und christlicher Tugenden, der in der Kulturgeschichte aller Zeiten und Völker ein Ehrenplatz gebührt 7).

Anmerkungen.

1) In der einschlägigen Literatur begegnet man verschiedenen Schreibweisen des Familiennamens. Die ältere und gebräuchlichere (so bei Nohl, Thayer u. a.) ist Brunswick. Fidél Briedl-Beély schreibt in „Tudománytár

(1841, S. 298—99) abwechselnd Brunzwick und Brunzwik. La Mara (I. 12. Fußnote) in „Beethovens unsterbliche Geliebte" (Leipzig 1909): Brunsvik; ebenso Czeke-Révész in ihrer neuen Schrift (Budapest 1926). Kacskovics gebraucht in seiner Denkrede über die Gräfin (Pest 1865): Brunszwik. Diesen Schreibweisen widerspricht die von mir eingesehene eigene Unterschrift der Gräfin in ihren seitens der Ungar. Akademie d. Wissenschaften verwahrten Briefen, die sich also darstellt: MThGr Brunszvik. Dies entspricht der rein-ungarischen phonetischen Rechtschreibung, wo das deutsche *w* durch *v*, das *s* durch *sz* ersetzt wird und *ck* überhaupt nicht vorkommt.

[2]) Die eingehende heimisch-literarisch-pädagogische Würdigung der Gf. Th. Br. erhellt aus der vom Verf. anläßlich der ungarischen Pestalozzi-Feiern zusammengestellten etwa 30 Nummern umfassenden ungarischen Brunszvik-Bibliographie. Das erste grundlegende Werk von Josef Rapos erschien in Pest im Jahre 1868 unter den Titel: „Leben und Werk der Gr. Th. Br., der größten Tochter des ungarischen Vaterlandes, oder Vergangenheit und Gegenwart des gemeinsam-grundlegenden Erziehungswesens in unserem Vaterlande" (8 + IV + 470 S.). Eingangs (1—30) wird die im Jahre 1865 von Ludwig Kacskovics gehaltene Denkrede über die Gf. Th. Br. abgedruckt; S. 31—76 folgen darauf bezügliche wertvolle Erläuterungen und Angaben, von denen wir reichlich Gebrauch machen. S. 77 ein dem Andenken der Gf. gewidmetes Gedicht von Matthias Mányik. Der folgende weitaus überwiegende Teil (78—161) zählt, von 1828 angefangen, in zeitlicher Reihenfolge die in Ungarn gegründeten (noch bestehenden oder aufgelassenen) Kleinkinderbewahranstalten unter Vergleich mit den einschlägigen ausländischen auf. Den Schluß bildet die Geschichte des „Vereins zur Verbreitung der Kleinkinderbewahranstalten in Ungarn". Der verdienstvolle Verfasser hat in diesem Werke bis ins Einzelne mit Bienenfleiß alles auf den Gegenstand bezügliche zusammengetragen. Wir berufen uns darauf in der Folge mit dem kurzen Hinweis „Rapos". — Die Ungarische Pädagogische Gesellschaft hat im Jahre 1907 einen Wettbewerb für die Abfassung eines Werkes ausgeschrieben, das mit Benützung der bisherigen Quellen und eventuell archivalischer Forschungen das Leben der Gf. Th. Br. unter besonderer Berücksichtigung ihrer um die Gründung ungarischer Kindergärten erworbenen Verdienste behandeln sollte. Das Preisausschreiben blieb, infolge Mangels an archivalischen Beiträgen, erfolglos. Erst im Jahre 1926 erschien aus der Feder des Frl. Dr. M. Czeke und der Frau Dr. M. H. Révész u. d. T. „Gf. Th. Br., ein Lebens- und Charakterbild" ein Büchlein, das in drei Teile zerfällt: Lebens- und Charakterbild von Czeke (3—28), Charakteristik der Gf. vom Gesichtspunkt der Vererbungs- und Seelenkunde von Révész (29—37), schließlich u. d. T. „Ein halbes Jahrhundert aus meinem Leben" (39—108) die von Dr. B. Petrich ins Ungarische übersetzten Aufzeichnungen der Gf. Th. Br., deren Original zwar noch unbekannt ist, die jedoch La Mara in ihrem ersten Werke „Beethovens unsterbliche Geliebte; das Geheimnis der Gf. Th. Brunswick und ihre Memoiren" (Leipzig 1908, 55—136) u. d. T. „Die Memoiren der Gf. Th. Br." nach einer Abschrift der Urgroßnichten und mit einer Einleitung versehen, bereits mitgeteilt hat. „1846 fing ich diese Hefte an, 1852 endige ich sie vielleicht", schreibt die Gräfin selbst über diese Aufzeichnungen. Die Berufungen auf das erwähnte Werk sind mit dem Hinweis „Czeke-Révész" angedeutet. Außer diesen beiden Hauptwerken sind, ebenfalls in ungarischer Sprache, in Zeitschriften und Zeitungen zahl-

reiche Gelegenheitsaufsätze, zum Teil mit Bildern, über die Gf. Th. Br. erschienen.

3) In den folgenden großen Sammelwerken ist die Gf. Th. Br. nicht erwähnt: The Catholic Encyclopedia (New York), The Encyclopaedia Britannica (Cambridge, 1910), Encyclopédie Universelle du XX Siècle, Ersch und Gruber: Allgemeine Encyclopädie (Leipzig, 1824), Dr. Constant von Wurzbach: Biographisches Lexikon des Kaiserthums Österreich (Wien, II. Theil 1857), Allgemeine Deutsche Biographie (Leipzig, 1876). Sogar die pädagogischen Sammelwerke nehmen von der Gräfin keine, oder nur spärliche Kenntnis. Reins mächtiges Enzyklopädisches Handbuch der Pädagogik, Roloffs Lexikon der Pädagogik und Monroes Cyclopedia of Education erwähnen sie nicht einmal. In dem Nouveau Dictionnaire de Pédagogie von F. Buisson (Paris, 1911, I. p. 197) findet sich auf etwa 20 Zeilen eine kurze aber treffende Charakteristik ihrer Wirksamkeit aus der Feder des verstorbenen Professors der Pädagogik an der Kolozsvárer (Klausenburger) Universität, Dr. L. Felméri. In dem Enzyklopädischen Handbuch der Erziehungskunde von J. Loos (Wien, 1906) wird, allerdings nicht unter dem Schlagwort Brunszvik, sondern unter den Kinderbewahranstalten (I., 818) mit viel Anerkennung „der warmherzigen und tatkräftigen Gräfin Brunswick-Korompa" gedacht.

4) Über Pestalozzis Briefe an die Gf. Th. Br. kann, bzw. darf ich folgendes mitteilen. Drei Briefe aus dem Jahre 1809 hat Tavasy-Teichengräber im 1. Heft seiner Zeitschrift „Nevelési Emléklapok" (1846), die Bruchstücke von sechs weiteren Briefen ebenda im 3. Heft (S. 174—81) in ungarischer Übersetzung veröffentlicht. Die Originale der Briefe wurden seitens der Gräfin zu diesem Zweck Tavasy übergeben. Es sind davon auch zwei mehr oder minder genaue deutsche Abschriften (von Tavasy und Rill) vorhanden. Meines Wissens hat Univ.-Prof. Dr. Stephan Schneller-Budapest die beglaubigten Abschriften dem „Pestalozzi-Stift" zur Verfügung gestellt. Mit Recht wird die Frage aufgeworfen, wo die Originalbriefe aus dem Nachlasse Tavasys hingekommen seien? Diesbezüglich muß ich mich auf die Erklärung beschränken, daß sie nach persönlicher Augenscheinnahme vorhanden sind, ihre Veröffentlichung in Faksimiles derzeit noch durch gewichtige Bedenken behindert wird, in absehbarer Zeit jedoch erfolgen dürfte. — Noch weniger ist über die Briefe der Gf. Th. Br. an Pestalozzi bekannt geworden. Diesbezüglich schreibt sie in ihren Memoiren: „Er [Pestalozzi] schrieb oft; aber Josephine verbot mir, ihm zu antworten; sie sagte, es zieme sich nicht; wie wird ihn das gekränkt haben! Auch Frau Pestalozzi schrieb mir herzliche Briefe; ich bewahre beide wie Heiligthümer." (La Mara I, 91.)

5) La Mara (I. 38—39) veröffentlicht nach Rapos (37—39) Bruchstücke aus diesen Aufzeichnungen mit der irrtümlichen Bemerkung: „Eine Freundin, Elisabeth Erdélyi, charakterisiert sie folgendermaßen." Nein! E. Erdélyi hat Rapos bloß eine Abschrift der in dritter Person sprechenden Verfasserin, der Gf. Th. Br. selbst, übermittelt, während das Original noch nicht zutage gefördert ist. Auf Grund einer gewissenhaften Vergleichung der beiden gedruckten Texte (Rapos und La Mara) muß ich ferner feststellen, daß die deutsche Herausgeberin es bei Kürzungen und Zusammenziehungen nicht bewenden ließ, sondern hie und da auch den Sinngehalt willkürlich behandelt.

Hieran mag allerdings weniger La Mara als ihr Mittelsmann, der Übersetzer, schuldig sein.

[6]) Die Gf. Th. Br. unterhielt in der Folge mit Josef Wertheimer einen lebhaften Briefwechsel, der zu einem fruchtbaren pädagogischen Gedankenaustausch geführt hat. Welche Wichtigkeit die Gräfin diesen Briefen zuerkannte, erhellt schon daraus, daß sie die Wertheimers sorgsam aufbewahrt hat. (Die Briefe der Gräfin an W. sind bisher nicht aufgefunden worden.) Insgesamt handelt es sich um 32 Briefe, die sich auf die Jahre, wie folgt, verteilen: 1827: 3, 1828: 11, 1829: 16, 1830: 2. Die ungarische Zeitschrift „Kisdednevelés" (Kleinkinderbewahrwesen) teilt diese Briefe seit Februar 1828 in ungarischer Übersetzung der Reihe nach mit. Wertheimer hat sich auch um das ungarische Kinderbewahrwesen verdient gemacht und sich literarisch auch selbständig betätigt; so in dem Werke „Therese, ein praktisches Handbuch für Mütter und Kinder-Erzieherinnen. Wien 1832." Er schrieb ferner eine Geschichte der österreichischen Juden in zwei Bänden. Ein Drama von ihm wurde im Wiener Hoftheater aufgeführt.

[7]) Man vergleiche diesbezüglich auch die überschwänglichen Äußerungen in den Briefen Romain Rollands, sowie in dessen Werk: „Beethoven, Les grandes époques créatrices. Annexe III. Les soeurs Brunszvik et leur cousine Giulietta Guicciardi" (1928, deutsch: „Beethovens Meisterjahre," Leipzig 1930).

Anhang.

I. Gräfin Th. Br. und Frankreich.

Diesbezüglich erteilen die folgenden, ebenfalls seitens der Ungar. Akademie der Wissenschaften verwahrten Handschriften lehrreichen Aufschluß.

1. Brief der Vorsitzenden der Pariser Salles d'asile, Emilie Mallet, an die Gf. Th. Br.

A Madame la Comtesse de Brunswick.

Madame, Le puissant intérêt que vous portez à l'institution des Infant schools et la part active et bénie que vous avez prise à son extension en Allemagne me fait espérer que vous ne trouverez pas indiscrète si sans être connu de vous, j'ose vous adresser cette lettre; et me présenter à vous comme une compagnon d'oeuvre, à laquelle il a été accordé de travailler aussi en France à la formation des établissements de ce genre que nous appelons Salle d'asile. J'éprouverais une vive satisfaction à obtenir quelques détails sur le nombre et l'état de situation des Infant-schools ou Salles d'asile en Allemagne, de savoir de quelle manière elles sont dirigées, quelle est la nature d'instruction qu'y reçoivent les enfans; et peut-être, Madame, vous serait-il possible de me communiquer ces détails, si vous avez la bonté de me répondre, ou de me faire envoyer les comptes-rendus de vos établissements. Je prends la liberté de vous adresser les nôtres et les diverses publications que nous avons faites ici. Ce confiant échange est un doux privilège, et fait naître des relations différentes de celles que le monde produit, mais dont le charme est inexprimable; sans se connaître on s'encourage mutuellement, on se soutient, on jouit des succès les uns des autres; et j'oserais même dire que l'on s'aime. Ce sont des joies bien pures quoiqu'elles ne soient révelées qu'à un petit nombre. Vous me pardonnerez je l'espère, Madame, de ressentir cette joie en vous adressant ces lignes qui n'expriment que bien faiblement ce que m'ont fait éprouver les récits de Me Feddersen sur ce qu'il vous est donné de faire maintenant pour le bien et le bonheur des nouvelles générations. Veuillez, je vous prie, recevoir avec indulgence cette expansion de mon âme, et me permettre, Madame, d'y joindre l'assurance de ma considération la plus profonde et la plus distinguée.

Paris 9 mai 1835. Emilie Mallet.

2. Konzept der an die Gf. Th. Br. gehaltenen Ansprache in der Festsitzung der Pariser Salles d'asile, 18. Juli 1839.

Paroles adressées à Madame la Comtesse de Brunswick le 18 juillet à la Séance convoquée en son honneur.

Madame, Lorsque nous avons le bonheur de rencontrer sur le chemin de la vie une haute intelligence, une âme toute de bonté, nous ne pouvons manquer de prouver pour elle une vive admiration, c'est le sentiment que vous nous avez inspiré, vous Madame, dont le nom est depuis longtemps inscrit sur la liste des plus illustres bienfaiteurs de l'humanité, et nous savons que les bienfaiteurs de l'humanité sont les envoyés de Dieu.

Il n'y a pas une seule femme qui ait fondé un si grand nombre de salles d'asile, et cela, il faut le dire, où le peuple soit encore considéré qu'à l'égal d'une chose; et personne avant vous, Madame, n'avait eu l'idée de l'arracher à son abrutissement. Aussi fallait-il être douée de la double puissance que donne une âme de feu, une volonté de fer pour surmonter les obstacles qu'on vous opposait de toutes part, car vous aviez soulevé contre vous l'opinion générale. Personne non plus n'a visité à l'étranger un si grand nombre d'établissements destinés à l'enfance pauvre toujours dominée par l'ardent désire d'être utile, vous avez dans ce but fait de nombreuses recherches, de judicieuses observations partout où vous avez arrêté vos pas; partout vous vous êtes consacrée au bien, partout vous laissiez de chers souvenirs.

Nous n'oublierons jamais, Madame, les obligations que notre salle d'asile en particulier a contractées envers vous; vous ne vous êtes pas bornée à l'honorer souvent de votre présence, vous avez prodigué les soins les plus affectueux à nos chers petits enfants, donné de sages conseils aux surveillantes, aidé de votre expérience les inspectrices. Déjà vous avez bien voulu assister à l'une de nos séances pour nous communiquer vos excellentes vues d'[illisible!], vous venez encore aujourd'hui, [pour éclairer de vos lumières], malgré l'altération de votre santé qui exige de grands ménagements. Nous vous écouterons, Madame, avec un religieux recueillement. S: R:*)

Salle d'asile de la Rue Ponthieu, Paris, Juillet 1839.

II. Briefe.

In der Handschriften-Sammlung der Ung. Akademie der Wissenschaften finden sich vier Briefe der Gf. Th. Br. an den Prof. Dr. v. Rumy **) in Gran.

1. Pest 15 May 832. (Auszug): „Ich wende mich daher mit der Bitte an Sie: für den dortigen — am nächsten Montag eintrettenden Markt, durch Jemanden aus der Zahl Ihrer vielen bekannten, einen Verkaufsstand zu vermitteln, wo die in meiner Gewerks-Anstalt für arme Mädchen verfertigten Stroh-Hüte und mehreren Artikeln, nebst verschiedenen Putzwaren, vorteilhaft veräußert werden könnten. Sie werden sich freuen, so schöne Gegenstände von ungarischen Stroh, und von ungarischen Mädchens erzeugt zu sehen."

2. Pest 21. May 832. (Inhalt): Verschleißerin plötzlich erkrankt, dortiger Markt muß unbenutzt gelassen werden. Entschuldigung, Erkenntlichkeit, Auslagen bereit zu ersetzen.

3. Pesth am 30. Jänner 1833. (Auszug): Es handelt sich um eine Anstellung für die Tochter Rumys, Amalie. „Wir haben also uns Mühe gegeben ihr einen guten Plaz als Kammermädchen

*) Sophie Rey.

**) Karl Georg v. Rumy (1780—1847), Schriftsteller und Prof. der Landwirtschaft. Trat in Wien vom protestantischen zum katholischen Glauben über und wurde vom Primas v. Ungarn zum Prof. der Rechtswissenschaften in Gran ernannt; verfaßte mehrere Fachwerke auch in deutscher Sprache.

zu verschaffen, wo sie mehr Bewegung und mehr nach ihrem Wunsche sein wird, denn zur Lehrerin ist auch wieder Gesundheit und Heiterkeit nöthig . . . Halten Sie Amalien nur immer in Briefen zur Feinlichkeit und Aufmerksamkeit an. Sie soll sich nur immer an ihre Herrschaft halten, mit den übrigen freundlich und gefällig aber nicht sich ganz mit ihnen einlassen."

4. Pesth am 14. Sept. 1832. (Vollinhaltlich).

Lieber Herr Professor! Sehr gerne nehme ich mich Ihrer Tochter Amalie an, insofern ich ihr nüzlich sein kann; ich erinnere mich aber nicht daß ich von einer schon vacanten Lehrerstelle gesprochen hätte; — im Gegentheil ist es Grundsatz des Vereins: verheuratheten Lehrern den Vorzug zu geben und junge Mädchen nicht anzustellen — nur alte Frauen als Wärterinnen, da in den meisten Anstalten nur 2 Personen können gehalten werden. Eine neue Anstalt wird in diesem Augenblick hier nicht eingerichtet. Sie können aber ihre liebe Tochter zu mir senden, wenn sie dort schon aufgesagt hat ; — ich werde sie prüfen und ihr dann nach Möglichkeit den Plaz verschaffen wo sie glücklich und nüzlich zugleich sein kann. Ich rechne dabei auf ihre Genügsamkeit und Bescheidenheit, denn gleich kann man es nicht immer gerade so haben wie man es wünscht aber billige Wünsche finden allenthalben Gehör.

Es wird gut sein, wenn sie außer Leibwäsche und Kleidungsstücken noch etwas eignes Bettgewand mitbringen kann. Ich rechne auf Liebe Zutrauen und Aufrichtigkeit — sie soll sich nach niemanden als nach mir halten und gegen andere nur freundlich und verschwiegen sein.

Ich werde wieder reisen und noch 4 Wochen weg bleiben sie wird dennoch gut aufgenohmen und gut aufgehoben sein bei meiner Haushälterin und Kindern. Es wäre möglich, daß ich noch einmal durch Neuhäusel käme; es ist aber nicht gewiß. Sie haben mir gar nichts noch über Candidaten zu unserer Bildungsschule geschrieben und ich vergaß zu bemerken daß es gute Ungarn sein müssen.

Indem ich Sie herzlich grüße mit ausgezeichneter Achtung

MThGrBrunszvik

Den Bogen erwarte ich retour wenn sich alle Graner Domherrn welche dafür zu gewinnen sind unterzeichnet haben werden. Amalia wird gleich für unser Verschleißgewölb marchande de modes arbeiten bekommen und sich darin durch gute Muster noch mehr ausbilden und üben können.“

(Zwei weitere Briefe sind für unsern Zweck belanglos.)

In dem Budapester städtischen Archiv fand ich inmitten einer Unzahl von Lehrerquittungen, Rechnungsausweisen, Aufnahmescheinen etc. den folgenden an den Hauptverwalter Joseph Wishofer der Kleinkinder-Bewahranstalt in der Ofner Oberen Stadt (Festung) gerichteten eigenhändigen Brief der Gf. Th. Br.:

Hochwürdiger Herr Abt und Hauptstadtpfarrer zu Ofen.

Ihre Kleinkinderbewahranstalt ist ein Herzenskind von mir und dessen Wohl und Bestand mir Herzensangelegenheit. Der Himmel wird uns schützen und bewahren und die böse Seuche *) wird an uns vorüberziehen; wenigstens in der Oberen Stadt **) haben Sie nichts zu befürchten und da könnten die Kinder immerfort diese Wohlthat genießen, da ihrer nicht so viele sind; nur solle der Lehrer das zweite Zimmer immer offen lassen und die obern Fenster des Ersten. — Wenn Sie den guten und reichen Bischof Palugyai, der mir 1830 im May 40 fCM. für die Kinderschulen verehrte, selbst ansprechen oder brieflich — so gibt er Ihnen dießmal gewiß den Zins. Bischof Haulick, der mir auch versprochen hat sobald er etwas rangirt ist, gibt Ihnen eben soviel— er ist Mitglied. Ich habe heute zu Ihnen geschickt mit dem Bogen ***), auf welchem ich die Dotation der Festung begonnen welches ich Sie nun fortzusetzen bitte.

Mit ausgezeichneter Hochachtung ihro(?) MThGrBrunszvik.

am 12 Juli 1831

III. Aufzeichnungen und schriftlicher Nachlaß der Gf. Th. Br.

Die Gräfin besaß und betätigte eine außerordentliche Schreibseligkeit. Demgemäß hinterließ sie an Aufzeichnungen und Briefschaften einen ungemein reichen Schatz, der bisher nur

*) Im Jahre 1831 war Pest von einer verheerenden Cholera-Epidemie heimgesucht.

**) Diese Bewahranstalt, ebenfalls eine Schöpfung der Gf. Th. Br., wurde am 9. März 1829 eröffnet, 1833 vom Ofner wohltätigen Frauenverein übernommen, der auch Erziehungsbeiträge einhob.

***) Auf dem beigeschlossenen Bogen sind die Geldspenden verzeichnet: der Primas 100 Gulden Conventions-Münze, die Gräfin 50 G. C. M., usw.

zum geringen Teile gehoben ist. Wer sich eingehender mit dem Studium ihres Lebens und Wirkens beschäftigt, wird stets mehr zur Erkenntnis gelangen, daß ihre diesfällige Betätigung keine zufällige, nur der Kurzweil fröhnende war, vielmehr eine planmäßige, zielbewußte. Von Anbeginn schien in ihr eine Ahnung von der dereinstigen Bedeutung dieser Aufzeichnungen zu dämmern. Sagt sie doch selber, sie habe die Memoiren, deren Ungarn noch so wenige besitze, niedergeschrieben, um zu nützen. Und in ihren Memoiren (La Mara I, 103, 128) heißt es: „Schon in Wittschap hatte ich angefangen, Journale zu schreiben. Vom Jahre 1810 bis 1852 existiren sie zum Theil noch — es ging nicht immer regelmäßig ... Ich hatte mir vorgenommen, täglich Journal zu schreiben, wenn auch nur zwei Zeilen; das hat sehr viel Gutes, aber auch Schlimmes. Zwei der dicken Bücher hatte ich in Pálfalva, als ich den 8. Oktober von der theuern Blanca Abschied nahm, zurückgelassen. Unsere Absicht war, Auszüge daraus zu machen — wir arbeiteten daran und ihre Wahl war sehr interessant. Diese Bücher kamen mir vor wie das Kriegsgericht und manche Stellen daraus machten mir Verdruß. Die Bücher selbst, unter dreißig die werthvollsten, da die Beobachtungen im Ausland gemacht waren, werden vielleicht auf immer für uns verloren sein ..." Ihre Freundin, Klara v. Lövey, äußert sich hierüber wie folgt (Rapos 74—75): „Sie griff selten zur Feder ohne gleichzeitig nicht auch irgend einen schönen Gedanken zu Papier gebracht zu haben. Nach ihrem Tode habe ich mit der Baronin Minona Stackelberg ihre Schriften durchgesehen und geordnet. Zuletzt kam die Reihe an den Papierkorb, in dem sich die weggeworfenen Blätter befanden. Wir wollten auch dessen Inhalt nicht ohne eine wenigstens flüchtige Durchsicht den Flammen preisgeben. In der Tat fanden wir auf diesen Papierstreifen so manchen edlen Gedanken, beispielsweise diesen: »Je höher wir im Range stehen, desto wichtiger sind unsere Handlungen.« Wir fanden auch die ungarische Übertragung dieses Gedankens [wo der 2. Teil also lautet: »umsomehr wohlthätige Handlungen«], der übrigens zeitlebens Leitsatz der Gräfin war" *).

Nun wollen wir feststellen, was von den Aufzeichnungen der Gf. Th. Br. bisher bekannt geworden, beziehungsweise ver-

*) A. de Hevesy bemerkt (Beethoven, vie intime 1926, S. 182): „Thérèse Brunsvik conservait les écrits les plus insignifiants."

öffentlicht ist, und was der Zukunft vorbehalten bleibt. La Mara teilt nebst einer orientierenden kritischen Einleitung „Die Memoiren der Gf. Th. Br." (I, 55—136) mit. Sie finden sich in ungarischer Übersetzung auch bei Czeke-Revész (39—108) und führen die Überschrift „Mein halbes Jahrhundert". La Mara hat diese Abschriften *), deren Originale noch unbekannt sind, von der gräflich Deymschen Familie erhalten. Auch die Ungar. Akademie der Wissenschaften besitzt hievon ein zehn Seiten umfassendes handschriftliches Bruchstück. Auf Grund der Streichungen und Zusätze und des breiten Randes glaube ich feststellen zu dürfen, daß es sich hier bei einigen Blättern um Teile des Originalkonzeptes handelt. „1846 fing ich diese Hefte an, 1852 endige ich sie vielleicht" (Memoiren). Sechs Jahre nach der im Alter von 79 Jahren begonnenen Niederschrift dieser Memoiren, die ohne formellen Abschluß enden, starb die Verfasserin. La Mara schließt ihre Mitteilungen mit den Worten: „Möchte es mir gelingen, weitere Aufzeichnungen der edlen Frau noch ans Licht zu bringen!"

Dieser Wunsch hat sich erfreulicherweise erfüllt. Schon Rapos (35, 48) hat bezüglich des ferneren Schicksals dieser Aufzeichnungen auf die richtige Spur gelenkt, indem er mitteilte, daß der schriftliche Nachlaß der Gf. Th. Br. sich im Besitze der Frau De Gerando, geb. Emilie Teleki, in Paris befinde. Diese benachrichtigte nämlich Rapos in einem vom 7. Febr. 1867 datierten Brief, daß sie, sobald es ihre anderweitige literarische Beschäftigung gestatte, die Biographie der Gf. Th. Br., auf Grund des in ihrem Besitze befindlichen handschriftlichen Nachlasses, selbst abzufassen gedenke. In Verbindung hiermit möge hier das folgende interessante Erlebnis Platz finden: Nach der Verhaftung der Gf. Blanka Teleki hat man auch bei der Gf. Th. Br. eine Hausdurchsuchung vorgenommen. Hierbei wurden ihre Bücher und Aufzeichnungen mit Beschlag belegt und in das Pester „Neugebäude" (eine während der Revolution traurigberühmt gewordene Kaserne) abgeführt. Wie die Gefängnisgefährtin der Gf. Blanka Teleki, Klara v. Lövey, erzählt, wurde auch die Gf. Th. Br. zur Verantwortung gezogen; man las die

*) Mit Recht äußert A. Hevesy (Beethoven. Vie intime 1926, S. 180): „Il parait qu'outre la copie du manuscrit que les arrières-petites nièces de Joséphine Deym ont mis à la disposition de Mme La Mara, il existe plusieurs copies ou variantes de ces mémoires."

wichtigeren Teile ihrer Schriften vor, was sie ruhig mitangehört hat. Wie sie sich äußerte, tat es ihr wohl, ihre einst über die Erziehung niedergeschriebenen Aufzeichnungen im Geiste gleichsam nochmals mitzuerleben. Das Vorlesen geschah mit hochernster Miene, denn man wollte dahinter durchaus gefährliche politische Pläne wittern. Als die Reihe an einen Aufsatz kam, der davon handelte, „welch Segen für die Menschheit und das Vaterland aus der Erziehung und den zu gesund denkenden Bürgern sich entwickelnden Menschen erwachse", schien der Blick des Militärauditors zu besagen, daß er endlich den Schlüssel zur gewitterten Verschwörung gefunden habe. Da vermochte die Gf. Th. Br. nicht mehr an sich zu halten und rief freudestrahlend: „Nicht wahr, Herr Auditor, schön hab' ich das geschrieben?" Diese überraschende Bemerkung entwaffnete den gestrengen Offiziersrichter.

Ein prächtiger Fund ist der von Geschick und Glück begünstigten unermüdlichen Brunszvik-Forscherin, Frl. Dr. Czeke, in den Schoß gefallen. Sie suchte im vergangenen Jahr im Schlosse von Pálfalva (im ehemaligen Siebenbürgen, jetzt von den Rumänen unter dem Namen Paulesti einverleibt) die Witwe Attila De Gerandos, geb. Gräfin Irene Teleki auf, eine Enkelin der jüngsten Schwester der Gf. Th. Br., der Gräfin Emerich Teleki. Über ihre Ausbeute berichtet Dr. Czeke ausführlich in der ungar. Zeitschrift „Kisdednevelés" (November 1926). Sie war in jenem Zimmer, wo die Gf. Th. Br. ihre Memoiren aufarbeiten wollte, und sah dort an der Wand das Bild der Brunszvik-Schwestern, ferner eine Kopie des von Kallhofer gemalten Porträts der Gf. Th. Br., das man in Beethovens verborgenem Nachlaß aufgefunden hat. Sie fand Tagebücher aus dem Jahre 1810—56, von denen leider die auf das Verhältnis zu Pestalozzi bezugnehmenden aus den Jahren 1826—27 und die Jahre 1833—34 fehlen. Insgesamt 31 dicke Bände und 34 Hefte, ferner eine Sammlung von Briefschaften in 16 dicken Bündeln zu je 60—70 Stück. Die Herausgabe dieses Materials hat die Ungarische Historische Gesellschaft übernommen; mit der Sichtung, Drucklegung und Abfassung der einleitenden Studie wurde Frl. Czeke betraut, der die Besitzerin, Gräfin Teleki, das ausschließliche Recht der Einsichtnahme zugesichert hat. Die Aufarbeitung dieses Riesenmaterials, ein infolge dessen Vielfältigkeit ungewöhnlich schwieriges, bedeutende Arbeit und Zeit erforderndes Unternehmen, konnte wegen finanzieller Schwierigkeiten, trotz des für die Jahrhundertfeier (Juni 1928) bestimmten druckfertigen I. Bandes nicht zur Veröffentlichung gelangen. — Der Vollständigkeit halber sei noch erwähnt, daß sich in seinem neuen Buche (Beethoven. Vie intime. Paris 1926) auch André de Hevesy auf die Pálfalvaer Aufzeichnungen beruft. So heißt es gleich im Vorwort: Nous avons puisé à deux sources presque inconnues... les papiers de la comtesse Thérèse Brunsvik que nous avons eu la bonne fortune de retrouver dans les archives du Château de Pálfalva." Ferner (S. 179—180): „Les papiers de Thérèse Brunsvik, légués à son neveu, Atilla de Gerando, se trouvent dans les archives de Pálfalva. En même temps que la correspondance de Th. Br., on trouve à Pálfalva le journal de Thérèse de 1810 à 1852, à l'exception des années 1849—50."

Inzwischen hat Frl. Dr. Czeke aus dem literarischen Nachlaß der Gf. Th. Br. in der ungarischen Zeitschrift „Kisdednevelés" die folgenden Arbeiten veröffentlicht:

1. Plan einer ungarischen Kinderbewahranstalt aus dem Jahre 1838. Der in französischer Sprache eigenhändig verfaßte Aufsatz scheint für ein Pariser oder Genfer Blatt bestimmt gewesen zu sein und ist auf durchaus modernen pädagogischen Grundsätzen aufgebaut. Eine beigeschlossene französische Kritik bemängelt die frühzeitige Einführung der militärischen Übungen und die Anwendung von Schüler-Monitoren. („Kisdednevelés" 1927, Nr. 6, 4 Seiten).

2. Briefwechsel von drei ungarischen Frauen aus dem Jahre 1820. Die Gräfin entwickelt die Leitgedanken, die bei der Erziehung der Kleinkinder befolgt werden müssen. Wichtigkeit der Bildung der Seele, des Herzens und des Charakters. Ausschlaggebende Bedeutung der Frauenbildung. Anhängerin einer Frauenemanzipation in edlem Sinne („Kisdednevelés" 1928, Nr. 7—8, 4 Seiten).

3. Frauenbildung und Frauenerziehung: ist wahrscheinlich während des Münchener Aufenthaltes der Gräfin (1834—35) entstanden und scheint die Spuren der pädagogischen Schriften K. F. Pockels (1754—1814) und Th. G. v. Hippels (1741—1796) aufzuweisen. (Ebenda, 6 Seiten.)

4. Der ungarisch verfaßte Entwurf einer Bildungsanstalt für Erzieherinnen (1842—44). Damit die ungarischen Kinder

nicht fremden Erzieherinnen anvertraut werden müssen, regte die Gräfin die Errichtung einer Anstalt an, in welcher die begabten Töchter verarmter Edelleute zu Erzieherinnen herangebildet werden sollten. (Ebenda, 1½ Seiten.)

5. Une grande amie de Beethoven: La Comtesse Thérèse Brunszvik („Revue des Études Hongroises", Paris 1928, p. 207—19). Behandelt insbesondere den Pariser Aufenthalt der Gräfin in Verbindung mit den dortigen Kinderasylen.

6. Montessori-Gedanken in den Tagebüchern der Gr. Th. Br. („Kisdednevelés" 1931, 15 S.). Die Verfasserin bietet aus den Tagebüchern der Jahre 1809—1827 in zeitlicher Reihenfolge eine Auswahl der (im Original in deutscher und französischer Sprache niedergeschriebenen) Belegstellen, die in vielen Beziehungen eine überraschende Ähnlichkeit mit den Gedankengängen der Montessori aufweisen.

IV. Bilder und Bildnisse gehören als Kulturzeugnisse mit zur Biographie. Von der Gf. Th. Br. gibt es deren mehrere.

1. Das weitaus bekannteste ist wohl das wiederholt veröffentlichte Bild nach einem Ölgemälde von Kallhofer (und nicht von Lampi), dessen Kopie sich im Beethovenhause zu Bonn befindet. Das Original ist in Korompa. Von letzterem bietet R. Rolland eine gelungene Nachbildung in „Beethoven. Les grandes époques" (1928, S. 240—41). Es stellt die Gräfin in jugendlicher Schönheit mit griechischem Haarschmuck dar, wurde jedoch von mancher Seite als nicht echt angefochten. Dieser Annahme widerspricht die Titelabbildung bei La Mara I, wo sich am Rande in Kapitälchen die folgende handschriftliche Widmung der Gräfin an Beethoven findet: „Dem seltnen Genie, dem großen Künstler, dem guten Menschen. Von T. B."

2. Das Bild der alten Gräfin ist in Verbindung mit Gedenkaufsätzen in den älteren Jahrgängen zweier ungarischen Zeitschriften und eines Kalenders aus dem Jahre 1873 erschienen.

3. Rapos erwähnt in seinem Buche (S. 34, Titelblatt und Umschlag) eine Photographie, die er durch Vermittlung der Baronin Stackelberg von Frau De Gerando, geb. Gräfin Emilie Teleki, erhalten hat und mit seinem Buche gleichzeitig auf Steindruck vervielfältigen und herausgeben ließ. Es ist mit dem Faksimile der ungarischen Namensfertigung der Gräfin versehen; doch vermochte ich es bis zur Stunde nicht ausfindig zu machen.

4. Im Beschäftigungsraum für Kleinkinder der staatlichen Bildungsanstalt für Bewahrerinnen hängt an der Wand in einem Goldrahmen ein in den Farben bereits dunkel gewordenes, in Öl gemaltes Brustbild der alten Gräfin. Dasselbe wurde nach dem im Besitze der Baronin Minona Stackelberg befindlichen Original (siehe 3) von Nikolaus v. Barabás *) geschenkweise angefertigt.

5. In der Historischen Porträt-Galerie unserer Akademie der Wissenschaften ist unter Nr. 708 eine von Nikolaus v. Barabás im Jahre 1865 verfertigte Lithographie zu sehen, die die alte Gräfin im Lehnstuhle sitzend darstellt, in der Rechten ein geöffnetes Buch, während die Linke auf der Schulter eines zu ihren Füßen stehenden lieblichen Mädchens ruht. (Auch in André de Hevesy: Beethoven. Vie intime, Paris 1926).

6. Im Jahre 1871 wurde im Festsaal des Ungarischen National-Museums die von S. Aradi verfertigte Marmorbüste der Gräfin enthüllt und hernach in die staatliche Bewahrerinnen-Anstalt überführt.

7. Doppelbild der jungen Gräfinnen Charlotte (von Hevesy fälschlich der Therese zugeschrieben) und Josefine nach der Miniatur im Schloß zu Pálfalva. (Reproduktionen in André Hevesy: Petites amies de Beethoven, Paris 1910, und Beethoven. Vie intime, Paris 1926).

8. Von der Gräfin Josefine Deym befindet sich im Schlosse zu Korompa ein ideales Bildnis, das André de Hevesy in seinem neuen Werke und auch die ungarische Beethoven-Programmschrift reproduziert hat.

Von diesen Bildern habe ich Nr. 1 und 5, sowie das Haus der Familie Brunszvik (s. S. 153) im „Pestalozzianum" (Juli 1927) veröffentlicht.

---

*) Nikolaus v. Barabás (1810—1898), der die Bildnisse Pestalozzis und der Gf. Th. Br. angefertigt, zählt zu den bedeutendsten Künstlern seiner Zeit. Er lieferte auch für das deutsche Taschenbuch „Vielliebchen" Zeichnungen ungarischer Volkstypen. Neben der Malerei befaßte er sich auch eingehend und erfolgreich mit theoretischen Fragen seiner Kunst. Auf Grund hiervon wurde er zum korrespondierenden Mitglied der Ungar. Akademie der Wissenschaften gewählt.

Eine Pestalozzischule in Bergerac.

Von

O. Guinaudeau,

Docteur ès-lettres, Professeur au Lycée de Bordeaux.

Napoleon Bonaparte war Pestalozzi nicht besonders gewogen. Als Premier Consul äußerte er sich geringschätzig über seine Methode; als Kaiser hegte er nur Mißtrauen gegen Pestalozzis vermutlichen Jakobinismus und Atheismus. In dieser Vorstellung mochten ihn freilich manche Tatsachen bestärken. War doch Pestalozzi einst als Vorkämpfer für das Helvetische Direktorium literarisch aufgetreten! Erwartete doch Preußen sein politisches Wiederaufblühen von einer Erneuerung der Volksschule im Sinne Pestalozzis! Und hatte nicht Madame de Staël, die ihre persönliche Feindschaft gegen den Kaiser weit und breit ausposaunte, in ihrem Buche „De l'Allemagne" Pestalozzi und dessen Institut ein warmes Lob gespendet! Gründe genug dafür, daß der Kaiser bereits 1808 sämtliche Pestalozzischulen in Spanien, namentlich diejenigen in Tarragona, Madrid und Santander zu schließen befahl. Mut und Geschicklichkeit durften darum jenen Franzosen nicht fehlen, die gerade um diese Zeit Pestalozzis Lehre und Werk in Frankreich näher bekannt machten und das Institut in Yverdon als Muster empfahlen. Ich meine hier besonders Jullien, einen hohen Beamten in der kaiserlichen Armee, und Maine de Biran, den berühmten Philosophen, der im Februar 1806 zum Sous-Préfet in Bergerac (Dordogne) ernannt wurde. Jener gab ein vollständiges, ja nur allzu vollständiges „Exposé de la méthode de Pestalozzi" heraus; dieser aber wagte es sogar, in Bergerac eine Pestalozzischule zu gründen. Bergerac mochte damals 7500 Einwohner zählen. Eine Gelegenheit, die sogenannte zweite Stufe im Unterrichtswesen, das enseignement secondaire, zu durchlaufen, bot sich dort den aufstrebenden Schülern kaum mehr. Ein im siebzehnten Jahrhundert blühendes

„Collège laïque" starb im achtzehnten dahin; selbst die Gebäude zerfielen; das „Collège des Jésuites" war infolge der Auflösung des Ordens geschlossen worden. Mit der ersten Unterrichtsstufe, dem enseignement primaire, war es übrigens kaum besser bestellt: als Volksschule gab es nur die Privatanstalt der „Frères de la Doctrine chrétienne". Kein Wunder also, wenn wir aus verschiedenen Quellen vernehmen, daß die Bevölkerung von Bergerac recht „dumm" war!

Als Lakanal im Jahre 1793 im Namen des Nationalkonvents die erste Stufe des Unterrichtswesens für ganz Frankreich gleichsam aus der Erde stampfte, wurde Bergerac auf einen Schlag mit vier öffentlichen Volksschulen, den „écoles primaires publiques", beschenkt. Einige Jahre später stand die eine dieser Schulen unter der Leitung des Herrn Berrut, dereinst Vorsteher des Collège in Nevers. Weil Berrut von Hause aus ein „maître de l'enseignement secondaire" war, trug er sich mit dem Gedanken, seine Volksschule in ein Collège zu verwandeln. Er reichte der Regierung das Gesuch ein, seine Schule mit einem Alumnat zu versehen, was damals nur der zweiten Stufe gestattet wurde. Berrut erhielt die gewünschte Erlaubnis. Seine Schule wurde von nun an als „pensionnat primaire du quatrième arrondissement de la Dordogne" bezeichnet: etwas wie ein kleines Monstrum! Das kümmerte aber die Väter aus den Kreisen der Bürger wenig. Ob sie nun katholischer oder evangelischer Konfession waren — im ganzen Dordognetal finden sich noch heute Angehörige der beiden Konfessionen; in mancher Ortschaft überwiegen die Evangelischen — sie waren froh, daß in Bergerac wieder eine Anstalt bestand, an der ihre Söhne die klassische Bildung, das „enseignement secondaire classique", erhalten konnten und damit Gelegenheit fanden, sich auf die geschätzte Baccalaureatprüfung vorzubereiten. Berrut aber nützte die günstige Stimmung aus. Schon 1803 wurde seine Volksschule gleichsam amtlich zum Collège befördert. Drei Jahre später verlieh ihr ein kaiserlicher Erlaß den Titel „Ecole secondaire" in Anbetracht der Tatsache, daß Schüler aus der betreffenden Schule sich nun regelmäßig zur Baccalaureatprüfung zu melden pflegten. Wie artig, dieses amtliche Gutachten! Den Herren Beamten in Paris genügte es vollständig, daß Berrut Kandidaten zu der Prüfung meldete! Ob die jungen Leute etwas wirklich ordentlich gelernt hatten, kümmerte diese Herren nicht. Ganz anders Maine de Biran. Saß er doch in Bergerac selbst, und zwar an leitender Stelle! Nur wenige Monate nach seinem Amtsantritt mußte er offiziell feststellen, welch ein elender Unterricht in der Berrutschen Schule erteilt wurde.

Dem Philosophen auf dem Throne, wenn ich so sagen darf, dem Sous-préfet Maine de Biran, der dem Humanitätsideal des 18. Jahrhunderts treugeblieben war, mußten die Bildungsmängel in Bergerac recht unerfreulich erscheinen. Er nahm sich sogleich vor, die Lage nach Kräften zu verbessern, namentlich das alte Collège laïque aus seiner Asche — gleich Phoenix — schöner und kräftiger erstehen zu lassen. Er gedachte den Studienplan besser aufzubauen und die Unterrichtsmethoden gleichsam aufzufrischen. Dem Collège gedachte er eine Anzahl Schüler dadurch zu sichern, daß eine dem Collège angeschlossene Ecole primaire die Bürgerssöhne von Schulbeginn an aufnahm. Diese pädagogischen Pläne machte er in einem „Appel aux pères de familles“ (Projet d'établissement d'un collège), und in einem „Plan d'organisation du collège de Bergerac“ weit und breit bekannt [1]).

Zunächst mußten Mittel beschafft werden. Weder die Regierung noch die Stadtbehörde hatten sich bereit erklärt, das neu aufzubauende Collège mit Geldmitteln zu unterstützen. Das Collège mußte daher eine Privatanstalt bleiben. Maine de Biran wandte sich an die allfälligen Nutznießer, d. h. an die Väter und Mütter aus den Bürgerkreisen. Es gelang ihm, auf diesem Wege das nötige Geld aufzubringen.

Als Vorsteher für die erneuerte Anstalt sollte eine junge, energische Kraft gewonnen werden. Diese fand er in einem Herrn Desgranges, einem Lehrer der Mathematik, dem er sogleich vertraute und dem er die Aufgabe zuwies, die übrigen Lehrkräfte für das Unternehmen zu gewinnen. Die Wahl eines Direktors für die angeschlossene Ecole primaire behielt er sich aber vor; hoffte er doch für diese Stelle einen echten Jünger Pestalozzis bekommen zu können! Er bat Pestalozzi, ihm einen Lehrer abzutreten, der imstande sei, als Vorsteher der geplanten Ecole primaire und der sogenannten „Section normale“ im Collège selbst zu wirken. Diese „Section normale“

---

[1]) Tisserand, Oeuvres de Maine de Biran, Tome V, p. 213 ff.

sollte hier in Bergerac, ähnlich wie es in Yverdon geschah, die künftigen Lehrer nach der Pestalozzischen Methode ausbilden.

War Maine de Biran Ende 1802 oder anfangs 1803 in Paris mit Pestalozzi persönlich bekannt geworden, da dieser als Mitglied der Consulta in Frankreichs Hauptstadt weilte? Nach der Art zu urteilen, wie Biran 1822 anläßlich eines Besuches in Yverdon spricht, wahrscheinlich nicht. Hatte er Pestalozzis pädagogische Werke wenigstens gelesen? Wir möchten es bezweifeln. Deutsch konnte er offenbar nicht. Nun war aber damals bloß der erste Teil von „Lienhard und Gertrud" ins Französische übersetzt, gerade der Teil, der am wenigsten Didaktisches enthielt. Zur Zeit (1806) gab es einen einzigen französisch verfaßten Bericht über Pestalozzis Methode, nämlich den von Chavannes. Julliens Handbuch erschien ja erst einige Jahre später. Aus dem, was Maine de Biran über die „Elementarmethode" sagt, sowohl in der von ihm dem „Plan d'organisation" beigelegten Note [1]), als in den von Tisserand in seiner Ausgabe der Biranschen Werke beigedruckten Randbemerkungen, leuchtet hervor, daß Pestalozzis leitende Prinzipien und Gedankengänge ihm nur aus zweiter Hand bekannt waren. Vermittler waren hier Chavannes und Stapfer, der schweizerische Gesandte in Paris, der unter dem Helvetischen Direktorium Pestalozzis Bestrebungen energisch unterstützt hatte. Mit Stapfer aber war Maine de Biran schon seit einigen Jahren befreundet. Sei dem, wie es will — Maine de Biran fühlte sich von Pestalozzis Wesen und Streben angezogen, so verschieden auch beider Temperamente sein mochten.

In dem hier in Betracht kommenden Zeitabschnitt von etwa 1802—1814 entzieht sich Maine de Biran dem romantischen Fatalismus, in dessen Bann er zuerst gestanden hatte. Weit entfernt davon, dem Menschen das Recht zur Verherrlichung der Leidenschaft und zum Sichausleben weiter zuzuerkennen, meint Maine de Biran jetzt, der Wille sei doch die höchste jedem Menschen zur Verfügung stehende Kraft. Er fordert zum entschiedenen Kampf gegen den innern Feind, gegen die Leidenschaft auf. Vom romantischen Lager ist er zum klassischen übergegangen. Welche Ziele setzt er jetzt der Pädagogik? Zwar soll sie danach streben, in jedem Menschen das echt

[1]) Tisserand, a. a. O. Tome, V, p. 224.

Individuelle auszubilden; doch darf es sich nur um eine harmonische und wohl geordnete Ausbildung handeln; das Moralische und das Geistige sollen zwanglos, sich gegenseitig fördernd, nebeneinander vorwärtsschreiten. Klassisch genug klingt schon dies; noch klassischer aber der Hinweis auf jene Kräfte, die seiner Ansicht nach den Menschen zu einem freien Wesen werden lassen: auf die Kräfte der Aufmerksamkeit und des Urteils. Von der Ausbildung dieser Kräfte hängt nach Birans Ansicht das Glück des Einzelwesens ab. Er meint dabei das Glück im edelsten Sinn des Wortes, das Glück, dessen Grund er, ein Sohn der Aufklärung, in die Bildung oder, besser gesagt, in die geistige Erziehung des Menschengeschlechts legt. Dieses Glückes möchte er, gleich den Aufklärern, die untersten sowohl wie die obersten Gesellschaftsschichten teilhaftig werden lassen.

Was Wunder nun, daß er sich Pestalozzis Denken und Streben nahe fühlte. Auch bei Pestalozzi macht sich Ehrfurcht für das Echtpersönliche im Einzelwesen geltend, — welches Persönliche, sei es intellektueller oder moralischer Art, er in jedem Schüler zugleich zwanglos und harmonisch auszubilden bemüht ist. Auf diese Bildung hat auch der bescheidenste Mensch aus dem Volke Anspruch. Wenn je einer den schönen Namen eines Volksfreundes verdient hat, so ist es ja der Verfasser des „Buches für das Volk", der Verfasser von „Lienhard und Gertrud", gewesen. Das Volkswohl zu fördern, machte sich Pestalozzi zur Lebensaufgabe. Auch er baute auf die volle Erziehung des Einzelwesens; auch er bekundete eine entschiedene Vorliebe für die Ausbildung der Aufmerksamkeit und der Urteilskraft. Hierin pflichtet ihm Maine de Biran gerne bei. Es sei hier nur auf zwei oder drei leitende Grundsätze der „Elementarmethode" hingewiesen, auf die Maine de Biran besondern Wert legte: ich meine das Bekämpfen alles dessen, was in unsern Augen nur darum gilt, weil es üblich ist, auch das Bekämpfen aller Bücherwissenschaft, das Eindrillen fix und fertig aufgetischter Kenntnisse, kurzum das Bekämpfen der auch Maine de Biran verhaßten „routine" und „science livresque". — Nicht im Verneinen bloß, sondern auch im Bejahen waren aber Maine de Biran und Pestalozzi einig. Alles, was von dem Schüler persönliches Streben und Anstrengung des Willens fordert, war beiden gleich willkommen. Darum hielten beide dafür, daß Analyse und Synthesis im Unterricht nicht bloß der exakten Wissenschaften, sondern auch der Sprachen verwendet werden sollten.

Aus alledem erklärt sich, daß Maine de Biran zu wiederholten Malen, nämlich in der schon erwähnten „Note" (1807), sowie in einem „Discours à la Société de Médecine de Bergerac" (1808) und in dem „Discours prononcé à la distribution des prix du collège de Bérgerac" (ebenfalls 1808) Pestalozzi öffentlich fast schwärmerisches Lob spendete [1]).

Maine de Biran zögerte nicht lange; er bat den Begründer des Instituts in Yverdon, ihm einen seiner Jünger nach Bergerac zu senden, damit dieser sowohl die Leitung der dem Collège angeschlossenen „Ecole primaire" als auch der „Section normale pour instituteurs" am Collège selbst übernehme. Pestalozzis Antwort blieb lange aus. Maine de Biran, als hitziger Südfranzose, wird ungeduldig; er setzt Stapfer von der an Pestalozzi gerichteten Bitte in Kenntnis und spricht seine Verwunderung darüber aus, daß Pestalozzi kein Lebenszeichen gebe. Endlich ist der ersehnte Brief da: ein wohlgemeinter, in einem bescheidenen, reizenden Tone verfaßter, aber, was die Sache selbst anbetrifft, ein enttäuschender Brief. Zu seinem großen Bedauern, so hieß es, verfüge Pestalozzi zur Zeit über keinen guten, französisch sprechenden Lehrer, der Birans Wünschen vollkommen zu entsprechen vermöge. Es halte sich freilich in Yverdon ein Welschschweizer, namens Barraud, auf; er sei 31 Jahre alt, schon seit sechs Jahren im Institut, gebe dort Unterricht im Schreiben und Rechnen, aber er habe die „Elementarmethode" nie durchgearbeitet und sei mit deren Geist und Gang nie vertraut geworden. Soweit Pestalozzi.

Birans Wunsch aber, in Bergerac die „Elementarmethode" zur Anwendung zu bringen, war so heiß, daß er Barraud trotz dieser Unzulänglichkeiten nach Bergerac kommen ließ. Ob Pestalozzis Versicherungen, er sei bereit, aus der Ferne Barrauds mangelhafter Berufsbildung nachzuhelfen, Maine de Biran zur Annahme Barrauds bestimmten, muß dahingestellt bleiben. Sollte es so gewesen sein, so wollen wir dem Sous-Préfet von Bergerac ein hübsches Sümmchen Naivität aufs Konto setzen. Aus Pestalozzis Versicherungen und Vorschlägen wurde nichts.

Barraud traf im Januar 1808 in Bergerac ein. Schon im

---

[1]) Tisserand, a. a. O. Bd. V, p. 259.

Februar wurde die „Ecole primaire annexe du collège" in Betrieb gesetzt. Der neue Schulmeister schien sich gut anzupassen; die Eltern der die Schule besuchenden Kleinen waren mit ihm zufrieden. Ihm selbst gefällt es in Bergerac; nimmt er doch bald ein Mädchen aus der Gegend zur Frau! Maine de Biran schwelgt in Freude: „es lebe Barraud! Es lebe Pestalozzi! Es lebe die Elementarmethode! Welch einen schönen Sieg haben wir über die Routine, über die althergebrachten Lehrmethoden davongetragen!" So spricht Biran in dem schon erwähnten „Discours sur la distribution des prix".

Bald darauf sticht Barraud wie einst Berrut in die hohe See! Er, ein Volksschullehrer, sehnt sich danach, seine „école primaire" in eine „école secondaire" umzuwandeln oder ihr wenigstens eine solche anzuschließen. Der Wunsch bringt ihn mit Desgranges, dem Vorsteher des Collège, in Konflikt. Dieser besteht darauf, daß nur das Collège ein Recht habe, die „klassische Bildung", d. h. den Unterricht in Latein und Griechisch zu erteilen. Doch schickt sich Barraud an, seinen Wunsch von selbst zu erfüllen, bevor überhaupt eine Erlaubnis eingegangen ist. Noch im Jahre 1808 gibt er seinen Schülern den Anfangsunterricht in Latein. Mit diesem Eingriff in das Gebiet des „enseignement secondaire" begnügt sich der wackere Schweizer aber keineswegs. Im Jahre 1810 nimmt er in seine „école primaire" Alumnen auf, was ein heiliges Vorrecht des „enseignement secondaire" antasten heißt. Freilich steht Barraud als Schüler Pestalozzis da auf sicherem Boden; konnte er doch darauf hinweisen, daß sein berühmter Meister Pestalozzi den Grundsatz aufgestellt hatte, daß ein Lehrer nur Alumnen gründlich kennen lerne und nur auf solche einen entscheidenden geistigen und moralischen Einfluß auszuüben vermöge! Nehme doch Pestalozzi selbst in Yverdon Alumnen tatsächlich mit Vorliebe auf!

Demjenigen, der die Offensive unverdrossen ergreift, gehört der Sieg! Im Jahre 1810 hat sich Barrauds Schule von dem Collège vollständig losgelöst; sie ist, gleich der ehemaligen Schule Berruts, zu einer Art Monstrum geworden, das ebenso ins enseignement secondaire wie ins enseignement primaire eingriff, — zu einem Monstrum aber, das um so gefährlicher zu werden drohte, als es kräftiger war. Neunzig Schüler, die in vier Klassen geteilt waren, besuchten das Institut Barrauds.

Der Leiter schmeichelte sich sogar mit der Hoffnung, jene Zahl noch erhöhen zu können, indem er als Schweizer und insbesondere als Schüler Pestalozzis einen religiös toleranteren Sinn zur Schau trug und darum ein von den evangelischen wie von den katholischen Kreisen gern gesehener Mann war.

Und doch nahte der Sturm rasch. Zunächst mußte sich Barraud darauf gefaßt machen, daß ihm Biran keine Hilfe mehr gewährte. Dieser scheint schon um 1810 nicht mehr ein unbedingtes Vertrauen zu Pestalozzis „Elementarmethode" gehabt zu haben. Ob sie auch auf den Unterricht auf der zweiten Stufe (enseignement secondaire) angewandt werden könne, schien ihm zweifelhaft, so sehr Pestalozzi und dessen Schüler Barraud sich darum bemühten. Maine de Biran hatte Barrauds Leistungsfähigkeit richtiger einschätzen gelernt. Dazu kam noch daß er im Begriffe war, Bergerac zu verlassen und nach Paris überzusiedeln. Er war vom Arrondissement Bergerac zum Abgeordneten gewählt worden und wartete nur noch auf des Kaisers Genehmigung, die er 1812 endlich erhielt. Barrauds Schule verlor er zwar nie ganz aus dem Auge; aber er hatte weder Lust noch Gelegenheit, aus der Ferne den Schweizer Schulmeister zu unterstützen.

Und doch häuften sich eben um diese Zeit die Schwierigkeiten für Barraud. Das Gewitter brach infolge des kaiserlichen Erlasses vom November 1811 aus. Da wurde der Schweizer mit einem Male aus seiner bequemen Zwitterstellung zwischen dem enseignement primaire und dem enseignement secondaire herausgerissen. Laut jenem Erlasse durften nur noch Schüler aus den öffentlichen Collèges sich zur Baccalaureatprüfung melden. Offenbar hoffte auf diese Weise der Despot die geistige und politische Bildung seiner künftigen Beamten bequemer überwachen zu können. Nun war aber das Collège in Bergerac keine öffentliche Schulanstalt; es wurde weder vom Staat noch von der Stadt Bergerac finanziell unterstützt. Sollte es künftig Kandidaten aufnehmen wollen, die auf die erwähnte Prüfung hinarbeiteten, so mußte es zur öffentlichen Schule werden. Vom Staate war gewiß keine finanzielle Hilfe zu erwarten; der Stadtrat seinerseits hatte gegen eine Umwandlung mancherlei einzuwenden: die geplante Änderung würde viel Geld erfordern; ob dieses zu gewähren sei, trotzdem die Einwohnerschaft mit den bestehenden Einrichtungen sich zufrieden gebe? Die zur Verfügung stehenden Räume seien vollkommen ungenügend! Bessere, d. h. teurere, Lehrkräfte müßten herangezogen werden! Der Stadtrat zögerte, einen Beschluß zu fassen; er machte keineswegs Miene, den Plan auszuführen. Doch die Eltern, die auf das in Frage kommende Examen Wert legen mußten, drängten. Darum arbeitete der Stadtrat endlich Plan und Vorschlag zur Umwandlung des Collège aus, freilich derart, daß die Kosten aufs knappste berechnet wurden, so daß der Präfekt der Dordogne sich veranlaßt sah, dem Voranschlag die Genehmigung zu verweigern. Weil aber die Stadtkasse mehr zu übernehmen nicht in der Lage war, wandte sich der Stadtrat an die Interessenten, d. h. an die Eltern der Zöglinge, die das Collège besuchten. In der Tat wurde die Ausführung des Projektes finanziell gesichert. Schon 1812 hatte sich ein fast grandioses „collège municipal“ aus der bescheidenen Privatanstalt entwickelt.

Barraud hatte ein wachsames Auge auf die Verhandlungen; er war willens, seine eigene Privatanstalt vor der drohenden Gefahr energisch zu schützen. Ihm konnte der Stadtrat unmöglich wohlgesinnt bleiben. Nachdem das teure „Collège municipal“ einmal da stand, mußte die Behörde wünschen, dem Schmerzenskind eine rechte Anzahl Zöglinge zu sichern. Die blühende Anstalt Barrauds wird ihr zum Dorn im Auge: daß sie doch eine einfache Volksschule geblieben wäre! Derart fromme Wünsche las Barraud den Stadtvätern aus den Augen. Er, der einst damit renommierte, einer „école secondaire“ vorzustehen, stellte sich jetzt lieber als bescheidenen instituteur primaire hin. Als solcher wollte er mit dem Vorsteher des Collège Hand in Hand vorgehen. In einer Denk- und Bittschrift, deren Inhalt im folgenden zusammengefaßt sei, wandte er sich an die Behörde [1]).

In seiner Denkschrift gibt Barraud zunächst offen zu, daß es ihm nicht gelungen sei, in Bergerac eine richtige Pestalozzischule zu gründen; seine eigene Schule, führt er aus, sei nur ein blasser Abglanz des Instituts in Yverdon. Wie hätte er, der ganz auf sich selbst angewiesen war, die Elementarmethode streng und vollständig in die Praxis umsetzen können, während der verehrte Meister in Yverdon hierzu zahlreiche Lehrkräfte

[1]) Mémoire de Barraud au Conseil Municipal de Bergerac, 13 avril 1812 (Ms. Archives de Bergerac).

heranzuziehen in der Lage sei. Außerdem hätten ihn die Väter seiner Zöglinge vielfach gezwungen, das Strenge an der Methode zu mildern, da sie weniger auf die Anwendung der Methode, als auf einen greifbaren, augenblicklichen Gewinn sahen. Aus diesen Gründen sei Barraud nicht imstande gewesen, den Einwohnern des Dordogne-Gebietes „das wunderbare Ganze", das das Wesen der Pestalozzischen Methode ausmache und ihr das eigentümliche Gepräge verleihe, vor Augen zu führen. Er habe z. B. die Anschauungsmethode, namentlich beim Lehren der „Formen" und der „Maße", aber auch beim Unterricht in der Mathematik und im Zeichnen beiseite schieben müssen. Außerdem habe er sich leider gezwungen gesehen, andere exakte Wissenschaften, zunächst die Physik, sodann die Rhythmik (Musik, Gymnastik) zu vernachlässigen, welche exakten Wissenschaften und schönen Künste doch in der harmonischen Ausbildung des Kindes eine bedeutende Rolle spielen und denen der gebührende Platz in dem Yverdoner Institut eingeräumt werde. Freilich werde sich die Lage in Bergerac in nächster Zeit günstiger gestalten, so fügt Barraud beruhigend hinzu, da Pestalozzi ihm eine bedeutende Hilfskraft zu senden gedenke. Und in der Tat trifft ein gewisser Herr Knusert in Bergerac ein.

Doch genug der Eingeständnisse! Man stelle doch endlich — so fährt Barraud weiter — auch die Verdienste ins rechte Licht, die er sich als instituteur primaire erworben. Habe er doch Jahr für Jahr in seine Schule zehn bis zwölf Kinder umsonst aufgenommen. Barraud verweist auf das Urteil eines geschätzten Mannes — es ist eine Anspielung auf Jullien — und stellt den Stadtvätern die Frage, ob er sie etwa mit Bitten und Forderungen überhäuft habe; ob er eben jetzt etwas Ungewöhnliches, Übermäßiges vom Stadtrat zu erlangen wünsche? Bloß um das eine bitte er, daß er als Vorsteher der „Ecole primaire annexée au collège" weiter wirken dürfe. Eine solche Erlaubnis müßte dem Collège selber zum Wohl gereichen, indem ihm Barrauds Schule eine bedeutende Anzahl von Zöglingen zuzuführen vermöge. Es seien ja manche Schüler bereit, in Barrauds Institut einzutreten, die in anderer Weise den Weg ins Collège nicht finden würden. Dies sei namentlich mit den evangelischen Kindern der Fall. Fort daher mit der kindischen Angst, daß Barrauds Schule das Collège schädige!

Ihr Leiter versichert, er werde diejenigen Schüler, die Latein lernen wollen, zu diesem Unterricht in das Collège schicken und dadurch das Sonderrecht des Collège in Sachen der „klassischen Bildung" feierlich anerkennen. Welchen schlagenderen Beweis seines Entgegenkommens er hätte geben können, fragt Barraud in der Denkschrift. Freilich bemerkt er gleich anschließend, daß Fälle eintreten könnten, da der eine oder andere Zögling im Latein besonders zurück sei und dann die Förderung durch einen Hilfslehrer der Barraudschen Schule gerne annehmen würde.

Zu guter Letzt ist Barraud der Meinung, seine Schule habe der Stadt Bergerac keinen Nachteil, vielmehr nur Vorteile gebracht. Diese Schule sei bis jetzt die einzige, die beim Stadtrat um keinen Groschen Unterstützung nachgesucht habe. Dagegen habe sie der Stadt Ruhm und Geld eingetragen. Alumnen seien auch aus der Ferne der Pestalozzischule in Bergerac zugeströmt; die Eltern seien des öftern zum Besuch ihrer Söhne nach Bergerac gewandert, den Kaufleuten und Gastwirten zum großen Vorteil.

In der Aufzählung kleiner finanzieller Vorteile für einzelne Einwohner der Stadt klingt jene Denkschrift etwas bemühend aus, die mit der Erwägung grundsätzlicher pädagogischer Fragen einen schönen Anfang machte. Freilich darf eine solche Schrift nicht mit den höchsten Maßstäben gemessen werden; eine literarische Arbeit ist sie nicht. So wie sie vorliegt, erscheint sie doch zu sehr als die Urkunde eines Juristen, der noch dazu pro domo schreibt. Jedenfalls zeugt sie von dem gewandten Geist Barrauds. Je nachdem die Umstände es erheischen, wird das eine ausdrücklich hervorgehoben, das andere mit Stillschweigen übergangen; so der Umstand, daß seine Anstalt auch fernerhin Alumnen aufnehmen werde und daß eine Reihe älterer Schüler, die eigentlich dem enseignement secondaire zugehörten, in der eigenen Anstalt verbleiben, um eine Art Realschulbildung zu erhalten. — All das läßt es begreiflich erscheinen, daß die Stadtväter der Denkschrift Barrauds gegenüber zunächst mißtrauisch blieben. Freilich haben sie schon zwei Monate später jene Vorschläge gebilligt und beim Präfekten der Dordogne befürwortet [1]).

[1]) Compte-rendus officiels des séances du Conseil municipal, 29 mai et 27 juin 1812 (Archives de Bergerac).

Bald darauf setzte sich Barraud endgültig im „enseignement secondaire" fest. Zunächst erzwang er von der Behörde das Recht, in seiner Schule weiterhin Alumnen zu unterrichten, wie er es schon seit Jahren, ohne Berechtigung zu besitzen, getan hatte. Sodann warb er an Ort und Stelle Lehrer an, damit sie in den Fächern unterrichteten, denen er — als Schreib- und Rechenlehrer — nicht gewachsen war. Fortan wurde in seiner Anstalt ein vollständiger Lateinunterricht erteilt. Zwar bestand der Stadtrat darauf, daß Barraud in die Stadtkasse pro Schüler so viel bezahle, als für die Schüler des Collège zu entrichten war; aber Barraud wies darauf hin, daß er nur „instituteur primaire" sei. Von Paris aus wurde angeordnet, daß sämtliche Lateinschüler dem Collège zuzuweisen seien; Barraud bedankte sich höflich für diese „königliche Empfehlung", allein es blieb alles beim alten. Barraud behielt sein Geld und seine Schüler und konnte sich 1816 rühmen, er habe über die Stadtväter sowohl wie über den König selbst einen vollen Sieg davongetragen.

So gewandt Barraud uns in seinem Handeln und Treiben vorkommen mag, so darf ihm sicher keine Genialität zuerkannt werden. Haben ihm doch die politischen Ereignisse der Jahre 1814 und 1815 die Durchführung seiner Pläne erleichtert. Die Staatsumwälzungen brachten die feste Autorität des napoleonischen Präfekten ins Wanken; diesem Präfekten lag übrigens ganz anderes im Sinne, als Barrauds Übermut zu dämpfen!

Barrauds Schule sollte fortan als eine ordentliche Privatschule des „deuxième degré", d. h. des „enseignement secondaire", fortbestehem; und zwar als eine blühende. Von glücklichen Menschen wird bei uns halb scherzend behauptet, ihr Leben sei arm an merkwürdigen Ereignissen; es fließe ja so glatt dahin! Das gleiche ließe sich von der glücklichen Barraudschen Schule sagen. Barraud selbst fühlte sich in Bergerac recht wohl. Selbst der französischen Hauptstadt gelang es nicht, ihn dem Périgord zu entreißen, wo sich so gut leben läßt. Französische Pestalozzifreunde, darunter Jullien, wiegten sich 1816 in dem Traume, in Paris ein großes Institut zu gründen, das ein französisches Gegenstück zu dem berühmten Institut in Yverdon werden sollte. Als dessen Vorsteher hatten sie Barraud ins Auge gefaßt. Er aber lehnte die so ehrenvolle Berufung dankend ab, zunächst aus Angst vor dem großen Sprung ins Unbekannte, dem gegenüber das Bekannte so verlockend dastand, hauptsächlich aber aus dem Grunde, daß er sich der großen, ihm von den Parisern zugedachten Aufgabe nicht gewachsen fühlte, zumal er dem Glauben, der Berge zu versetzen vermag, nicht treugeblieben war: ich meine hier den Glauben an den Wert und die Durchführungsmöglichkeit der Pestalozzischen „Elementarmethode".

Daß es mit dem einstigen Jünger Pestalozzis soweit gekommen war, hatte endlich sein erster Gönner selbst 1815 an Ort und Stelle wahrnehmen müssen. Maine de Biran besuchte damals — nicht mehr amtlich, sondern als Privatmann — Barrauds Schule und erstattete kurz darauf seinem Freund De Gérando einen ziemlich enttäuscht klingenden Bericht [1]). „Je n'ai rien d'intéréssant à vous dire de notre petit Institut de Bergerac, dirigé par un élève de Pestalozzi. Le directeur n'avait pas été assez loin dans l'emploi et l'esprit de la Méthode . . . Pendant que j'ai été Sous-Préfet à Bergerac, j'ai suivi avec beaucoup d'intérêt les progrès d'une cinquantaine d'enfants élevés d'après cette méthode . . . mais il n'y a pas eu moyen d'appliquer la méthode aux degrés superieurs de l'enseignement, ni de juger de son influence sur le développement des facultés intellectuelles, en quoi consiste tout l'avantage d'une méthode. Anjourd'hui mon petit Institut se trouve descendu, à peu près, au niveau des écoles ordinaires. Le directeur a pris dans le pays des maîtres d'écriture, de mathématiques, de latin, et dans ma dernière visite, j'ai trouvé que tout y suivait la routine vulgaire. Voilà tout ce que je puis vous en dire."

Das Schicksal, das sich manchmal auf Ironie versteht, hat es gefügt, daß die Leichenrede auf die Pestalozzischule in Bergerac eben von dem Manne gehalten wurde, der jene Schule einst ins Leben gerufen hatte! Kann hier überhaupt von einer echten Pestalozzischule die Rede sein? Dem Anschein nach war die Barraudsche Schule anfangs eine solche; in der Tat aber wurde dort kein einziger Schüler nach der „Elementarmethode" ordentlich gebildet. Nichtsdestoweniger scheint Barraud ein tüchtiger Schulvorsteher, eher als ein tüchtiger Lehrer gewesen zu sein. Die Geschichte dieses Schweizers, der glücklich ins Périgord verpflanzt wurde, ist sicher nicht ohne Interesse für die Pestalozziforschung.

[1]) Laplace, Le collège de Bergerac (Bergerac 1906). Birans Brief an De Gérando (22. VI. 1815) wird dort S. 118 zitiert.

Geschichte der Pädagogik. Von Professor Dr. Hermann Weimer, Direktor der Pädagogischen Akademie in Frankfurt a. M. Siebente, neubearbeitete Aufl. 184 S. 1930. (Sammlung Göschen Bd. 145.) Geb. RM. 1.80

Das Erziehungsideal in der Jugendfürsorge. Eine systematische Untersuchung. Von Gerhard Steuk. Oktav. VII, 110 Seiten. 1928. RM. 4.—

Schulpraxis, Lehre vom Unterricht der Volksschule. Von Richard Seyfert. 4., umgearb. Aufl. 150 S. 1921. (Samml. Göschen Bd. 50.) Geb. RM. 1.80

Ernste Antworten auf Kinderfragen. Ein Beitrag zur häuslichen Erziehung. Von Dr. phil. Rudolph Penzig. Sechste Auflage. Oktav. VI, 210 Seiten. 1928. RM. 4.—, geb. 5.—

Geschichte des gelehrten Unterrichts auf den deutschen Schulen und Universitäten vom Ausgang des Mittelalters bis zur Gegenwart. Mit besonderer Rücksicht auf den klassischen Unterricht. Von Friedrich Paulsen. Dritte, erweiterte Auflage, herausgegeben und in einem Anhang fortgesetzt von Rud. Lehmann. RM. 28.—, geb. 33.—

I. Bd.: (1540—1740). Groß-Oktav. XXX, 636 Seiten. 1919.

II. Bd.: (1740—1914). Groß-Oktav. XII, 834 Seiten. 1921.

Aus Arbeit und Leben. Erinnerungen und Rückblicke. Von J. Tews. Oktav. 244 Seiten. 1922. RM. 2.—, geb. 3.—

II. Philosophie

Die geistige Situation der Zeit. Von Dr. Karl Jaspers, o. ö. Professor der Philosophie a. d. Univ. Heidelberg. 191 Seiten. 1931. (Sammlung Göschen Bd. 1000) Geb. RM. 1.80

Einführung in die Philosophie. Von Max Wentscher, o. Professor an der Universität Bonn. Siebenter Neudruck. 174 Seiten. 1926. (Sammlung Göschen Bd. 281.) Geb. RM. 1.80

Hauptprobleme der Philosophie. Von Georg Simmel. Sechste Auflage. 175 Seiten. 1927. (Sammlung Göschen Bd. 500.) Geb. RM. 1.80

Geschichte der Philosophie von Sokrates bis Aristoteles. Von Walther Kinkel, o. Honorarprofessor an der Universität Gießen. Groß-Oktav. 328 S. 1922. (Geschichte der Philosophie Bd. 2.) RM. 3.—, geb. RM. 4.—

Die Philosophie des Mittelalters. Von Dr. Johannes Maria Verweyen, a. o. Professor an der Universität Bonn. Zweite Auflage. Groß-Oktav. X, 308 S. 1925. (Geschichte der Philosophie Bd. 4.) RM. 5.—, geb. 7.50

Geschichte der Philosophie von der Renaissance bis Kant. Von Dr. Richard Hönigswald, o. ö. Professor an der Universität Breslau. Groß-Oktav. X, 300 Seiten. 1923. (Geschichte der Philosophie Bd. 6.) RM. 3.—, geb. 4.—

Immanuel Kant. Von Bruno Bauch, o. Professor an der Universität Jena. Dritte, um einen Nachtrag vermehrte Auflage. Groß-Oktav. XIII, 482 Seiten. 1923. (Geschichte der Philosophie Bd. 7.) Geb. RM. 11.—

Kolibri 360 GmbH
Ferdinand-Jühlke-Straße 7
99095 Erfurt, Deutschland
produktsicherheit@kolibri360.de